堀川　徹著

古代国家形成期の地域支配制度

吉川弘文館

目次

第Ⅱ部　六世紀前半から七世紀半ばの地域支配制度

序章　地域支配制度研究への視角

第一節　本書の問題意識と視角

日本史を考える際、国家の問題は常に重要な問題である。古代・中世・近世・近代・現代、いずれもその当時の国家がどのような性質をもつかということは、どのような研究をするにしてもその前提あるいは課題となる。そのため、意識的にも無意識的にも国家の存在は常に日本史研究の射程に置かれてきた。そして研究上そのような性質をもつ国家は、それぞれの時代によってさまざまな、あるいは通底する問題を内包する。そのなかで古代史には他の時代にない、国家について特有の問題を有する。それは国家がどのような形成過程をたどってきたかという問題である(1)。中世以降は国家の存在が前提とされるが、古代史においてはその限りではない。とりわけ七世紀以前を研究対象とするのであれば、なおさらどの研究においても国家がいかなる道程をたどって形成されてきたかという点は切り離せない。

日本古代史において国家形成という問題は、文献史学や考古学、人類学などさまざまな方法・視点から学問的アプローチがなされてきた。とりわけ文献史学の場合、エンゲルスの『家族、私有財産および国家の起源』を「理論的基地」として研究が進められ(2)、そこでは地域による人民の区分、公権力の樹立、それを維持するための租税、そのうえの官僚の存在、こうしたものが国家成立の指標とされてきた(3)。このうち地域による人民の区分という指標は、日本古代史研究においては国造制をはじめとした地域支配制度研究と結びつき、国家形成を視野に入れたかたちで地域支配制度研究が進展することになる。

また、石母田正はエンゲルスの『反デューリング論』を踏まえるとともに、マルクスによる『資本主義的生産に先行する諸形態』でのアジア的共同体論と人類学の成果である首長制論を基礎とし、日本の古代国家を捉えようとした。そして石母田は、共同体を代表する首長層と一般共同体成員である人民の間に存在する人格的支配＝隷属関係が第一次的かつ基本的生産関係、すなわち首長に対する徭役労働と貢納であって、それを前提として第二次的な国家対公民の支配＝隷属関係が実現するという在地首長制論を提唱することになる。

よく知られるとおり、この在地首長制論は日本古代史学界に大きな影響とさまざまな論点を与えてきた。そのうちの一つが地域支配制度である。なお、これ以前からも国県制論争に代表されるように、国家形成を踏まえた地域支配制度の議論はおこなわれていたものの、在地首長制論の提起によって深化したといえる。石母田は在地首長制について、令制下の郡司を典型とし、その淵源を国造制に求める。そして国造を「生産関係すなわち社会の下部構造と、国家という政治的上部構造とのあいだを結ぶ結節点」と捉え、「両者が歴史的にいかなる相互関係にあるか、国家とは具体的にはいかなる過程をとって社会から独立してくるかをしめすほとんど唯一の事例」であるとする。すなわち国造制を日本の古代国家の成立を検討する素材として捉えた。国造制をこのように捉える見方は、エンゲルスの国家成立の指標の一つである地域による人民の区分とも関連し、その後の研究の増加につながることになった(4)。つまり、日本の古代国家の特質や形成過程を明らかにするためには、民衆をどのように組織・支配しているか、という点が重要な論点として認識された(5)。

国造制の重要性が共通認識となった後、国造制研究は在地首長制論を踏まえてさまざまな視角から進展した。その一端をあげれば、成立過程や内部構造、展開過程などである。それに加えて、国造制が全国的な地域支配制度とみられることから、地域史にも深く関わってきた。すなわち国造制研究は、国造制そのものの研究と地域社会における国造の研究を両輪として（制度と実態とも言い換えられる）進められてきた。そしてそのことは国造制を多面的に捉えることを可能にした。その意味で石母田の在地首長制論と国造制論は、「従来の国造研究がもっていた弱点、すなわち関係史料を表面的になぞるだけの議論――一見それは客観的な議論のようにみえて、国造支配の内容に踏みこむことのなかったもの――を克服して国造支配の実態を明らかにし、その歴史的役割を評価しようとする意欲的なもの」とも評価され(6)、石母田の在地首長制論と国造制論の当否はおくとしても、その姿勢に対する評価は現在もなお大きくは変わらないだろう。石母田は在地首長制論との関係性において国造制を捉えることによって、それまでの国造制研究の弱点を克服したといえる。そしてこの視角は国造制研究にとどまらず、地域支配制度研究全体にまで波及することになる。

在地首長制論は、国造制をはじめとする地域支配制度研究が国家形成過程を射程に置くことを理論的にも可能にしたともいえよう。そしてこの理論的枠組みを手に入れた日本古代史研究は、議論を在地首長制論の実体化へと向かわせることになる。たとえば実体としての社会組織は村落に求められ、村落首長を実体として把握する吉田晶・大町健による村落首長制論などに継承されてきたように、である(7)。そして地域支配制度研究も在地首長に代表される地域の有力者がいかなる過程のなかで倭王権に取り込まれてきたか、あるいは地域支配制度に包摂される在地首長がいかなる地域支配を行っていたか、という点で在地首長制論と結合することによってその実体化が目指されてきた。

しかし九〇年代には、その在地首長制論では地域の実態が説明できないことが明らかになってきた。たとえば、九〇年代における歴史学研究会日本古代史部会の諸大会報告では多様な地域の実態が明らかにされた(8)。そのなかで、在地首長制の生産関係だけで社会が捉えきれないことも明らかになった。こうして在地首長制論の実体化や生産関係で社会を捉えようとする見方は否定的に捉えられるようになる。そこで坂江渉がいう在地首長制論の実体化とは異なるもう一つの方向性、すなわち生産関係論を後景に退け、「首長層に体現される人格的な共同体的機能の問題に置き換え、それにもとづく社会論や古代国家論を組み立てようとする流れ」に移っていくこととなる。[9]しかしその方向性も否定的に捉えられているように見える。たとえば須原祥二は、八世紀の事例であるが、郡司が十年未満という短期間で交代していることを明らかにし、郡司職は持ち回り的に移動していたことなどから、在地首長＝郡司とする理解に再考を迫った。[10]また、今津勝紀は八世紀の『大智度論』を検討し、針間国造氏を頂点とする首長制の存在を否定する。[11]そしてそれは「国造制の段階まで遡りうる可能性がある」とし、国造制段階での実態としての首長制も否定的に捉える。他にも考古学の発掘調査の進展などもあり、地域社会の実態が在地首長制論で説明しきれなくなってきたこともあげられよう。これらにより現在では在地首長制論を一般化かつ実体化させることはほぼ不可能であるという見方も強くなってきている。

こうした流れは、在地首長制論が「律令制下の郡司をモデルとして構想された、そしてまた論理的要請によって設定された、いわば作業仮説でありイデアルティプス」であったにもかかわらず、[12]それを実体化させる方向に議論が進んでしまったためと言えよう。実体化が不可能な理論的枠組みであるならば、在地首長制論は机上の空論としてすでにその存在意義はないのか、たとえば今津がいうように「幻を追いかけたところで、それを捕まえることができない」のだろうか。[13]実体化という議論とは異なるベクトルに向けて改めて考える必要があるだろう。

先に触れたように、在地首長制論と地域支配制度の関係を論じる際、実体化の方向に進んだことが問題であった。すなわち石母田は在地首長制を確認するために国造制を素材としたが、国造制を十分に検討しないまま在地首長制のなかに取り込んでしまい、在地首長制に国造制を引きずりこむかたちで理解することで、国造制の制度的性質と在地首長の性格を結合させてしまうことになった。その意味で今津が在地首長制論を「社会組織の原理と公共性の原理を統一的に説明するために編み出された曖昧な概念であ」ったとする指摘は的を射ているだろう(14)。その代表的な例が石母田による「国造法」（裁判・刑罰権、徴税権、行政権、祭祀権）概念の提示であろう。「国造法」概念の提示により、在地首長としての国造と制度としての国造が混合されて認識されてきたといえる。本来、地域支配制度の性質と在地首長としての性格は弁別されるべきで、それぞれの性質・性格を明らかにしたうえであわせて考えるべきであろう。

確かに近年では社会を実態レベルにおいて把握する必要性を説き、具体的な地域社会像から考えていくという姿勢も多くみられる。当然それを否定することはなく、一つの方向性として首肯すべき姿勢である。しかし一方で地域支配制度という視点からすれば、地域社会の実態だけでなく、倭王権がいかなる認識で地域支配制度を施行したかという点も考えるべきであろう。その意味で石母田以降の地域支配制度研究は地域社会の実態論と結合することでその区別が曖昧となり、倭王権の認識や意図を十分に明らかにしえなかったといえる。実態としての地域社会論ではなく、どのような制度的性質をもっていたのか、さらに言えば倭王権はいかにして地域支配を実現しようと考えていたのかを明らかにすることもまた、倭王権の認識という意味で地域支配の一側面を理解することにつながるだろう。これは地域支配制度を地域社会の実態と倭王権の認識、下と上のどちらから捉えるかの差異である。そしてこのことは国造制に限らず、地域支配制度全体にもいえ、そこから新たな国家形成史像を析出することを可能にし、国家形成史像もより立体的に描くことを可能にするだろう。すなわち本書では地域社会の実態を描き出すのではなく、倭王権がいかなる認識において地域社会を支配しようとしていたのか、その倭王権の認識をテーマとして設定することができよう。その意味ではやはり地域社会論ではなく、改めて倭王権側の認識として、地域支配制度がいかなる展開を果たしたのかを論じることは意味があろう。ただし、これは実態論に一切踏み込まないことを意味しない。倭王権側の認識を軸にしつつ、適宜実態論にも言及することとしたい。

これまでの在地首長制論と地域支配制度の結合という視角では、どうしても地域社会の実態も含まれてしまうために、析出すべき制度的性質の純度が低くなってしまう。在地首長制論それ自体は仮説として認めつつ、地域支配制度がどのようなものか、倭王権側の視角に特化したかたちで制度的性質に焦点をあわせて検討する必要があろう。そのうえで改めて地域社会の実態と突き合わせて考える必要があろう。それにより倭王権側から捉える本書の研究も地域支配のあり方を考える一つの視点ともなりうる。

そのため本書では地域社会の実態解明に主軸を置くのではなく、制度史的視角に立ち返って検討を行う。そうすることで倭王権がいかにして民衆を組織・支配しようとしたかという点を析出したい。在地首長制論などの理論的枠組みに依拠し、その実体化を意識してきたこれまでの地域支配制度研究を、改めて制度史的視角に立ち返らせることで批判的に継承する。本書では律令制成立以前において、制度史的視角から、倭王権はいかにして民衆を認識し、組織・支配しようとしてきたのか、あるいはそこにどのような支配論理が存在していたのかを明らかにすることを課題として設定し、律令国家に至る道程を明らかにする。すなわち在地首長制論は倭王権の認識を明らかにするところに位置づけ、実態論を後景に退けることでその命脈を保つことができるのではないかと考える。この課題にこたえることは国家形成史を明らかにする一助ともなるだろう。

本書ではそのような問題意識のもと、主として律令制成立以前を対象として検討を行う。この時期を扱う場合、考古学側からも積極的な発信があり、当然考古学的成果を取り入れていくことが想起される。しかし、本書では考古学的成果を取り入れることは最低限にとどめ、主として『古事記』『日本書紀』をはじめとする文字資料を素材として、記載されている文字表記に焦点をあわせる。実態論ではなく倭王権がいかなる認識で民衆を組織・支配しようとしたのか、倭王権の認識およびその時間的・質的差異（＝形成過程）は文字表記に強く表れると考えるためである。共同体の発展過程などを探るためには考古学的方法論は有効であろうが、制度史的視角から検討する場合は有効ではない。そのため考古学的成果や考古学的手法を主軸に据えることは本書の手法として適当ではないと判断した。

また、本書では律令制成立以前の地域支配制度を検討するが、対象とするのは人制、県・県主制、部民制、国造制、ミヤケ、評制、国司制である。これらの検討を通じて本書の課題にこたえることとする。

第二節　本書の構成

本書はⅢ部構成からなる。第Ⅰ部では主に国造制や部民制が成立する以前の倭王権と地域社会の関係性について、第Ⅱ部では六世紀前半から七世紀半ばの地域支配制度を、第Ⅲ部では七世紀半ば以降の地域支配制度について論じる。

第Ⅰ部第一章「人制から部民制へ」では人制から部民制への展開過程および質的変化を明らかにすることを課題として設定する。人制と部民制はおおよそ前後関係にあることはこれまでの研究でも明らかにされてきたところである。しかしその展開過程について、特に倭王権が人制や部民制の構造をいかに認識し、それらに何を求めていたのかという点においては検討の余地が残されている。そこで「某人」や「某部」は倭王権により与えられた名称であることを考えれば、倭王権は「某人」「某部」という表記を与えることでどのように社会構造を認識したかを明らかにし、それに伴って人制から部民制へと展開するなかでいかなる質的変化があるかという点を検討することが有効であろう。ここでは、人制と部民制それぞれの上番者の構成や仕奉関係を明らかにし、比較検討を経て質的差異を見出すという分析視角から検討を行うことで課題にこたえることとする。

第Ⅰ部第二章「五世紀以前における県・県主制」では県・県主制について論じる。県・県主制については、これまで地域支配制度との関連から検討されてきた。先行研究においては在地首長制論を背景として、県・県主制もその枠組みに依拠するかたちで研究が進展してきた。しかしその一方で、県主の地域支配は首長的性格によるものなのか、県主の性格によるものなのかが判然とせず、明確に証明されないまま制度的位置づけを見失っているのもまた事実であろう。在地首長制論と結びつき、また在地首長制論が学界の大きなうねりとなったことで、余計にその証明の必要性が忘れ去られてきたともいえる。その意味で国県制論争や在地首長制論に引きずられる形で県・県主が地域支配に関わる存在であるとされてきた前提は問い直される必要がある。そのため県・県主の位置づけを導き出すためには、在地首長制論と切り離したかたちで検討する必要があろう。そこで第二章では制度史的視点から県・県主の位置づけを再検討し、新たな位置づけを確認することを課題とする。

第Ⅰ部第三章「人制のその後と磐井の乱」では磐井の乱について論じる。磐井の乱については、国造制やミヤケとの関連からこれまで多くの先行研究があることはよく知られている。特にこれまでの研究では対外関係の問題として扱われてきたが、なぜ磐井が乱を起こす必要があったのか、国内的視点での検討も必要であろう。近年では倭王権の弱体化との関係で論じられることも多いが、倭王権の視点ではなく地域社会の視点から捉えることで、より多面的な理解に至ることが可能であろう。この点について、これまでほとんど論じられることのなかった人制との関係から論じる。倭王権の弱体化に伴う地域社会の変動という視点から磐井の乱の一側面を明らかにする。このことは磐井の乱を通じて地域支配制度の変化をも見通すことを可能にするだろう。

第Ⅱ部第一章「制度史的視角からみた国造制の成立」では国造制の成立過程について論じる。先行研究を振り返れば、次の問題点が共通理解を得ないまま残されている。一点目は国造制とは何をもって成立したとするか、という点である。国造制成立の基準となるのは国か造か、これまでは両者を区別せずに捉えてきたため成立基準があいまいなまま進んできた。そのため結果として国造制が何をもって成立したかが不明瞭なものとなっている。国造制における成立基準を明確にすることで、成立時期のみならず、国造制の定義についても一定の見解を得ることができよう。二点目は一点目と深く関連するが、国造制の制度的な意味での成立である。従来は石母田が「国造法」として国造の支配内容を検討したのに代表されるように、在地首長と国造が混同されて考えられてきた部分がある。舘野和己が国造法について「これらの権限の保有者は必ずしも国造に限らない。共同体の秩序を体現する共同体首長であるなら、当然に有していた権限」として批判しており、在地首長と制度としての国造を分けて考えるべきとの指摘もある。(15) これは従うべき点であり、在地首長と制度としての国造は区別されるべきであろう。そこで、在地首長と国造を明確に区別するために、ここでの課題を国造制の制度的成立の検討とする。在地首長がどのように変化したのか、という視点ではなく倭王権がそれまでの在地首長をどのような形で編成することで国造として認識し、その立場を変化させたのか、という視点から検討する。

第Ⅱ部第二章「ミヤケの位置づけとその射程」ではミヤケの研究史を論じる。大化以前の地域支配像の析出を行うための作業の一つとして、ミヤケに関する研究史を整理したうえで到達点と課題を示し、私見を提示する。ミヤケ研究の進展と現在の到達点を示すことでミヤケはどこまでを射程に置くのか、ミヤケそのものの理解の変遷に加えて他の制度との関係も含めて位置づけを検討する。この点を明らかにすることで、ミヤケと大化以前の地域支配制度との関係性を明らかにしたい。

第Ⅱ部第三章「安閑后妃関係ミヤケの歴史的位置」では六世紀前半のミヤケについて論じる。近年ではミヤケは政治的軍事的拠点、あるいは貢納奉仕の拠点として位置づけられる。しかしそれは成立から大化ごろまで常に同じように位置づけることが可能なのか、ということを安閑后妃に関係するミヤケ(匝布屯倉・伊甚屯倉・小墾田屯倉・桜井屯倉〈・茅渟山屯倉〉・難波屯倉・三嶋竹村屯倉・廬城部屯倉)を通じて検討する。ミヤケについては『日本書紀』継体天皇二十二年十二月条の糟屋屯倉が実在するミヤケの初見記事とされるが、その後に続く安閑后妃関係ミヤケに関する議論は低調である。そこで、これらのミヤケを検討することによって、ミヤケ成立当初の性格を明らかにする。このことはミヤケを動的に把握することにつながり、地域支配のあり方の議論にもつながるものになるだろう。

第Ⅱ部第四章「六・七世紀の南武蔵におけるミヤケとその周辺」では、武蔵国造の乱を通じて六・七世紀の南武蔵の様相を論じる。ここでは武蔵国造の乱について、二つのムサシ国造の系譜や交通路を踏まえていかなる対立のもとで引き起こされたものかを検討する。加えてミヤケを軸に、それらが七世紀の評制への転換を経ていかなる変化を遂げていくのかを検討する。制度史的視点を踏まえつつ、実態論に踏み込む。

第Ⅱ部第五章「稲置考」では、これまであまり議論の中心にはならなかった稲置について論じる。稲置については、これまで県・県主制や国造制、評制などの議論のなかで補足的に扱われることが多く、稲置そのものを議論の中心に据えたものは多くなかった。それは関連史料の少なさに起因するものであるが、ここではその少ない史料をベースに地域支配制度のなかでの位置づけも含めて検討する。地域支配制度の議論のメインストリームとは言えないが、稲置について検討することで、倭王権側の認識を含めて当該期の地域支配制度のありようを具体的にみることができるだろう。

第Ⅲ部第一章「評制の史的前提と史的意義」では評制について論じる。これまで、評制に関する研究はさまざまな視点から行われてきた。諸研究により、評制は日本古代の、特に律令制成立以前の地域支配制度という大局的な視点から位置づけられ、評価がなされてきた。その結果、七世紀半ばから律令制で郡と変わるまでに施行されていたもので、当時の地域支配の根幹をなしていたとする見解はおよそ共通理解として得られているだろう。そこで、ここでは評制がいかなる社会状況を前提として成立してきたのかという点や評制の意義などの評価について検討し、それまでの国造制や部民制との連続性・非連続性を明らかにする。

第Ⅲ部第二章「評制の展開と国司・国造」では評制の展開過程に焦点をあわせる。評制について一定の研究成果が蓄積されてきたものの、展開過程についてはまだ多面的な検討がなされておらず、検討の余地が残されている。また、評制の展開と他制度との関連は密接不可分の問題ともいえる。評制それ自体を論じるなかで国司や新旧国造論と関連させる論はこれまでもあったが、展開過程に関する行論を軸として他制度を関連させて論じるものは管見の限りない。そこで評制の展開過程を他制度と関連させながら明らかにすることで、七世紀後半の地域支配制度の展開の見直しを図る。

終章「古代国家形成期の地域支配制度」では各章の検討結果をまとめ、本書で論じた地域支配制度の変遷を概観する。個々の地域支配制度を関連させて捉えることで、国家形成期における地域支配制度がいかに変遷したのか、倭王権の支配論理はいかに変化したのか、そこにはどのような意義があるのか、その変遷は国家形成においてどのように捉えられるのかを検討する。

本書はこのような問題意識のもと、各章の課題にこたえることで国家形成期の地域支配制度の一端を明らかにしようとするものである。

註

（1） 石母田正『日本の古代国家』（岩波文庫、二〇一七年、初出一九七一年）。以下石母田の見解はこれをさす。

（2）倉本一宏「大和王権の成立と展開」（佐藤信他編『新体系日本史一　国家史』山川出版社、二〇〇六年）。

（3）しかし近年ではこうしたエンゲルス理論の誤読・誤用、その理論自体のもつ問題点などが指摘されている。本書ではそこまで立ち入ることはできないが、今後の課題として、ひとまずそこに問題があるということを指摘するにとどめる。関根淳「日本古代国家論の研究潮流」（『歴史評論』八四二、二〇二〇年）。

（4）国造制の研究史は、新野直吉『研究史　国造』（吉川弘文館、一九七四年）、篠川賢『日本古代国造制の研究』（吉川弘文館、一九九六年）、大川原竜一「国造制研究の現状と課題」（篠川賢・大川原竜一・鈴木正信編『国造制の研究』八木書店、二〇一三年）などに詳しい。

（5）日本古代史において、民衆をどのように組織・支配しているかという問題意識と国家形成が結びつく場合、八世紀の律令国家を前提として、それがいかにして形成されてきたかという視角になる。この場合、その前提そのものの当否が問題視されることになるが、古代における国家の定義が曖昧である以上、律令国家を国家として措定し、その形成過程を見ることで、前提そのものの当否をも射程に置くという意味では一つの視角として有効であることには変わりない。

（6）狩野久「部民制・国造制」（『岩波講座　日本通史　二　古代一』岩波書店、一九九三年）。

（7）吉田晶『日本古代社会構成史論』（塙書房、一九六八年）、大町健『日本古代の国家と在地首長制』（校倉書房、一九八六年）。

（8）歴史学研究会日本古代史部会の議論の流れについては、柳田甫「大会テーマ・報告に見る日本古代史部会の歩み」（『歴史学研究』九八一、二〇一九年）などが詳しい。

（9）坂江渉「序章」（『日本古代国家の農民規範と地域社会』思文閣出版、二〇一六年）。

（10）須原祥二「八世紀の郡司制度と在地」（『古代地方制度形成過程の研究』吉川弘文館、二〇一一年、初出一九九六年）。

（11）今津勝紀「雑徭と地域社会」（『日本史研究』四八七、二〇〇三年）。

（12）早川庄八「解説」（『石母田正著作集　三』岩波書店、一九八九年）。

（13）今津勝紀「序章」（『日本古代の税制と社会』塙書房、二〇一二年）。

（14）今津前掲註(11)論文。

（15）舘野和己「ヤマト王権の列島支配」（歴史学研究会、日本史研究会編『日本史講座　一』、東京大学出版会、二〇〇四年）。

第Ⅰ部　国造制・部民制以前の倭王権と地域社会

第一章　人制から部民制へ

はじめに

人制は一般的に、部民制成立以前に、地名や職掌を表す「某」と「人」が結合した「某人」とする称を与えて、その名に基づいて倭王権との仕奉関係を結ぶ制度として捉えられてきた。一方、部民制は一般的に、六世紀以降倭王権によって施行された、人間集団に一定の役割を表す「某」と「部」が結合した「某部」とする称を与えて、その名に基づいて倭王権との仕奉関係を結ぶ制度と捉えられてきた。人制と部民制はその類似性や先後関係から、当時の支配構造や社会構造、それらの展開過程を明らかにするうえで重要な素材として研究の俎上にあげられてきた。とりわけ人制に比べて史料数が多い部民制は、古くから身分制・奴隷制・生産様式論とも関連して述べられてきた。また、国造制・ミヤケなどと並び、六・七世紀の地域支配を検討するうえで重要な検討対象であることはよく知られているところである。

ここでは文献史学の立場より、大化以前の地域支配制度の展開過程の一端を明らかにすることを目的とし、それに対するアプローチの一つとして、人制から部民制への展開過程を明らかにすることを課題とする(1)。その課題にこたえるため人制と部民制を倭王権側の視角から検討する。「某人」や「某部」は倭王権により与えられた名称であることを前提とすれば、その展開過程を検討することは人制・部民制の社会構造（＝社会の下部構造）の変化（あるいはその有無）を明らかにすることと必ずしもイコールではない。その前提に立って検討することは、実態としての社会構造の変化ではなく、倭王権が社会をいかに捉えたか、制度史的視角から展開過程を照射することになるだろう。ここでは倭王権側かつ制度史的視点から人制から部民制への展開過程を見通したい。

第一節　先行研究の整理

人制と部民制については、これまでさまざまな角度から膨大な量の研究成果が蓄積されてきた。(2) そのすべてを網羅することは到底できないため、先に示した課題設定および検討視角に沿う形で近年の主要な研究成果を整理しておく。その中で現在の到達点を明示し、本章での検討視角に基づく論点を提示する。

人制の概要については、稲荷山古墳出土鉄剣銘や江田船山古墳出土大刀銘を踏まえて、篠川賢や吉村武彦によって次の点が指摘されている。

①人制から部民制へと変遷し、人制は部民制に解消され、人制を先、部民制を後とする先後関係にある。
②「某人」の「某」は職務を表し、倭王権と仕奉関係を結び上番することで「某」という仕奉を行っていたとみられる。
③杖刀人首はのちの伴造にあたり、一般の杖刀人は伴造ないしトモに相当する。
④トモに関連する人制に対し、部民制はトモを維持するベも含まれる。

以上の四点である。(3) これらを共通理解としたうえで議論が展開されていくことになる。なお、支配という文脈でいえば、篠川は人制の段階においては「各地の豪族との統属関係にすぎず、当時の王権は豪族配下の集団までには及んでいなかった」とし、部民制の段階では「中央に対する特定の義務を負った集団として設定されたことは、王権が間接的にせよ、豪族配下の集団にまで及んだ」として段階差を想定する。一方吉村は人制について、「五世紀の政治的支配は、この人制を通して倭国王と仕奉関係を結んだ中央・地方の豪族（在地首長）によって行われた」としており、篠川の理解と差異がみられる点は注意すべきであろう。

近年ではこうした議論を踏まえて人制の構造に関する理解が進んできた。いくつかあげると、人制の構造について、江田船山古墳出土大刀銘をもとに、（奉事）「典曹人」が「書者」「作刀者」を動員すると想定し、「各地からの上番者や渡来系技能者を含みながら、複数の専門職務者と、それを複合する組織として機能」するとした田中史生の見解をはじめ[4]、「人制とは職能に基づき集団で王権中枢に上番し、上番先で特定地点に集住していることが特徴」とする平石充の見解や[5]、人制では上番者のみが編成され、出身母体である共同体が倭王権に対して奉仕義務を負っていたわけではないとし、部民制では民衆層までが仕奉体系に組み込まれるとした溝口優樹の見解がある[6]。「者」を人制の範疇で捉えられるかどうか、上番するのは個人か複数人かなどは議論の余地があるが、平石や溝口などは玉生産や須恵器生産に関わる考古学的な視点を踏まえて先行研究の理解をさらに深める議論を行っている点は特徴的である。

一方、部民制の先行研究について、本章と関連する部分ではトモとベの関係性があげられる。以前は、トモはベの統率者で、宮廷の職務分掌組織を構成する者として、ベはトモを資養する貢納民と理解されてきた。そのためトモとべは異質の集団として分離して捉えられていた[7]。しかしその後、狩野久は名代・子代について検討し、トモとベは「異質の分離可能な人間集団ではないのであり、部集団を人格的に体現し、それを代表するものがトモになって王宮に奉仕し隷属関係をもつことが、そのまま集団がべとして王の民とされる」とし、「べが「トモの出仕の費用」として貢納と賦役を負担するのはそのかぎりにおいてであ」ると理解する(8)。また、鎌田元一は、トモとべは「本来字訓と字音とによる呼称の相違にすぎず、なんら異なる実体をさし示すものではない」とし、「その奉仕内容の如何を問わず、本来的には倭王権に対する隷属・奉仕の関係を設定されたすべての服属集団を意味する呼称」と理解する(9)。

狩野と鎌田ではトモの位置づけにおいて若干の差異があるものの、トモとべを統一的に捉えるべきという点で大きな差異はない。また、溝口も上番・直接の奉仕の有無にかかわらず、倭王権から見れば奉仕義務を負っており、それらがトモと観念されるとし、トモとべを統一的に捉える点で上記と同様である。

このように先行研究を確認すると、倭王権から捉えた構造と地域社会の実態を混同しているように見受けられるものもあり、そのため議論がかみ合っていない部分もあるように見える。そこでそれらを分けて再検討する必要があるだろう。とりわけここで論点としたいのは、地域社会の実態の変化（あるいはその有無）ではなく、倭王権はどのように人制や部民制の構造を認識していたのかという点である。

もう一点、本章と関連する部分でいえば、人制と部民制の差異があげられる。吉村は漢語表記から和語表記への変化から質的段階差を想定する。つまり人制から部民制の変化は、陶人と陶部を例とすれば、須恵器生産の大規模生産から地方での小規模生産への変化とリンクする、とする。鎌田は、部民制はトモ制（人制）と異質の原理に基づくものではないと理解する。そしてトモの組織を部表記で表しただけで部民制と本質的な差異はなく、トモ制の全国化の過程であるとする。中村友一は名称が抽象（「某人」）から具体（「某部」）へと変化することから、倭王権の「部を官司機構へと制度的に整備」する志向を読み取り、より具体的な生産様式ごとに集団を編成したと想定する(10)。溝口は上番奉仕する集団に限り「部」が付される例を示し、トモを資養する集団は「部」に包含されていない段階（プレ部制）を想定する点で特殊ではあるが、人制について「出仕者の出身母体を組み込むものではなく、地域支配（人民編成）としての要素は希薄であった」とし、部民制について「トモの組織が民衆層にまで及んでいる」とする指摘は重要である。溝口の理解は先述の吉村の理解とは異なり篠川の理解と同様であるが、人制と部民制の編成差を考えた際、おのずと導き出されるものといえ、その意味では平石も近い理解といえる。近年ではこのように多くの見解が出されているものの、現象面の指摘にとどまる見解も多く、人制と部民制の質的差異の歴史的意義を考える必要があろう。

本章での課題および検討視角から見ると、倭王権が人制や部民制の構造をいかに認識していたかという点については実態と混同している面もあり、改めて再検討する余地がある。「某人」「某部」が倭王権から付された呼称であるとすれば、実態はともかく、倭王権は「某人」「某部」という呼称を付すことでどのように社会構造を認識し、編成しようとしたかを明らかにし、それに伴って倭王権の意識において人制から部民制へと展開する中でいかなる質的変化があるか、その質的差異はいかなる歴史的意義を有するかを検討することが重要であろう。そのことで地域支配という側面より人制から部民制への展開を捉えることができよう。その場合、人制と部民制それぞれの上番者の構成や仕奉関係を明らかにし、比較検討を経て質的差異を見出すことで、本章の課題に対するこたえとしたい。

第二節　人制の示す範囲とその構造

本節では倭王権が人制として捉えていた人間（集団）の範囲と構造を検討する。まずは次の史料をあげる。史料の後の「No.」は後掲の表1に対応する。

史料一　稲荷山古墳出土鉄剣銘文

（表）辛亥年七月中記、乎獲居臣、上祖名意富比垝、其児多加利足尼、其児名弖已加利獲居、其児名多加披次獲

居、其児名多沙鬼獲居、其児名半弖比、
（裏）其児名加差披余、其児名乎獲居臣、世々為杖刀人首奉事来至今、獲加多支鹵大王寺在斯鬼宮時、吾左治天下、令作此百錬利刀、記吾奉事根原也

史料二　江田船山古墳出土大刀銘文

台〔治カ〕天下獲□□□鹵大王世、奉事典曹人名无□〔利カ〕弖、八月中、用大鉄釜、并四尺廷刀、八十練、□〔九カ〕十振、三寸上好□〔刊カ〕刀、服此刀者、長寿子孫洋々、得□恩也、不失其所統、作刀者名伊太□〔和カ〕、書者張安也

史料三　『日本書紀』雄略天皇二年十月丙子条（No.27）

（前略）語二皇太后一曰、今日遊猟、大獲二禽獣一。欲下与二群臣一割レ鮮野饗上、歴二問群臣一、莫二能有レ対。故朕嗔焉。皇太后知二斯詔情一、奉レ慰二天皇一曰、群臣不レ悟下陛下因二遊猟場一、置二宍人部一、降中問群臣上。々々黙然、理。且難レ対。今貢未レ晩。以レ我為レ初。膳臣長野、能作二宍膾一。願以レ此貢。天皇跪礼而受曰、善哉。鄙人所レ云、貴相二知心一、此之謂也。皇太后観二天皇悦一、歓喜盈懐。更欲レ貢レ人曰、我之厨人菟田御戸部・真鋒田高天、以二此二人一、請三将加貢、為二宍人部一。自レ茲以後、大倭国造吾子篭宿禰、貢二狭穂子鳥別一、為二宍人部一。臣連伴造国造又随続貢。

史料四　『日本書紀』雄略天皇十年九月戊子条（No.31）

身狭村主青等、将二呉所献二鵝一、到二於筑紫一。是鵝為二水間君犬一所二囓死一。〈別本云、是鵝為二筑紫嶺県主泥麻呂犬一所囓死。〉由レ是、水間君恐怖憂愁、不レ能二自黙一、献三鴻十隻与二養鳥人一、請二以贖一レ罪。天皇許焉。

史料五　『日本書紀』雄略天皇十年十月辛酉条（No.32）

以二水間君所献養鳥人等一、安二置於軽村・磐余村二所一。

史料一や史料二の金石文から判断すれば、「杖刀人首」である乎獲居臣や「典曹人」である无利弖が個人として倭

王権に編成され、仕奉していたことは明らかであろう。言い換えれば、彼らが所属する共同体成員すべてが、同じ職務をもって倭王権に仕奉していたと言い切ることはできない。

史料三については、宍人部についての記載であるが、結論から言えば人制に関連する史料と判断したい。ここでは「皇太后」が膳臣長野をよく宍膾を作るということで貢上し、加えて自らの「厨人」の菟田御戸部と真鋒田高天を貢上し、彼らを宍人部とした。さらに大倭国造吾子篭宿禰や臣連伴造国造もこれに続いたという記事である。これは複数箇所から一定の人間を上番させ、調理という仕奉関係を結んだことを示している。一定の集団を宍人部に設定したのではなく、上番させた人物を宍人部に編成したということになる。次節でも述べるが、部民制のように従来ある集団を設定するのではなく、上番した人物を集団に編成するという論理を見ることができる。また名称の面からも、『日本書紀』雄略天皇七年是歳条（後掲史料十一）に「漢手人部・衣縫部・宍人部」の語があり、古訓に「皆不読部上同之」とあることから「シシヒト」と読めること、[11]「人」が「部」に包摂されていることを踏まえると、[12]最終的に宍人部になる集団の起源譚と考えられる。人制と部民制の特徴が混在しているためにわかりづらいが、史料三は人制の設定を示す記事と考えられる。

史料四・五では、「養鳥人」が二か所に安置されていることからも同一の共同体から複数人が上番したことは明らかである。しかし水間君が献上したという文脈を踏まえれば、水間君を首長とする共同体の大半を献上したとは考えがたく、また共に献上されたものが「鴻十隻」という数からも一部の人間に限られたとみるべきであろう。

これらの史料や史料数などから考えれば、倭王権が人制として捉えていたのは、原則として上番した個人であったと考えられる。そのため鈴木正信が指摘するように「「某人」は天皇（ないしそれに準じる人物）と仕奉関係を結んだ特定個人に対して与えられる呼称」とすることは認められるだろう。[13]これは見方を変えれば「某人」を与えられた人

表1 『日本書紀』（武烈天皇まで）に記載される主要な「人」・「者」一覧

No.	名　称	該　当　者　名	人	者	『日本書紀』記載条文			
1	持傾頭者	鶏		○	神代下	9段	本文	
2	持帚者	川鴈		○	神代下	9段	本文	
3	尸者	鴗		○	神代下	9段	本文	
4	舂者	雀		○	神代下	9段	本文	
5	哭者	鷦鷯		○	神代下	9段	本文	
6	造綿者	鵄		○	神代下	9段	本文	
7	宍人者	烏		○	神代下	9段	本文	
8	作笠者	手置帆負神		○	神代下	9段	一書2	
9	作盾者	彦狭知神		○	神代下	9段	一書2	
10	作金者	天目一箇神		○	神代下	9段	一書2	
11	作木綿者	天日鷲神		○	神代下	9段	一書2	
12	作玉者	櫛明玉神		○	神代下	9段	一書2	
13	俳人・狗人	火酢芹命	○		神代下	10段	一書2	
14	神班物者	物部連祖伊香色雄		○	崇神天皇	7年	8月	己酉
15	陶人	近江国鏡村の谷に居住	○		垂仁天皇	3年	3月	
16	挾杪者			○	景行天皇	18年	5月	壬辰
17	秉燭者			○	景行天皇	40年	是歳	
18	挾杪者	倭国菟田人伊賀彦		○	仲哀天皇	8年	正月	壬午
19	審神者	中臣烏賊津使主		○	神宮即位前仲哀	9年	3月	壬申
20	猟人		○		仁徳天皇	38年	7月	
21	充神者			○	履中天皇	5年	10月	甲子
22	儛者			○	允恭天皇	7年	12月	壬戌
23	卜者			○	允恭天皇	24年	6月	
24	楽人	新羅王が派遣	○		允恭天皇	42年	正月	戊子
25	虞人		○		雄略天皇	2年	10月	丙子
26	御者	大津馬飼		○	雄略天皇	2年	10月	丙子
27	厨人	菟田御戸部・真鋒田高天	○		雄略天皇	2年	10月	丙子
28	湯人	廬城部連武彦	○		雄略天皇	3年	4月	
29	虞人		○		雄略天皇	4年	8月	庚戌
30	官者	吉備弓削部虚空		○	雄略天皇	7年	8月	
31	養鳥人	水間君が献上	○		雄略天皇	10年	9月	戊子
32	養鳥人	水間君が献上	○		雄略天皇	10年	10月	辛酉
33	共食者	根使主		○	雄略天皇	14年	4月	甲午
34	負嚢者	根使主の子孫		○	雄略天皇	14年	4月	甲午
35	船人		○		雄略天皇	23年	8月	丙子
36	秉燭者			○	顕宗即位前清寧	2年	11月	
37	巧手者	高麗より招来		○	仁賢天皇	6年	9月	壬子

※平石充「人制再考」（島根県古代文化センター編『島根県古代文化センター研究論集　第14集　前方後方墳と東西出雲の成立に関する研究』，2015年）をもとに改変．職掌＋人・者を主として掲載．なお，地名＋人はその地の人を表すもので，ここでは検討の対象から外した．

物は当代のみにおいて大王ないしそれに準じる人物と関係を結ぶことが想定される。すなわち「某人」は世代を超えてそのまま継承されていくことは想定しづらいのではないだろうか。倭王権側の人間およびそれらと仕奉関係を結んだ特定個人相互に代替わりが発生した際には、改めて関係を結ぶ必要があったと考えられる。仕奉関係が世代を超えて継承されずに再構築が求められるからこそ、「某人」の付与を通じた関係性は強固なものとなり、史料一・二のようなものが作られたともいえよう。この点は後述するように部民制の段階と大きく異なるものといえる。この場合、史料一の「乎獲居臣、世々為杖刀人首奉事来至今」にある「世々」の解釈が問題となるが、田中の示すとおり「世々」は大王の「御世御世」のことで、（中略）ヲワケが代々の王に「杖刀人の首」として仕え「今に至る」と記しているとみるのが妥当だろう」とすれば[14]、代々関係性を構築していると捉えることもできる。大王の代替わりにおいても「杖刀人（首）」が無条件で継続するのではなく、大王の代替わりにおいてそれが再度関係を結ぶことになっているからこそ「世々」が強調されているのかもしれない。

また上記史料をみれば、人制に編成された人物は必ずしも出身共同体において首長的な存在ではなかった可能性がある。特に史料四・五では水間君が贖罪のために「養鳥人」を献上していることから、その共同体の首長は水間君だったと考えられ、上番者が首長であることは必要条件ではないこともわかる。厳密にいえば史料一の「杖刀人首」や史料二の「典曹人」が出身の共同体において首長的位置づけであったかは証明されたものではない。推測を広げれば、地域社会から首長を切り離して上番させることはあまり現実的でないように思う。

こうしてみると、人制とは、その職務に長けた人物など（個人あるいは複数人、ただし複数の場合は共同体の大半を占めるほど大きな集団ではなく小規模の集団）が共同体から切り離されて上番し、上番先で（出身共同体を一次集団とすれば、そこから切り離された）同じ仕奉関係を持つ人物達とあわせて二次集団（「某人」）として組織され、倭王権（鈴木の理解を踏まえれば大王ないしそれに準じる人物）と関係を結び、一定の職務を負わせる制度といえる。その「某人」は世代を超えて継承されるものではなく、仕奉対象者と「某人」それぞれにおいて当代のみの関係性であったともいえる。そして人制に編成された人物はその職務を負って倭王権に仕奉することが重要であって、その立場をもって一般民衆に対する支配を行うことは要求されていないと考えられる。つまり、人制に「某人」を介した一般民衆（出身共同体＝一次集団）に対する支配の側面を持たせることは不可能とみるべきであろう。「某人」に編成された二次集団内部においては、「杖刀人首」のように同じ仕奉内容を持つ集団をまとめる人物を頂点とする構造をとると考えられるが、それは仕奉内容においてであって、倭王権の支配構造において「某人」の下部に組織される地域社会を想定することはできない。

吉村以降、人制は「某人」と「某者」で表されるとみる見解が通説的であるが、ここまであえて「者」に関する史料を除いて検討してきた。そこで、「者」についても触れておく必要があろう。「人」と「者」を同一とみる点について田中は、高句麗広開土王碑文には「守墓者」と「守墓人」が混在していること、『北史』に「作書人」、『漢書』に「作書者」とあることを根拠として吉村の見解を継承する。しかし中国大陸や朝鮮半島で使用されていた「人」「者」がそのまま倭国に入ってきたかは慎重になるべきであろう。これを証明するためには、日本側の史料でも同様にいえる必要がある。しかし表1のNo.16・18・35を確認すれば、「挟杪者」と「船人」は同じ船頭をさすと考えられるが表記は異なる。また、史料二は倭王権が作成して无利弖に賜与したものと无利弖が作成したものと二通り考えられるが、前者であれば倭王権の論理の中で、後者であれば无利弖の認識において「人」と「者」の書き分けが行われていることになり、何らかの意図があるとみることができよう。

史料六　『日本書紀』仲哀天皇八年正月壬午条（No.18）

（前略）天皇則禱祈之、以㆓挟杪者倭国菟田人伊賀彦㆒為㆑祝令㆑祭。則船得㆑進。（後略）

史料七　『日本書紀』雄略天皇十四年四月甲午朔条（No.33・34）

天皇欲㆑設㆓呉人㆒、歴㆓問群臣㆒曰、其共食者誰好乎。群臣僉曰、根使主可。天皇即命㆓根使主㆒為㆓共食者㆒。（中略）天皇命㆓有司㆒、二㆓分子孫㆒、一分為㆓大草香部民㆒、以封㆓皇后㆒。一分賜㆓茅渟県主㆒、為㆓負嚢者㆒。即求㆓難波吉士日香々子孫㆒、賜㆑姓為㆓大草香部吉士㆒。（後略）

史料八　『日本書紀』顕宗天皇即位前紀清寧天皇二年十一月条（No.36）

（前略）於是、小楯撫㆑絃、命㆓秉燭者㆒曰、起儛。（後略）

史料六では「挟杪者」が「祝」としての職務も負わされたことが記されている。史料七では「共食者」と「負嚢者」について記載されている。史料七の「共食者」は共に食事をする人物をさすと考えられるが、この仕奉関係が恒常的に続いているわけではない。省略した部分には、根使主について「莫㆓預群臣之例㆒」とあることから、根使主は群臣としてすでに雄略と関係を築いており、基本的にはその中で単発的にその任（「共食者」）に当たったとみることができるだろう。一方で「負嚢者」は、根使主の子孫を半分にして茅渟県主に与えられた人物をさす。つまり、「負嚢者」として雄略に対して仕奉関係を結んでいるわけではないことがわかる。史料八は「秉燭者」についての記載である。これも屯倉首と播磨国司である伊予来目部小盾の会話の中で火を燈させた人物をさして「秉燭者」としていることから、当時在位していたとされる清寧と仕奉関係を持っていたとはいえない。

つまり、大王やそれに準じる人物との仕奉関係がみられない例もあることから、必ずしも「某者」が倭王権と直接関係を結び、上番した人物を同じ仕奉関係を持つ集団に編成する人制の「某人」と同一視できないことは明らかである。人制には一定期間の上番および職務への従事が求められていると考えられるのに対し、「共食者」や「秉燭者」

の職務、表のNo.1~7が殯に際して任じられていることを考えると、「某者」はその場限りの任に当たったとも考えられる。この点は史料二の「作刀者」や「書者」についても同様と考えられる。「某人」が上部者となり「某者」を動員したという田中の理解は、大刀銘が倭王権によって作成されたものであれば、その文脈から「典曹人」が「作刀者」「書者」を動員して倭王権に仕奉を行うことは考えがたい。また、この大刀銘を无利弖が作成させた場合は田中の理解が認められるが、その場合は「典曹人」と「作刀者」「書者」が結びつく一方で、「作刀者」「書者」は倭王権と直接の仕奉関係にはないと考えられる。田中は「人」と「者」を同一視するために、人制について「各地からの上番者や渡来系技術者を含みながら、複数の専門職務者と、それを複合する組織として機能していた」との認識がうまれたわけだが[15]、倭王権と結びつかない「者」まで当時の倭王権が想定していたとは考えがたく、人制の範疇に組み込むことには賛同しがたい。実態としてはありうるかもしれないが、倭王権としてはあくまで「某人」との関係性が重要であって、「某者」は倭王権の埒外にあったといえる。「者」について、単に「〇〇する人」という一般名詞的用法で使用されるとすれば、「某者」が「某人」のように倭王権と仕奉関係を持っていたか否かは関係ないことになり、「人」と「者」が通用するとは一概にいえないことになる。すなわち「某人」と「某者」に関する史料から人制の構造を導き出すことにも慎重になるべきであろう。そのため人制の構造を見るには、「某者」に関する史料は除外する必要がある。「某人」史料のみから人制の構造を導き出すことで理解の純度を高めることが可能になるといえる。

「者」は『日本書紀』編者の認識の中では一部「人」と混用していた可能性は捨てきれないものの、基本的には「者」=「〇〇する人」という一般名詞的用法と考えられる。そこに倭王権との仕奉関係の有無や同じ仕奉関係を持つ集団への編成は問題にならない。そして「人」は共同体の中から職務に長けた人物などが上番して倭王権と仕奉関係を持つことで与えられる表記であるといえる。それに仕奉内容を表す「某」が結びつき、同じ「某人」表記を持つ

（＝同じ仕奉内容を持つ）人物たちによる集団へ編成されたと考えられる。「某人」表記を持たない一般民衆層まで編成されるわけではない。また、首長が人制に組織されるとも言い切れないことから、倭王権側からの「某人」を通じた一般民衆に対する支配意識を見出すことは困難であろう。さらに表1を踏まえて付言すれば、「者」から「人」への変遷も考えられるのではないか。単発での職務を負う「者」から、上番させて倭王権と仕奉関係を結ばせ、一定期間職務を負わせる「人」への変化を見ることも可能性としてはありうるだろう。

第三節　部民制の構造と展開

まずは部民制の社会構造について確認する。人制を、その職務に長けた人物など（個人あるいは複数人、ただし複数の場合は共同体の大半を占めるほど大きな集団ではなく小規模の集団）が共同体から切り離されて上番し、上番先で（出身共同体を一次集団とすれば、そこから切り離された）同じ仕奉関係を持つ人物達と二次集団として組織され、倭王権と関係を結んだ制度として捉えるならば、部民制はどのように捉えるべきか。大局的な視点から社会構造を確認する。史料九〜十四に見える部の設置記事をみれば、部という表記を与えられた対象は、人制のように倭王権が共同体から分離させた上番者を二次的に編成した集団を示すと判断することはできない。

史料九　『日本書紀』垂仁天皇二十三年十一月乙未条

（前略）則賜ㇾ姓而曰二鳥取造一。因亦定二鳥取部・鳥養部・誉津部一。

史料十　『日本書紀』履中天皇六年正月辛亥条

始建二蔵職一、因定二蔵部一。

史料十一　『日本書紀』雄略天皇七年是歳条

（前略）〈或本云、吉備臣弟君、還レ自二百済一、献二漢手人部・衣縫部・宍人部一。〉

史料十二　『日本書紀』雄略天皇十七年三月戊寅条

詔二土師連等一、使レ進下応レ盛二朝夕御膳一清器上者。於是、土師連祖吾笥、仍進二摂津国来狭々村、山背国内村・俯見村、伊勢国藤形村及丹波・但馬・因幡私民部一。名曰二贄土師部一。

史料十三　『日本書紀』安閑天皇二年八月乙亥朔条

詔置二国国犬養部一。

史料十四　『日本書紀』敏達天皇六年二月甲辰朔条

詔置二日祀部・私部一。

部の設置についてはは上記の他にもさまざまなパターンを見ることができるが、共通して考えられるのはあくまで地域社会に存在する一次集団を部として編成したということである。人制のように各地からの上番者を二次集団に編成したような形跡はみることができない。人制で編成されていた集団を改めて部に設定することも当然ありうるが、その段階ではすでに一次集団として捉えられるのではないか。つまり部を設定するにあたり、新たに倭王権主導で一部の人間を一次集団から切り離して二次集団を編成することはなかったと考えられる。

続いて部民制の内部構造、トモとべについてみていく。部民制が一次集団まで編成するものであることは確認できたが、その一次集団が部民制下においてどのような構造を持っていたかを確認しておきたい。部内部については、古くからトモとべの側面があることが認識されてきた。そして先述の通り、これまでトモとべの関係性についての研究成果が蓄積されてきた。ただし共通理解として得られているのは、トモとべを統一的に把握するということのみである。また倭王権が捉えた構造と実態を混同している面もあり、この点は明確に分けて考える必要があろう。その意味で、実態と倭王権がいかに部の構造を認識していたかという点はそれぞれ再検討の余地がある。本節では特に倭王権の認識に焦点をあわせる。

狩野はトモとベを統一的に把握すべきという前提ではあるが、「部集団を人格的に体現し、それを代表するものがトモ」と捉えており、厳密にはトモとべは同一ではないと捉える。一方で鎌田はトモ＝べとして捉えている。トモとべは同一とみるべきか否か、同一ではないとするならばどのような構造を持つのか。倭王権側から照射すれば、トモとべはどのように捉えるべきなのか。

史料十五　『日本書紀』継体天皇元年二月庚子条

（前略）是故、白髪天皇無㆑嗣、遣㆓臣祖父大伴大連室屋㆒、毎㆑州安㆓置三種白髪部㆒、〈言㆓三種㆒者、一白髪部舎人、二白髪部供膳、三白髪部靫負也。〉以留㆓後世之名㆒。（後略）

史料十六　『日本書紀』敏達天皇十二年是歳条

（前略）是時、日羅被㆑甲乗㆑馬、到㆓門底下㆒。乃進㆓庁前㆒。進退跪拝、歎恨而曰、於㆓檜隈宮御寓天皇之世㆒、我君大伴金村大連、奉㆓為国家㆒、使㆓於海表㆒、火葦北国造刑部靫部阿利斯登之子、臣達率日羅、聞㆓天皇召㆒、恐畏来朝。（後略）

史料十五は三種の白髪部（白髪部舎人、白髪部供膳、白髪部靫負）を置くとする史料である。そして史料十六は日羅に関する史料で「刑部靫部」とある。ともに名代・子代の例ではあるが、これらをみる限り、倭王権は大きな枠組みとして部称を用意し（ここでいえば白髪部や刑部）、その中で役割を分担させていることがわかる。もちろん「某部」すべてがトモとして上番・出仕するとは考えがたく、単に白髪部や刑部とされるものの存在も考えられるべきであろう。彼らは特徴的な職掌を類推することができないため、上番・出仕するトモを資養する目的もあったと考えられる。この点を考えれば、鎌田の見解、すなわち実態としてトモとべはイコールで結ばれるものではなく、「某部」の中には上番・出仕するトモとそうではないべが混在していると考えられ、制度上同じ「某部」表記をもつものの上下関係を読み取ることも困難であろう。ただし倭王権からみた場合、白髪部や刑部という大きな枠組みでは統一的に把握されていたとみることができ、この点において上番・出仕するトモとべを統一的に認識する見解は首肯されるべきであろう。厳密にいえば、トモとべが同族集団によって構成されなければならないという史料をみることができない以上、溝口のいうように上番・出仕するトモと出身母体がべとして編成されることは必ずしも同族関係にある必要はないということもできよう。本節に関連する部分のみで言えば、実態として上番・出仕するトモとべは同一ではないことは明らかである。すなわち実態としては分かれていたが、倭王権からみれば、求められた職掌を果たすことが重要であって、その意味では某部はひとくくりで把握されていたと考えておきたい。そして部は一般民衆まで広げて理解すべきであろう。「某部」すべてが上番するわけではない。物的貢納を主たる職務とする部の存在もあり、彼らは上番・出仕するトモを持たない可能性も想定しておく必要がある。

また、部民制の継承について付言しておく。史料十五に「留㆓後世之名㆒」とあるように、名代・子代の性格を踏まえると、部民に編成された集団はそれが世代を超えて継承されていくという点は注意すべきであろう。

次に人制からの展開過程を考えるうえで、溝口が言及しているプレ部制についても触れておく必要があろう。溝口は次の史料十七における土部の設定や、前掲史料三における宍人部の設定より、民衆層まで部民制に設定される前段階として、上番者のみが部として設定される段階を想定している。そしてこの段階をプレ部制とし、プレ部制と部制の間に質的差異を求める。

史料十七　『日本書紀』垂仁天皇三十二年七月己卯条

皇后日葉酢媛命〈一云、日葉酢根命也。〉薨。臨葬有レ日焉。天皇詔二群卿一曰、従レ死之道、前知二不可一。今此行之葬、奈之為何。於是、野見宿禰進曰、夫君王陵墓、埋二立生人一、是不良也。豈得レ伝二後葉一乎。願今将議二便事一而奏之。則遣二使者一、喚二上出雲国之土部壱佰人一、自領二土部等一、取レ埴以造二作人・馬及種々物形一、献二于天皇一曰、自レ今以後、以二是土物一更二易生人一、樹二於陵墓一、為二後葉之法則一。天皇、於是、大喜之、詔二野見宿禰一曰、汝之便議、寔洽二朕心一。則其土物、始立二于日葉酢媛命之墓一。仍号二是土物一謂二埴輪一。亦名二立物一也。仍下レ令曰、自レ今以後、陵墓必樹二是土物一、無二傷人一焉。天皇厚賞二野見宿禰之功一、亦賜二鍛地一。即任二土部職一。因改二本姓一、謂二土部臣一。是土部連等、主二天皇喪葬一之縁也。所謂野見宿禰、是土部連等之始祖也。

史料十七は野見宿禰が殉死の風習を改めるため、出雲国より土部一〇〇人を召し出し、彼らを率いて埴輪を製作して献上し、そこで垂仁は鍛地を与え、土部の管掌者に任じたという伝承である。ここでは土部一〇〇人を、上番して倭王権と仕奉関係を結ぶ集団として記載している。そしてそれを取りまとめる人物が（土部一〇〇人とは支配―被支配関係にはない）野見宿禰という構造を考えれば、杖刀人首―杖刀人の関係性と類似していることに気づく。また、ここで出雲より召し出された一〇〇人が土部とあり、野見宿禰が土部臣を与えられることから、史料十七では土部成立以前の段階の様子を表したものであり、この集団がのちに土部とされたということを示しているのであろう。さらに部表記について、中村が述べるように人制が後発の部によって上書きされたと考えられることを踏まえると、この史料十七については人制の範疇で捉えるべきと考えられる。前掲の史料三についても、先述したように部民制に関する史料ではなく、人制に関する史料と捉えられる。

このように考えるならば、溝口の想定するプレ部制に関する史料が人制の史料とみることができ、ことさらに人制と部民制の間にもう一つ段階を想定する必要はないことになる。また、プレ部制が人制と質的差異はないものとするならば、部表記への転換の意義はなく、部表記が付された後に質的差異を認めることになり、不自然であり従いがたい。あくまで部表記が持つ意味を見出す必要性がある。

それでは人制から部民制へはいかなる展開をしたのか。人制は地域社会の中から上番した人物が編成されて仕奉関係を結ぶという構造を持つ。その人物の出身の共同体まで把握するものではない。あくまで上番して仕奉関係を結んだ本人および彼らが二次的に編成された組織が倭王権の把握するところになる。そしてそれらは世代を超えて継承されるようなものでもないと考えられる。また上番したものは必ずしも首長層とは限らない。一方で部民制は、先述のように一般民衆層を対象として部が設置されることから、民衆層まで倭王権の把握が及ぶという構造を持つ。ただし、松木俊暁が述べるように、「重層的な部民制の支配秩序は、個々の具体的な支配＝隷属関係の連鎖を辿っていけば最終的には大王という頂点に至る（数珠つなぎ的）構造を有してはいるが、各階層の従属者すべてが第一義的に「大王への奉仕者（＝王民）」として自己規定していたとは考えがたい」ことから、[16] あくまで倭王権の意識の上で、という前提条件がつくことになる。また、その把握の実態は、次の史料十八において伴造が評官人の候補としてあげられていることから、首長層を媒介としたものと考えられる。そしてこうした構造は先に触れた名代・子代の性格や、史料十八で伴造も「自㆓我祖時㆒、領㆓此官家㆒、治㆓是郡県㆒」の一部として捉えられていることから、世代を超えて継承されていく特徴があるといえるだろう。

史料十八　『日本書紀』大化元年八月庚子条

（前略）若有㆓求㆑名之人㆒、元非㆓国造・伴造・県稲置㆒、而輙詐訴言、自㆓我祖時㆒、領㆓此官家㆒、治㆓是郡県㆒。汝等国司、不㆑得㆔随㆑詐便牒㆓於朝㆒。審得㆓実状㆒而後可㆑申。（後略）

人制から部民制へ移行する中で、地域社会の構造そのものに大きな変化が表れたとは考えがたい。構造上大きな変化がないとすれば、変化があったのは倭王権の地域社会の捉え方ということになる。

その変化とは、倭王権の運営を補助する職能集団編成（人制）から王民の分割所有（部民制）への変化と捉えることができるのではないだろうか。上番した個々人を編成した人制とは異なり、首長層を媒介として既存の集団に対して部民制が施行されることを考えると、人制から階層・空間共に広がりを見せたといえる。伴造は単に職能集団の統括者というのみではなく、倭王権と民衆層を仕奉関係で結合し、王民化のイデオロギーで包含する役割と捉えられる。倭王権の認識においてはそこで初めて既存の一般民衆の集団に対して「支配」という網をかぶせたと考えられる。人制の場合も一定の職務を負わせるという意味では部民制と同様だが、その質が異なると考えられる。人制の場合は一般民衆の支配までを射程に置いていない。人制に組織することと人制を通じて一般民衆を倭王権が支配することはイコールでは結ばれないことは明らかである。そのため人制は職能集団の編成にとどまるといえるのではないか。鎌田がいうように、部民制については王民化という性格のみではなく、豪族私有民的な性格も表裏一体的に持っていたことも踏まえる必要があるが、部民制において民衆層まで設定されたという点においては篠川や溝口の見解を支持したい。

また、人制が当代のみの関係性にあるとみられることも部民制との対比においては重要になる。人制段階では双方に代替わりが発生した際には改めて仕奉関係を結ぶことになるのだろう。言い換えれば世代を超えて「某人」は継承されないとも言える。部民制段階になると一般民衆までが射程に置かれ、不完全ではあるが、列島内の一般民衆に対して一定の職務を負わせた。そしてそれが世代を超えた継承を含めることができるようになった。つまり倭王権からの視点では、この点において王民としてのイデオロギーを世代を超えて一般民衆にまで貫徹させようとしていたことになる。すなわち人制から部民制へは、階層・空間のみならず時間までも広がりをみせるともいえよう。ただし、松木がいうように、実態としては民衆層まで王民としてのイデオロギーが貫徹しているわけではなかった点は注意を要する。その意味で倭王権の認識と実態には一定の乖離があったことを認めなければならないだろう。

人制段階では倭王権と人制に編成された集団が関係を持つことで、職能集団の編成にとどまっていたが、部民制の段階になると倭王権に支配意識（王民意識）がうまれ、部民制を通じて社会を王民化のイデオロギーで包含し、列島内の一般民衆までを（擬制的ではあるが）掌握する論理へと変化したといえる。その意味では吉村の理解には従えず、部民制の段階になって初めて地域支配という構造が生まれてきたといえよう。加えて、人制段階では倭王権と「某人」との関係について、双方に代替わりが発生した際に再度関係を構築する必要があったのに対し、部民制では世代を超えて継承されることで、世代を超えた恒常的な倭王権との関係が構築されることになった。この点は倭王権の体制の変化という点からも考える必要があるだろう。推測を広げれば、世襲王権の成立により、倭王権との関係を世代を超えて継承していくという発想が生まれて部民制へとつながった可能性も考えることができるだろう。

おわりに

ここまで人制・部民制について検討を加えてきた。最後に簡単にまとめておく。本章では大化以前の地域支配制度の展開過程の一端を明らかにすることを目的とし、それに対するアプローチの一つとして人制から部民制への展開過程を明らかにすることを課題とした。その課題を検討するため、倭王権側から人制・部民制を照射するという視角から人制と部民制の構造と質的差異を論点として設定した。

その結果、人制は地域社会の中からその職務に長けた人物が上番し、上番した先で集団に編成される構造を持つと捉えた。共同体から切り離され、二次的に編成された集団が倭王権に把握され、上番者の出身共同体は倭王権に把握されることはない。その意味ではあくまで職能集団の編成にとどまる。そして彼らは倭王権および「某人」双方に代替わりが発生した際には再度関係を構築することが必要だった可能性がある。

一方で部民制は、一般民衆層までを対象として編成される構造を持つ。上番した人物を編成するのではなく、一次的な集団を部民として設定する。首長層を伴造とし、彼らを結節点として民衆層までを王民と捉えることで支配対象と捉えていく。部民制の施行に伴って一般民衆に対する支配するという意識が生まれ、王民としてのイデオロギーを貫徹させる。こうした構造は人制とは異なり世代を超えて継承されていくことを指摘することができる。そのことにより倭王権と地域社会の関係性は世代を超えた恒常的なものへと変化していくともいえるだろう。

すなわち人制から部民制へと展開するなかで、単なる一部の人間を対象とした倭王権運営上の職能集団編成から民衆層への支配意識の発露、しかもそれは当代のみではなく世代を超えた継承を前提とするという性質の変化を認めることができる。ここには世襲王権の成立という倭王権の質的変化を想定する必要があるだろう。倭王権から見た人制と部民制の質的差異およびその意義をこのように考えることで本章の課題へのこたえとしたい。

なお、この展開過程は他にも当てはめることができるとの見通しを持っている。これはあくまで推測であるが、社会の限られた者への支配を通じて倭王権を運営するという状況から、一般民衆までをも支配の射程に置くという状況への変化という意味では、県主と国造にも同様の関係を見出すことができるのではないか。県主制と国造制がおよそ前後関係にあることは認められている。県主は倭王権と個人的関係を結び、内廷に深く関連する物的貢納を行うと考えられる。この時倭王権は、首長である県主を通じて共同体を把握するものではない。倭王権にとってはあくまで某県と名付けられた土地から貢納があることが重要で、そのため県主の共同体に対する支配については干渉しない。県主制を部民制と共通するものとして捉える見解もあるが[17]、上記を考えれば、部民制よりもむしろ人制に近いと考えられる。一方で国造制は、県主同様倭王権と個人的関係を結び、物的貢納を行うと考えられる。県主と異なるのは、首長である国造を通じて共同体を間接的に支配するということで、国造の共同体に対する支配にも干渉しうることから、国造制の施行に伴って一般民衆層までが支配対象となる。詳細は改めて検討を加えるが、本章と併せてこの点を明らかにすることは日本古代、特に七世紀以前における地域支配論理の展開を明らかにしうるだろう。

最後にミヤケとの関係に触れておきたい。ミヤケは鎌田が述べるように「国造制や部民制に本来的に伴うもの」であって[18]、国造制・部民制に解消される。そのため、それ自体をことさらに強調する必要はないと考える。ミヤケは国造制・部民制と関連する場合は、地域支配を機能させる装置としての役割を持つと考え[19]、理論上ミヤケは必要条件ではないと考えるため、本章では取り上げなかった。

本章では人制から部民制への展開を倭王権側の視点から捉えたが、十分に論じつくせなかった点も多い。たとえばなぜそのように展開する必要があったのかという点は言及できなかった。また推測を重ね不十分な点も多い。残った問題は今後の課題としたい。

註

（1）なお、人制は部民制施行後も遺制として残存することが指摘されているが、性格が変化する可能性もあるため、ここでは部民制施行前の人制を検討対象とする。

（2）鈴木正信「人制研究の現状と課題」（『日本古代の国造と地域支配』八木書店、二〇二三年、初出二〇一七年）がこれまでの研究史を的確にまとめている。

(3) 篠川賢「部民制」(『日本古代国造制の研究』吉川弘文館、一九九六年、初出一九九〇年)、吉村武彦「倭国と大和王権」(『岩波講座　日本通史　二　古代一』岩波書店、一九九三年)。以下篠川、吉村の見解はこれをさす。

(4) 田中史生a「倭の五王と列島支配」(『岩波講座　日本歴史　一　原始・古代一』岩波書店、二〇一三年)、同b「倭の五王の対外関係と支配体制」(島根県古代文化センター編『島根県古代文化センター研究論集　第一四集　前方後方墳と東西出雲の成立に関する研究』、二〇一五年)。以下特に断らない場合は田中の見解はこれらをさす。

(5) 平石充「人制再考」(島根県古代文化センター編『島根県古代文化センター研究論集　第一四集　前方後方墳と東西出雲の成立に関する研究』、二〇一五年)。以下平石の見解はこれをさす。

(6) 溝口優樹「人制・部制と地域社会」(『日本古代の地域と社会統合』吉川弘文館、二〇一五年)。以下溝口の見解はこれをさす。

(7) 平野邦雄「「部」の本質とその諸類型」(『大化前代社会組織の研究』吉川弘文館、一九六九年、初出一九五五年)など。

(8) 狩野久「部民制」(『日本古代の国家と都城』東京大学出版会、一九九〇年、初出一九七〇年)。以下狩野の見解はこれをさす。

(9) 鎌田元一「「部」についての基本的考察」(『律令公民制の研究』塙書房、二〇〇一年、初出一九八四年)。以下鎌田の見解はこれをさす。

(10) 中村友一「人・部制の成立と展開」(『駿台史学』一四八、二〇一三年)。以下中村の見解はこれをさす。

(11) 吉村前掲註(3)論文。

(12) 中村前掲註(10)論文。

(13) 鈴木前掲註(2)論文。

(14) 田中前掲註(4)a論文。

(15) 田中前掲註(4)b論文。

(16) 松木俊暁「「祖名」と部民制」(『言説空間としての大和政権』山川出版社、二〇〇六年、初出二〇〇二年)。以下松木の見解はこれをさす。

(17) 新野直吉『日本古代地方制度の研究』(吉川弘文館、一九七四年)、吉田晶「県および県主」(『日本古代国家成立史論』東京大学出版会、一九七三年)。

(18) 鎌田元一「屯倉制の展開」(『律令公民制の研究』塙書房、二〇〇一年、初出一九九三年)。
(19) 本書第Ⅱ部第二章。

第二章　五世紀以前における県・県主制

はじめに

県・県主は、『古事記』や『日本書紀』などの史料にみられ、とりわけ大化以前の記載にみえることが多い。一方で八世紀以降にも、六御県の存在やカモ県主に代表されるような県主を冠する氏族の存在が確認でき、氏族研究や地域支配制度研究などさまざまな立場から研究の俎上にあげられてきた。中でも先行研究では県・県主と地域支配制度との関連をみる向きが強く、県・県主制という一つの制度として捉えられてきた。そして地域支配制度という視角から検討される以上、国家形成史とも深く関連させて検討されてきた。しかし国家形成史とも関連する重要なテーマでありながら、近年では県・県主を対象とした研究はほとんど進展がないことも事実である。それは県・県主に関する史料数の少なさに起因することは想像にかたくない。一方で、近年では国造制・部民制・ミヤケなどの大化以前の地域支配制度について研究が進展しつつある。(1) すなわち、近年の地域支配制度に関する研究成果を取り入れていくことによって、県・県主についても再検討の余地があると考えられる。そこで本章では近年の地域支配制度に関する研究成果を踏まえて県・県主に関して検討することとする。まずは県・県主に関する大まかな研究状況を振り返り、本章の課題を確認する。

第一節　先行研究の整理と課題の確認

県・県主の研究において出発点となったのは、井上光貞・上田正昭による国県制論争であろう。[2]それまでも県・県主の研究は行われていたものの、井上・上田によって地域支配制度として国家形成史に位置づけられることで県・県主研究は大きく進展し、以後の研究に大きな影響を与えたといえよう。そこで、この論争の流れを整理・確認しておきたい。

井上は、県を国の下級組織であるとする中田薫の説に依拠して、[3]「七世紀初めには国を上級組織とし、県を下級組織とする、かなり整然とした地方制度が成立していた」と推測し、これを国県制と名づけた。そして国の下級組織である県の首長を県主とし、その姓を稲置として理解し、遅くとも七世紀初頭には国―県―邑の地方行政組織が国家権力によって行政的区分として作りだされたとした。[4]

井上の見解に対して、上田は県制の施行時期について、県・県主に関する記事が継体朝以前に集中していることから、六、七世紀には「本来の面目を変貌」しており、七世紀初めごろには実態として存在しないであろうとした。そして県制が五世紀以前の倭政権において重要な役割を持ち、三世紀後半より五世紀にかけての時点で展開したとし、県制を国造制に先行するものとして位置づけた。県の性格は、畿内と辺境地域で異なり、畿内の県は系譜・伝承からみれば直接ヤマト朝廷に統属し、早い段階から権力支配を受けたもので、それを一次的な県とすると辺境地域のものは二次的な県であるとし、共同体内部の階級分化の進行に伴う首長たちの動揺や「在地首長の相互間の矛盾、対立の具体化」によって二次的な県の成立へと歴史的な展開をみせたとした。つまり県の実態は国造制の下部組織ではなく、初期倭政権の地方支配の具現化だったことを指摘した。

井上・上田は、県を地域支配のために設置された組織と捉え、県主をその組織における首長と捉える点で共通する。また、地方の有力首長が倭王権に隷属し、支配を認められつつ倭王権に奉仕し、大王の祭祀のための供御料の貢納、内廷への直結などの点を県主の性格として捉える点においてもおおよそ共通する。(5) これらの研究は、地域支配制度との関連を通じて、県・県主を国家形成史に位置づけることで以後の研究に大きな影響を与えた。しかしその後、石母田正による「統治の内容の議論を欠いた場所で、国・県制という「難問」が将来見事に解かれたとしても、それは国家の成立史にとって、どのような意味を持ち得るだろうか」という問題提起にあらわれているように、県・県主に関する議論は在地首長制論に包括され、制度的枠組みというよりも在地首長制論の枠組みで議論されていくことになる。(6) そして結果的に国県制という枠組みよりも、県・県主に焦点をあわせた研究が増加することになる。

県について八木充は上田説を妥当とし、県を「初期大和国家によって統属された諸地域の、ことに畿内、西日本地方の部族的人的団体をめぐって定立された政治的統一体」と捉えた。(7) また、新野直吉は県主について、職掌の特徴として首長権の神権的性格は国造よりも強いが、その支配領域は国造よりも狭く、独立小国家君主としての綜合力が国造より弱いという点を併せ考えると、基本的に祭祀的性格を持つといえ、祭祀的性格以外については国造の職務に類似しているものであろうとした。(8) 吉田晶は「一定の政治的意図をもって設定された支配と隷属のための制度」と捉え、その隷属内容は井上・上田によって指摘された県・県主の性格にみることができるとする。そしてそれらの点は、部民制的隷属内容と共通し、質的には同様で時期的には並行関係にあると論じた。(9) 加藤謙吉は、県・県主の呼称は「大和政権の地方支配の一形態として制度的に付与された」点を前提として検討した。県主の職掌は主として畿内のものであって、なおかつこの奉仕形態は県制以前から原始的な形で存在していたのではないかと指摘し、それが県制施行により恒常化し、相対的に県主の自立性が失われ、直轄領と考えられてしまったのではないかとした(10)。小野里了一は、邪馬台国段階でプリミティブな官制とおぼしきものが存在していることを踏まえて、その後に出現した大和王権にも地域首長に対して把握のための何らかの組織・制度があったはずだということから、その何らかの組織・制度こそが県・県主制であるとした(11)。

国県制論争を経て、県・県主の研究は上田説を基礎として進展してきた。県・県主が設置された時期については細かい点では異なる部分もあるものの、上田のいうように時間軸上では国造制より相対的に遡るとする見解が継承され、おおよそ共通認識が得られているといえよう。県主の職掌・性格については、井上・上田によって示された、地方の有力首長が倭王権に隷属し、支配を認められつつ倭王権に奉仕し、内廷と直結し、供御料を貢納し、家政に必要な物資を提供するということがほとんど共通認識としてその後も継承されてきた。また、県は国造制以前の地域支配にかかる地域社会の単位とし、県主を在地首長あるいは地方官であるとする制度的位置づけが国県制論争以降自明の前提とされてきたことからも共通認識を得られているものといえよう。おおよそ論点とされてきたのは、地域社会の内部構造あるいは在地首長制の発展の様子と県・県主がどのようにリンクするのかという点になる。すなわち社会の発展段階のどこに県・県主を位置づけるかという点に主眼が置かれているようである。

県・県主が設置された時期については、相対的に国造制成立以前に位置づけるという点で、筆者も先行研究で導き出された理解に従いたい。そして県主の職掌・性格については、井上・上田によって示されたうちの、内廷と直結し、供御料を貢納し、家政に必要な物資を提供するという部分においては首肯すべきと考える。しかし県・県主研究の初期から前提とされてきた、国造制以前の地域支配にかかる地域社会の単位で県主は在地首長あるいは地方官であったという県・県主の制度的位置づけは、実は積極的に証明されたわけではない(12)。とりわけ県主の理解は県の上記理解からの論理的要請によるところが大きい。その意味で次にあげる舘野和己の指摘は重要である。舘野は、石母田がいう国造法（裁判・刑罰権、徴税権、行政権、祭祀権）について、「これらの権限の保有者は必ずしも国造に限らない。共同体の秩序を体現する共同体首長であるなら、当然に有していた権限」と指摘する。[13] 舘野の指摘は国造制研究に対する指摘ではあるが、県主の先行研究に対しても有効な指摘であろう。すなわち国造はもちろん県主に対しても首長的側面と制度的側面をみるべきであって、その両側面を混同することは、かえって国造や県主に対する理解を曖昧なものにしてしまうだろう。吉田は県主の県支配を、「代表的有力首長としての権威、権力によって行われ」るものとして捉え、大王家はそれを前提として、かつ立ち入ることはなく、諸物、労働力を求めるのみで、それ以上深入りしなかったということができるとする。すなわち、吉田は県主の県支配を首長的性格によるものであると理解した。しかし先の舘野の指摘を踏まえれば、それは共同体首長であれば当然に行われていた支配といえる。県主をより深く理解するためには、倭王権から捉えた際に県・県主が制度的にどのように位置づけられていたのかという点もさらに検討されるべきであろう。この点が明らかにされない限り県・県主の本質を導き出すことはできない。

　このような研究の流れの背景には在地首長制論の存在がある。石母田による『日本の古代国家』（岩波文庫、二〇一七年、初出一九七一年）以降、在地首長制論が学界に大きな影響を与え、国造や県主もその枠組みで検討されてきたことは先述したとおりである。在地首長制論という仮説・概念は地域社会の内部構造をもその射程とし、内部構造の発展とそれを覆う地域支配制度を関連付ける（＝地域支配制度を通じて実体化させる）ことでその証明を目指した。しかしその一方で、国造や県主の地域支配は首長的性格によるものなのか、県主の性格によるものなのかが判然とせず、明確に証明されないまま制度的位置づけを見失っていることもまた事実であろう。在地首長制論と結びつき、学界の大きなうねりとなったことで、余計にその証明の必要性が忘れ去られてきたともいえる。その意味で国県制論争や在地首長制論に引きずられる形で県・県主を地域支配制度としてきた前提は問い直される必要がある。そのため県・県主の位置づけを導き出すためには、在地首長制論と切り離したかたちで検討する必要があろう。厳密にいえば在地首長としての存在と県主としての存在は区別されるべきであって、混同されるべきではない。このような理解は、表面的には井上・上田の国県制論争以前の研究まで立ち返ってしまうことになるが、在地首長制論との協業が一定の成果をあげ、それを踏まえたうえで改めて制度史的視点に立ち返ることは決して研究それ自体を立ち返らせるものではないだろう。

そこで本章では制度史的視点から県・県主の位置づけを再検討し、新たな位置づけを明らかにすることを課題とする。とりわけこれまで県・県主は地域支配制度という前提のうえに研究がなされてきたが、その前提について再検討を行うことで課題にこたえたい。そのためには、県・県主について検討すると同時に、県・県主と地域支配制度である国造制、県・県主と同時期に存在したと考えられる人制とを比較検討する視点が有効だろう。国造制や人制と比較検討することで、大化以前という時代背景の中で県主の位置づけを導き出すことが可能になる。本章では史料上県・県主の名称のみが現れるものではなく、県・県主に関する説話を素材として検討する。八世紀以降の県主を冠する氏族の性格から遡及的に検討する方法もあるが、八世紀以降の県・県主の場合、大化以前のものから変質している可能性が捨てきれない。そのため本章ではその手法を取ることはしないことを記しておく。

第二節　三嶋竹村屯倉設置説話の解釈

県主に関する検討の素材として三嶋竹村屯倉設置説話を取り上げる。ここには県主飯粒が登場し、県主の位置づけを析出するためには重要な史料となる。この説話は『日本書紀』安閑天皇元年七月辛巳朔条と閏十二月壬午条に確認できる。本節ではまず該当部分とその要約を掲げ、その解釈について検討する。

史料一　『日本書紀』安閑天皇元年七月辛巳朔条

詔曰、皇后雖三体同二天子一、而内外之名殊隔。①亦可下以充二屯倉之地一、式樹二椒庭一、後代遺上迹。廼差二勅使一、簡二択良田一。勅使奉レ勅、宣二於大河内直味張一〈更名黒梭。〉曰、今汝宜レ奉二進膏腴雌雉田一。②味張忽然悋惜、欺二誑勅使一曰、此田者、天旱難レ漑、水潦易レ浸。費レ功極多、収穫甚少。勅使依レ言、服命無レ隠。

史料二　『日本書紀』安閑天皇元年閏十二月壬午条

行二幸於三嶋一。大伴大連金村従焉。③天皇使二大伴大連一、問二良田於県主飯粒一。県主飯粒、慶悦無レ限。謹敬尽レ誠。仍奉二献上御野・下御野・上桑原・下桑原、幷竹村之地、凡合肆拾町一。大伴大連、奉レ勅宣曰、（中略）④今汝味張、率土幽微百姓。忽爾奉レ惜二王地一、軽二背使乎宣旨一。味張自レ今以後、勿二預郡司一。於是、県主飯粒、喜懼交レ懐。廼以二其子鳥樹一献二大連一、為二僮竪一焉。⑤於是、大河内直味張、恐畏求悔、伏レ地汗流。啓二大連一曰、愚蒙百姓、罪当二万死一。伏願、毎レ郡、以二钁丁春時五百丁、秋時五百丁一、奉二献天皇一、子孫不レ絶。藉レ此祈レ生、永為二鑑戒一。別以二狭井田六町一、賂二大伴大連一。⑥蓋三嶋竹村屯倉者、以二河内県部曲一為二田部一之元、於是乎起。

ここで記されている内容をそのまま要約すれば次の通りである。①天皇が凡河内直味張[14]（以下味張）に屯倉設置のための良田（雌雉田）の献上を求める。②その要求に対して味張は虚偽の申告を行い、献上しなかった（ここまで史料一）。③その後県主飯粒（以下飯粒）に対して同様の要求を行い、飯粒は上御野・下御野・上桑原・下桑原、あわせて竹村の地計四〇町を献上した。④その後虚偽の申告を行った味張は郡司に任命しないとされ、飯粒が喜ぶ。⑤そして味張が郡ごとに钁丁を春と秋それぞれ五〇〇丁出すことで許しを請う。⑥三嶋竹村屯倉で河内県の部曲を田部とするのはこれ（味張による春秋限定の钁丁の献上）に始まるとの記述が評言として加えられている（ここまで史料二）。

この一連の史料に記載されている説話はその解釈を巡って議論されてきた。とりわけ先行研究では「郡司」や「郡」の用語の問題、当時の地域社会構造に焦点があわせられている。[15]そこでまずは史料上の用語の問題を検討したうえでこの説話の解釈を示す。

説話では味張が土地の献上を拒んだため、今後味張を「郡司」に任命しないという文脈で「郡司」の語が使用されている。この点については近年では中大輔が言及している。中は国造を郡司に書き換えている例がみえないこと、令制下において嶋上郡の郡領に三嶋県主が確認できることから、「郡司」は三嶋郡の郡領を指し、郡司の任用資格を失い三嶋郡の郡領職が三嶋県主に移ったことを示すとしている。[16]しかし三嶋県主が郡領氏族として確認できるのは『日本書紀』成立以降の史料によるため、郡領氏族の交代という事実が存在したか、また存在したとしても大宝令施行以降『日本書紀』編纂までの間か否かという点は見出すことができない。『日本書紀』全体を通しても郡領氏族の勢力交代を反映させたような記載は見当たらないことからもここでは従来の理解通り「国造」の書き換えとする理解で良いと思われる。[17]すなわち、土地の献上を拒んだことによって味張を国造に任命しないという判断がくだされたと解釈してよいと考える。しかし一連の説話には飯粒が国造に任命されたとも記載されておらず、二人がどのような結末を迎えたかは書かれていないことは注意される。味張が贖罪として春秋限定ではあるが钁丁を献上しており、それがのちの三嶋竹村屯倉の田部につながっている（後述するように田部徴発は国造によって行われる）こと、凡河内直を名乗っていること、あくまで「味張自」今以後、勿ㇾ預郡司ㇾ」とあり、味張個人に対して懲罰が行われていることを踏まえると、この後味張の一族の者が凡河内国造に任命され、それが遡って味張にも凡河内直という氏姓が付されたと考えることが妥当であると考えられる。

続いて味張が钁丁を徴発する際に「毎レ郡」に行ったと記載されているが、どのように考えるべきであろうか。国造による田部徴発をうかがわせる記載として、『日本書紀』安閑天皇元年十月甲子条には紗手媛に小墾田屯倉と「毎レ国田部」を、香々有媛には桜井屯倉と「毎レ国田部」を賜ったとする記載や、『播磨国風土記』飾磨郡条には飾磨屯倉について、意伎・出雲・伯耆・因幡・但馬の五国造にそれぞれ意伎田・出雲田・伯耆田・因幡田・但馬田を耕作させ、そこから稲を飾磨屯倉に納めさせるとする記載がある。こういった記載から、仁藤敦史が示すように、田部は国造などの人格的在地支配能力への依存によって広範囲から労働力が徴発されたと考えられる。[18] 味張の春秋限定の钁丁の献上という行為が三嶋竹村屯倉の田部につながっていることはまさにこのことと合致するのであり、「毎レ郡」の示すところは、「後の郡につながるような国より下位の地域社会ごとに」と理解できる。すなわちミヤケにおける労働力の徴発方法を踏まえれば、この説話における钁丁の徴発対象地域は味張が掌握していた地域の広範囲に及んでいたことは明らかで、『日本書紀』編纂者は味張をのちの国造につながる存在として想定していたと考えられる。その内容が『日本書紀』編纂段階での知識によって造作されたものであろう。[19]

ミヤケ運営のための生産物を作るためには春秋に限定されない恒常的な労働力が必要であることを踏まえると、三嶋竹村屯倉設置当初は飯粒配下の人員が動員されていたが、[20] のちに凡河内直の徴発した部曲がそれに代わり、田部になり、恒常的な労働力となったとみることができる。いずれも労働力の徴発は倭王権の命令によるものではなく首長の支配能力に大きく依存したと考えることができよう。

上記を踏まえてこの説話の理解について補足を加えつつ簡単にまとめると、味張が三嶋竹村屯倉設置のための土地および三嶋竹村屯倉運営のための生産物の献上を求められたが拒絶し、飯粒がそれらを献上することになった。そのため味張は国造に任命されないことになった。しかし味張は贖罪として各地から徴発した春秋限定の钁丁の献上を行うことで、味張以外の凡河内直一族の者が国造に任命された。上記が三嶋竹村屯倉において河内県の部曲を田部とする始まりであるとの評言が加えられる、すなわち凡河内直が徴発していた春秋限定の労働力は恒常的な労働力へと変化していったということになる。次節ではこの解釈をもとに県主について検討する。

第三節　労働力の徴発からみる県・県主の位置づけ

本節では前節の理解をもとに県主の位置づけについて検討する。三嶋竹村屯倉設置説話の中で、飯粒は倭王権と直接的関係を結び、土地および生産物の貢納を求められる。ただ、倭王権は労働力については言及していないことからも倭王権主導による労働力の徴発は行われなかったとみられ、先述のとおり当初の三嶋竹村屯倉運営に伴う恒常的な労働力の徴発は飯粒に任されていたとみられる。すなわちこの場合の労働力の徴発は飯粒個人と配下の人間の関係によってなされるものであって、県主としての役割によるものではないと考えられる。この点は先にあげた『播磨国風土記』飾磨郡条の飾磨屯倉に関する説話のほか、『日本書紀』允恭天皇十一年三月丙午条に国造らが命じられて藤原部を定めたことなどにもみえるように、国造制成立以降は倭王権が国造を介して労働力を徴発していたことと対照的である。(21)

また、この説話においては、最終的に三嶋竹村屯倉の労働力として河内県の部曲が田部として徴発されていたことが記されている。部曲は部民の豪族私有民としての側面を示す表記とする鎌田元一の理解に従えば、(22)ここにいう田部の淵源は味張の私有民であると考えられる。味張は倭王権による命令ではなく自発的に私有民の献上を行ったことを踏まえれば、国造制成立以前は労働力の徴発が倭王権の主導ではなく首長に任せられていたことを推測させる。そしてこのことは飯粒の行為や県・県主が相対的に国造制成立以前の時期に設置されたものとする共通理解とも合致する。倭王権からの命令によって国造がミヤケ運営にかかる労働力の徴発や部民を設置するなどの行為は、理論上倭王権によって国造配下の民衆が支配されているからこそ可能であるといえる。国造は当時の倭王権の構造において民衆と大王を結ぶ結節点である一方で、県主は物的貢納や個人的な仕奉関係がみえるのみで、県主という役割を通じて、民衆の姿をみることはできない。そのため県主は倭王権の構造において国造とは異なる位置づけにあるといえる。味張も当初は飯粒と同様の要求を受けているが、これは凡河内直が国造に任じられる前の説話であることから、国造の例には入れられず、むしろ国造制成立以前の各地の首長層との関係をみるうえで、飯粒の性格を補強するものになり得る。すなわちこの説話からみえる労働力の徴発について、第一段階として倭王権から干渉されない飯粒・味張の自発的な徴発があり、第二段階として倭王権の命令によって国造が部曲（＝田部）を徴発するという段階差をみることができる。

このことは他の県主に関する記載からも確認することができる（表2）。県主に関する記載は少ないうえに系譜記事やその名称の記載にとどまるものも多いが、表2のNo.15などは土地（およびそこでの生産物）を献上した記載であるし、No.19やNo.20は倭王権との個人的関係を推測させるものであろう。とりわけNo.19は、茅渟県主が「負嚢者」を雄略から与えられる説話である。「負嚢者」については、以前雄略に対して仕奉関係を結んでいないことを示した[23]。すなわち、「人」の付されるいわゆる人制の場合は倭王権と関係を結び、一定期間の上番および職務への従事が求められているのに対し、「者」が付される場合はその限りではない。そのためここで茅渟県主に「負嚢者」が与えられた段階で「負嚢」という職務こそあるものの、倭王権による支配からは離れ、茅渟県主の配下に入ることを示す。この点においても県主は役割のうえでは倭王権と関係を結ぶものの、倭王権と配下の民衆の結節点としての役割を持たなか

表2 『日本書紀』にみえる県主一覧

No.	天皇	年	月　日	県主の名称	内　　容
1	神武	2	2月乙巳	猛田県主	猛田邑を給わる．菟田主水部遠祖．元の名は弟猾．
2	神武	2	2月乙巳	磯城県主	元の名は弟磯城(黒速)．
3	神武	2	2月乙巳	葛野主殿県主部	頭八咫烏の子孫．
4	綏靖	2	正月己卯	磯城県主	皇后五十鈴依媛の一書での表現．一書では磯城県主女川派媛とする．
5	綏靖	2	正月己卯	春日県主大日諸	皇后五十鈴依媛の一書での表現．一書では春日県主大日諸女糸織媛とする．
6	安寧	3	正月壬午	磯城県主葉江	皇后渟名底仲媛命の一書での表現．一書では磯城県主葉江女川津媛とする．
7	懿徳	2	2月癸丑	磯城県主葉江	皇后天豊津媛命の一云での表現．一云では磯城県主葉江男弟猪手女泉媛とする．
8	懿徳	2	2月癸丑	磯城県主太真稚彦	皇后天豊津媛命の一云での表現．一云では磯城県主太真稚彦女飯日媛とする．
9	孝昭	29	正月丙午	磯城県主葉江	皇后世襲足媛の一云での表現．一云では磯城県主葉江女渟名城津媛とする．
10	孝安	26	2月壬寅	磯城県主葉江	皇后押媛の一云での表現．一云では磯城県主葉江女長媛とする．
11	孝安	26	2月壬寅	十市県主五十坂彦	皇后押媛の一云での表現．一云では十市県主五十坂彦女五十坂媛とする．
12	孝霊	2	2月丙寅	十市県主等祖	皇后細媛命の一云での表現．一云では十市県主等祖女真舌媛とする．
13	孝元	即位前紀		磯城県主大目	孝元の母細媛命の父で，細媛命を磯城県主大目之女とする．
14	景行	18	7月丁酉	水沼県主猿大海	八女津媛という女神が山中にいることを景行に伝えた．
15	仲哀	8	正月壬午	岡県主祖熊鰐	周芳沙麼にて行幸を迎え，魚塩地を献上．
16	仲哀	8	正月壬午	伊覩県主祖五十迹手	穴門引嶋にて行幸を迎えた．
17	神功皇后	即位前紀(仲哀9)	12月辛亥	沙麼県主祖内避高国避高松屋種	仲哀が筑紫にいた時に神がかりし，仲哀へアドバイスをする．
18	雄略	10	9月戊子	嶺県主泥麻呂	別本の伝承として，呉から献上された2羽の鵞鳥が嶺県主の犬に食い殺される．
19	雄略	14	4月甲午朔	茅渟県主	根使主の子孫の一部を負嚢者として与えられる．
20	清寧	即位前紀(雄略23)	8月	河内三野県主小根	星川皇子に仕えていた．大伴室屋と草香部吉士漢彦に田地を献上した．
21	顕宗	3	2月丁巳朔	壱岐県主先祖押見宿禰	祭祀を行った．
22	安閑	元	閏12月壬午	県主飯粒	ミヤケ設置のための土地を献上した．三嶋県主ヵ．
23	天武	元	7月壬子	高市郡大領高市県主許梅	神がかりし，天武天皇へアドバイスをする．
24	天武	12	10月己未	高市県主	連姓を賜る．
25	天武	12	10月己未	磯城県主	連姓を賜る．
26	天武	13	正月庚子	三野県主	連姓を賜る．

表3　(参考)『古事記』にみえる県主一覧

No.	天皇	県主の名称	内容
1	神代	高市県主	天津日子根命を祖とする.
2	綏靖	師木県主祖河俣毘売	綏靖との間に師木津日子玉手見命を産む.
3	安寧	(師木？)県主波延	河俣毘売の兄の県主波延の娘，阿久斗比売が安寧との間に常根津日子伊呂泥命を産む.
4	懿徳	師木県主之祖賦登麻和訶比売	亦名を飯日比売とする．懿徳との間に御真津日子訶恵志泥命(孝昭)，当芸志比古命を産む.
5	孝霊	十市県主祖大目	大目の娘，細比売が孝霊との間に大倭根子日子国玖琉命を産む.
6	開化	旦波大県主名由碁理	由碁理の娘，竹野比売と開化の間に比古由牟須美命を産む.
7	景行	県主	景行の子の七十七王が和気・稲置・県主に任じられた.
8	成務	県主	大県・小県に県主が定められた.
9	雄略	志幾之大県主	家に堅魚をあげていることをとがめられるが，許しを請う.

ったと考えられる。

倭王権はこの説話において三嶋竹村屯倉設置のための土地および運営にかかる生産物の貢納を求めていたのであり、労働力の徴発は現地の首長に、首長的性格を背景に任されていた。すなわち県主としての権力、または制度的根拠に基づくとはいえないと考えられる。県主は倭王権と直接的個人的関係を持ち、物的貢納を求められる存在で、県主を通じて配下の人間を支配するということは行われていなかったといえる。

ここまで検討してきた国造と県主の質的差異は人制と部民制の質的差異と同様である可能性が考えられる。以前人制と部民制について検討した際、人制については、地域社会の中からその職務に長けた人物が上番し、共同体から切り離された上番先で集団に編成され、倭王権に仕奉するという構造を持ち、部民制は一般民衆層までを対象として部民として設定し、伴造を結節点として民衆層までを王民として捉える構造を持つとした[24]。先行研究では、県・県主は部民制的隷属内容と共通するとする吉田の見解もだされたが[25]、これについては否定的に捉えざるをえない。県主は倭王権との関係を持ちつつもその配下の人間については倭王権の埒外にあったという点で人制と共通する。人制の場合は「人」が付された人物が上番して倭王権に仕奉するが、県主の場合は上番することが恒常的に行われなかったとしても、物的貢納などの側面で倭王権に関わっていたとみられる。この点は先行研究でも明らかにされているように、内廷と直結し、供御料を貢納し、家政に必要な物資を提供するという役割と矛盾しない。おそらくは人制によって倭王権へ労働力を徴発し、県主によって倭王権へ物的貢納などがなされていたと考えることができる。

先行研究では県を国造制以前の地域支配にかかる地域社会の単位であるという理解からの論理的要請によって、県主を県を支配する在地首長あるいは地方官として位置づけてきた。そのため積極的に県主の位置づけの検討は行われてこなかった。そこで本節では前節の三嶋竹村屯倉設置説話の解釈をもとに労働力徴発方法に焦点をあわせて県主の検討を行い、また国造制や人制と比較することでその位置づけの析出を試みた。そこではこれまでいわれていたような、倭王権が県主を通じて民衆を支配するという点は見出すことができず、県主が民衆に対して持っていた性格は首長的性格によるものであって、県主固有の役割ではないことを示した。そのため国造とは異なり、倭王権は県主を通じて民衆を支配する意識はなかったと考えられる。

県主をこのように考えた場合、当然県は人間集団としての性格を持たないことになる。このことは次にあげる史料からも明らかであろう。

史料三　『日本書紀』仁徳天皇十二年十月条

掘二大溝於山背栗隈県一以潤レ田。是以、其百姓毎年豊之。

史料四　『日本書紀』推古天皇三十二年十月癸卯朔条

大臣遣二阿曇連、〈闕レ名。〉阿倍臣摩侶、二臣一、令レ奏二于天皇一曰、葛城県者、元臣之本居也。故因二其県一為二姓名一。是以冀之、常得二其県一、以欲レ為二臣之封県一。（後略）

いずれの史料も、県を土地として捉えていることは明らかであろう。[26]史料三の栗隈県は土地開発の対象として、史料四の葛城県は「本居」として記されている。しかし県主が倭王権による地域支配のための地方官などではなく、倭王権の運営にかかる物資の貢納などを主たる役割とし、地域支配については求められなかったとする本章の理解に基づけば、県はそれらを生み出す土地に他ならない。

ただし、先述したようにミヤケにおいて労働力の徴発が国造によって行われていることを踏まえれば、三嶋竹村屯倉設置説話において河内県は国造の国の内部にあったと考えてよいだろう。その場合、河内県は三野・志紀・紺口などの河内の諸県を意味するとした場合と、[27]河内県が固有名詞で、単一の県を指す場合が考えられるが、いずれの場合においても国造の国と県が同時期において存在していたことは明らかであろう。国造の国内部に県がある場合、どのように位置づけられるだろうか。

本章であげた史料以外からも、国造制成立以降も県が存在していたことは周知のとおりである。そのことをもって井上は国と県を上下関係に捉えることになる。しかし本章では県は国造制以前の地域支配にかかる地域社会の単位としての性格を持たないとする立場に立つ。すなわち国と県は次元を異にして併存していると考えられる。そのため、上下関係どころか、上田のように因果関係をもつ前後関係に位置づけることもできないことになる。むしろ次元を異にしているからこそ、併存できると考えられる。国造は自らの権力の及ぶ範囲に対して首長的性格によって支配をしていたと考えられるが、それは県に居住する民衆も例外ではない。だからこそ河内県の民衆も凡河内直によって支配され、田部として徴発されたと考えられる。しかし史料四の葛城県にみられるように、その土地および生産物については天皇のものであり、手をつけることはできなかったのだろう。このような性格を持つ以上、古くは県が直轄地として理解されてきたのはある意味当然であったし、そのような理解が正しいと考えられる。一方でそこにある労働力については、倭王権の埒外となり、倭王権は県主の首長的性格に依存せざるをえなくなる。そしてのちに国造制の成立によって、県内部の民衆に対しても支配の手が及ぶことが可能になるといえる。

おわりに

本章では、県・県主について検討を行った。これまでの県・県主に関する研究は、国県制論争に始まり、在地首長制論と結びつくかたちで行われてきた。しかしそれはかえって県・県主の理解を曖昧にするものであった。また、国県制論争から在地首長制論を経るなかで、地域支配制度という捉え方が改めて検討されずに自明の前提として考えられてきた。そして検証が不十分なままであった県の理解からの論理的要請によって県主が位置づけられており、積極的な検証がなされてこなかった。そこでここでは先行研究の視点を転換し、県主の検討を通じて県の性格を検討し、改めて制度としての県・県主制の性格を問い直したものである。

本章ではとりわけまとまった説話が残っている三嶋竹村屯倉設置説話の労働力の徴発の様子を素材として検討を加えてきた。そのなかで、倭王権は県主配下の民衆を徴発していない点、倭王権が国造を経由してミヤケの労働力の徴発を行っている点から、県主配下の民衆は倭王権にとって埒外の存在であること、国造制が成立して以降、倭王権による民衆に対する支配が可能になったことを推測した。これまでは県主と在地首長制論が結びつくことで地域支配制度としての位置づけがなされてきたが、県主は首長としての性格によって支配、労働力の徴発を可能としていたと考えられ、それを踏まえて制度史的視点にたって県主を捉えた場合、その土地および生産物を貢納することによって倭王権の運営に関わっていた存在と位置づけられる。このようなシステムは、倭王権がその人物を通じて配下の民衆を支配していないという点において人制と類似していると考えられる。すなわち六世紀前半において国造制や部民制が成立する以前は、倭王権にかかる労働力や物的貢納を求めるにとどまっていた倭王権の弱さを推測させる。

このような形で県主を理解すれば、当然県についても再検討が求められる。県はこれまで、国造制以前の地域支配にかかる地域社会の単位と理解されてきた。本章では県主を上記のように位置づけた以上、そのように捉えることは不可能で、倭王権の直轄地として捉えてよいと考えた。県・県主は地域支配制度という捉え方は誤りであって、あくまで倭王権の運営にかかる存在であったと考えられる。そしてそれゆえに県・県主は国造制成立以降も次元を異にして併存しえたと考えられる。この点は県・県主が相対的に国造制以前に存在していたこと、県主が内廷と直結し、供御料を貢納し、家政に必要な物資を提供するという先行研究の理解とも合致する。制度としての県・県主はこのように位置づけられ、これをもって本章での課題に対するこたえとしたい。

なお、こうして県・県主を在地首長制論から切り離して理解することは、地域支配という文脈からも切り離されることになる。こうした県は当然国造制と同列に扱われるべきものではない。では他の制度との関連でみた際にどのように考えられるのか。これについては別に論じることとしたいが、県の性格はミヤケと極めて似ていることに気づく。とすれば県はミヤケとの関係性の中で理解するほうが良いのだろうと考えられる。

本章ではこのように県・県主について検討してきたが、国造制以前のものにしか言及できなかった。県・県主は国造制成立以降変質するのか、あるいはそうであればその具体像を明らかにすることでさらなる理解を可能にする。まだ検討を加えるべき部分は多岐にわたるが、これらの点は今後の課題としたい。

註

（1）国造制・部民制・ミヤケの研究史については、それぞれ本書第Ⅱ部第一章、第Ⅰ部第一章、第Ⅱ部第二章を参照。

（2）井上光貞「国造制の成立」（『井上光貞著作集　三』岩波書店、一九八五年、初出一九五一年）、上田正昭「国県制の実態とその本質」（『上田正昭著作集　一』青木書店、一九九八年、初出一九五九年）。

（3）中田薫「我古典の「部」及び「県」に就て」（『法制史論集三』、一九四三年）。

（4）のちに井上は上田による批判を受けて、「国県制の存否について」（『井上光貞著作集　一』岩波書店、一九八五年、初出一九六〇年）にて、県は「アガタ」と「コホリ」に分類可能で、後者は稲置が設置され、こちらが国の下級機関としてたてられた制度である、と一部見解を修正しているが、国と県の二段階の地方組織があるという点はそのまま活かされている。

（5）井上前掲註（2）論文、同前掲註（4）論文、同「カモ県主の研究」（井上前掲註（4）著書、初出一九六二年）、上田前掲註（2）論文、同「アガタ及びアガタヌシの研究」（『國學院雑誌』五四―二、一九五三年）。以下特に断らない場合は井上・上田の見解はこれらをさす。

（6）石母田正『日本の古代国家』（岩波文庫、二〇一七年、初出一九七一年）。以下石母田の見解はこれをさす。

（7）八木充『律令国家成立過程の研究』（塙書房、一九六八年）。

（8）新野直吉『国造と県主』（至文堂、一九六五年）。

（9）吉田晶「県及び県主」（『日本古代国家成立史論』東京大学出版会、一九七三年）。

（10）加藤謙吉「猪名県に関する二、三の問題」（『大和政権と古代氏族』吉川弘文館、一九九一年）。

（11）小野里了一「県制について」（『中央史学』二〇、一九九七年）。

（12）このように捉える論拠は、『古事記』成務天皇段に「定㆓賜大国・小国之国造㆒、亦定㆔賜国国之堺及㆓大県・小県之県主㆒也」とあり、『日本書紀』成務天皇四年二月丙寅朔条に「国郡立㆑長、県邑置㆑首」、同五年九月条に「以国郡立㆓造長㆒、県邑置㆓稲置㆒」とあること、同大化元年八月庚子条に国造・伴造と併記される形で県稲置が記載されていること、『隋書倭国伝』に「軍尼」と「伊尼翼」が上下関係にあると記載されていること、などにある。しかし稲置について記載されているものは、県主に関する記載ではないことや、『古事記』成務天皇段の記載は国造と併記されているものの、地域支配制度と理解しなくても問題ない。すなわちこれらをもって県・県主が地域支配制度のために設置されたものと捉えることは再検討を要する。

（13）舘野和己「ヤマト王権の列島支配」（歴史学研究会、日本史研究会編『日本史講座　一』、東京大学出版会、二〇〇四年）。以下

特に断らない場合は舘野の見解はこれをさす。
(14) この説話では「大河内直」となっているが、凡河内直と同族と考えられるため、以下凡河内直とする。
(15) 吉田晶「凡河内直と国造制」(吉田前掲註(9)著書)、角林文雄「凡河内直と三島県主」(日本史論叢会編『論究日本古代史』学生社、一九七九年)、中大輔「田部に関する基礎的考察」(『國學院雑誌』一〇九―一一、二〇〇八年)などがこの史料に言及している。以下中の見解はこれをさす。
(16) 天平勝宝八歳の「東大寺領摂津職嶋上郡水無瀬荘図」(『東南院文書』二)に「擬少領三島県主」がみえる。なお、三嶋の地は摂津国嶋上郡、嶋下郡に相当すると考えられており、竹村屯倉が設置されたとみられる上御野・下御野・上桑原・下桑原の地は嶋上郡と考えられている。
(17) 吉田前掲註(9)論文、舘野和己「畿内のミヤケ・ミタ」(坪井清足・平野邦雄監修、山中一郎・狩野久編『新版　古代の日本五　近畿Ⅰ』角川書店、一九九二年)、森公章「長屋王家木簡と田庄の経営」(『長屋王家木簡の基礎的研究』吉川弘文館、二〇〇〇年)など。
(18) 仁藤敦史「古代王権と「後期ミヤケ」」(『古代王権と支配構造』吉川弘文館、二〇一二年、初出二〇〇九年)。
(19) ただし、このことは河内県がさすものについて、三野・志紀・紺口などの河内の諸県を意味するとする吉田前掲註(9)論文、舘野前掲註(17)論文の理解は首肯すべきということにはならないことは注意を要する。この文脈において河内県は複数の県を総称して河内県とすることも河内県を固有名詞として単一の県をさすとも両方意味は通る。この点については明確な回答は保留したまま検討を進めることとする。
(20) 舘野前掲註(17)論文。
(21) 他にも『日本書紀』応神天皇五年八月壬寅条に諸国に命じて海人と山守部を定めさせたこと、『日本書紀』安閑天皇二年八月乙亥朔条に詔によって国々に犬養部を設置したことなどがみえる。
(22) 鎌田元一「「部」についての基本的考察」(『律令公民制の研究』塙書房、二〇〇一年、初出一九九三年)。
(23) 本書第Ⅰ部第一章。
(24) 本書第Ⅰ部第一章。
(25) 吉田の他に新野直吉『日本古代地方制度の研究』(吉川弘文館、一九七四年)がある。

（26）　他にも県に関する史料は『古事記』『日本書紀』に多く見える。「某県」とみられる史料をみれば、人間集団と取れるものも多いが、ほとんどが土地と捉えても差し支えないと考えられる。

（27）　吉田前掲註（9）論文、舘野前掲註（17）論文。

第三章　人制のその後と磐井の乱

はじめに

筑紫君磐井は、六世紀前半に倭王権と対立した北部九州の豪族で、倭王権との対立の際に引き起こされた武力衝突は磐井の乱として良く知られている。この磐井の乱については、六世紀前半という時期の出来事にも関わらず、文献史料には多くの記述が残されている。

これまでの研究で磐井の乱は国家形成期における地域支配を考える際に重要なポイントであることはすでに共通理解となっている。たとえば乱後の境界を定めるという記載から国造制の成立との関連が説明されること、乱後に献上された糟屋屯倉がいわゆる実在が確認されるミヤケの初見記事として扱われてきたことが代表的であろう。国造制やミヤケを考える際には磐井の乱を起点として考えることが多いが、一方で磐井の乱およびその背景を考えることは、国造制などの前史を考えることにもつながる。それはすなわち、国造制成立の国内的要因をも射程に入れることを可能にするだろう。磐井の乱については膨大な研究史があることは周知のとおりであり屋上屋を架すことになるが、改めて検討したい。

第一節　磐井の乱の概要

よく知られた内容ではあるが、まずは磐井の乱の内容について確認しておく。磐井および磐井の乱についてもっとも詳細に記載されているのは『日本書紀』である。

史料一　『日本書紀』継体天皇二十一年六月甲午条

近江毛野臣率二衆六万一。欲下往二任那一、為二復興建新羅所レ破南加羅・喙己呑一、而合中任那上。於是、筑紫国造磐井、陰謨二叛逆一。猶予経レ年。恐二事難レ成。恒伺二間隙一。新羅知レ是、密行二貨賂于磐井所一、而勧防二遏毛野臣軍一。於是、磐井掩二拠火豊二国一、勿二使修職一。外邀二海路一、誘二致高麗・百済・新羅・任那等国年貢レ職船一、内遮下遣二任那一毛野臣軍上、乱語揚言曰、今為二使者一、昔為二吾伴一、摩レ肩触レ肘、共器同食。安得四率爾為レ使、俾三余自二伏儞前一、遂戦而不レ受。驕而自矜。是以、毛野臣、乃見二防遏一、中途淹滞。天皇詔二大伴大連金村・物部大連麁鹿火・許勢大臣男人等一曰、筑紫磐井反掩、有二西戎之地一。今誰可レ将者。大伴大連等僉曰、正直仁勇通二於兵事一、今無レ出二於麁鹿火右一。天皇曰、可。

史料二　『日本書紀』継体天皇二十一年八月辛卯朔条

詔曰、咨、大連、惟茲磐井弗レ率。汝徂征。物部麁鹿火大連再拝言、嗟、夫磐井西戎之奸猾。負二川阻一而不レ庭。憑二山峻一而称レ乱。敗レ徳反レ道。侮嫚自賢。在昔道臣、爰及二室屋一、助レ帝而罰。拯二民塗炭一、彼此一時。唯天所レ賛、臣恒所レ重。能不二恭伐一。詔曰、良将之宣乜、施レ恩推レ恵、恕レ己治レ人。攻如二河決一。戦如二風発一。重詔曰、大将民之司命。社稷存亡、於是乎在。勗哉。恭行二天罰一。天皇親操二斧鉞一、授二大連一曰、長門以東朕制之。筑紫以西汝制之。専行㆓賞罰㆒。勿㆓煩頻奏㆒。

史料三　『日本書紀』継体天皇二十二年十一月甲子条

大将軍物部大連麁鹿火、親与㆓賊帥磐井㆒、交㆓戦於筑紫御井郡㆒。旗鼓相望、埃塵相接。決㆓機両陣之間㆒、不㆑避㆓万死之地㆒。遂斬㆓磐井㆒、果定㆓疆場㆒。

史料四　『日本書紀』継体天皇二十二年十二月条

筑紫君葛子、恐㆓坐㆑父誅㆒、献㆓糟屋屯倉㆒、求㆑贖㆓死罪㆒。

上記史料を要約すると以下の通りになるだろう。継体二十一年六月に、近江毛野臣が任那復興のために派遣された。そのころ筑紫国造磐井はひそかに反逆の意思を持っていたがなかなか実行できずにいた。新羅はそれを知り、磐井に賄賂を送り、毛野臣一行を妨害するように依頼した。磐井は火（肥）・豊二国に勢力を拡大し、高句麗・百済・新羅・任那などの国から職貢船を誘致するとともに、毛野臣一行をさえぎった。そこで磐井が毛野臣に対して、「昔は肩肘すりつつ同じ器で同じものを食べていたではないか。使者となったからといってどうして私（磐井）がお前に従おうか」として戦い、毛野臣の命令を受けなかった。同年八月には物部大連麁鹿火に磐井の討伐が命じられた。二十二年十一月には麁鹿火はついに磐井と筑紫の御井郡にて交戦した。最終的には磐井を討伐し、疆場（＝境界）を定めた。同年十二月には筑紫君葛子が父である磐井の罪によって誅殺されることを恐れ、糟屋屯倉を献上し、死罪を免れた。

磐井の乱は『日本書紀』の他にも『古事記』にも記述が残されている。

史料五　『古事記』継体天皇段

此之御世、竺紫君石井、不㆑従㆓天皇之命㆒而、多㆑无㆑礼。故遣㆓物部荒甲之大連・大伴之金村連二人㆒而、殺㆓石井㆒

也。

内容は、筑紫君石井（＝磐井）が天皇の命に従わず、無礼が多かったため、物部荒甲之大連（＝麁鹿火）と大伴金村連の二人を派遣して石井を殺した、と簡潔なものである。また、『筑後国風土記』逸文や「国造本紀」にも記述が残されている。

史料六　『筑後国風土記』逸文

筑後国風土記曰、上妻県。々南二里。有筑紫君磐井之墓墳。高七丈、周六十丈。墓田南北各六十丈、東西各卌丈。石人石盾各六十枚、交陣成行、周匝四面。当東北角。有一別区。号曰衙頭〈衙頭政所也。〉。其中有一石人、縦容立地。号曰解部。前有一人、躶形伏地。号曰偸人〈生為偸猪。仍擬決罪。〉。側有石猪四頭。号臓物〈臓物盗物也。〉。彼処亦有石馬三疋・石殿三間・石蔵二間。古老伝云、当雄大迹天皇之世、筑紫君磐井、豪強暴虐、不偃皇風。生平之時、預造此墓。俄而官軍動発、欲襲之間、知勢不勝、独自遁于豊前国上膳県、終于南山峻嶺之曲。於是、官軍追尋失蹤。士怒未泄、撃折石人之手、打堕石馬之頭。古老伝云、上妻県、多有篤疾、蓋由茲歟。

史料七　「国造本紀」伊吉嶋造条

磐余玉穂朝、伐石井従者新羅海辺人。天津水凝後上毛布直造。

『筑後国風土記』逸文では『日本書紀』とは少し異なり、石人石馬などの記載が良く知られるように磐井自身についてかなり踏み込んだ記載がなされている。「国造本紀」では『日本書紀』同様に磐井が新羅とつながりがあったことを想定させる。『日本書紀』以外にもこうした史料に磐井の乱が見えることから、磐井の乱は大きな事件として人々に記憶されていたとみられる。

乱の経過については『日本書紀』と『筑後国風土記』逸文と若干の異同がみられる。また『日本書紀』はことさらに「反乱」であることが強調され、記されている内容の一部は『芸文類聚』を利用した作文であることが指摘されている。そのため『古事記』程度の内容が本来伝わっていたものであるとする見方や(1)、毛野臣の朝鮮半島への派遣とは別の話として区別する理解もある(2)。しかし磐井が新羅の支援をうけて倭王権と対峙したという内容は認められるものであり、「反乱」かどうかはおくとしても、『日本書紀』をベースに磐井の乱の検討を行っていくのが共通理解であるといえよう。

なお、磐井の様子は考古資料からもうかがうことができる(3)。先に触れた史料六『筑後国風土記』逸文には磐井の墓に関する記述が残されている。上妻県の南に磐井が生前造ったとされる墓があり、その大きさとともに四方に石造物が並べられていること、東北部に「衙頭」と呼ばれる「別区」があり、そこは政治を行う場所であったこと、立った石人と盗人とされる地に伏せた裸の石人などがおかれ、裁判が行われていたことなどの記述がある。

この墓に該当するのは福岡県八女市の岩戸山古墳とされる。岩戸山古墳は六世紀前半に築造された前方後円墳である。全長は一三〇メートルを超える大きさで、北部九州では最大の規模である。墳丘の東北部には造出があり、造出や墳丘から多くの石人石馬などの石造物が発見されている。八女古墳群には他にも古墳が多くあるものの、岩戸山古墳は『筑後国風土記』逸文の内容と合致するところが多く、磐井の墓とみて良いとみられる。

そのほか、有明海沿岸の大型古墳には共通点が多くみられることから広域の首長連合のような体制があったことが指摘されている(4)。岩戸山古墳において実際に裁判が行われていたかどうかは賛否あるものの、磐井が北部九州において有力な豪族であり、『日本書紀』の記述とも関連して独自の勢力を持っていたことは共通理解といえるだろう。

つづいてこうした資料群をもとに、磐井の乱についてこれまでどのような理解がなされてきたか、研究史を振り返りたい。

第二節　先行研究と課題の確認

磐井の乱そのものに関する先行研究について、ここでは近年のものを中心にまとめておきたい。磐井の乱に関する研究が本格化した一九五〇年代から一九七〇年代半ばまでは、直接的な原因については諸説あるものの、この乱を統一国家内の反乱として捉える点で共通する。しかし一九七〇年代後半になると、国家形成期を六世紀以降におく理解が共通認識となるにしたがって、磐井の乱を国家形成期における国土統一戦争とする見方があらわれる(5)。それ以降、磐井の乱そのものに関する研究というよりは、稲荷山古墳出土鉄剣銘などの発見、国造制やミヤケ研究の進展、五・六世紀の倭王権の構造や対外関係などの研究が進展するにしたがって、国土統一戦争かどうかはおくとしても、いち反乱ではなく国家形成史において位置づけようとする見方が継承される。

近年では、それらの研究成果をもとに再度磐井の乱そのものに焦点をあわせる研究もみられるようになり、主として二つの視点から検討されてきた。一つは対外政策から捉える見方、もう一つは倭王権の質的変化から捉える見方である。

磐井の特徴の一つとしてあげられるのは、新羅との内通（『日本書紀』・「国造本紀」）や朝鮮半島諸国からの職貢船の誘致（『日本書紀』）などにみられるような独自の対外交流ルートの存在である。倭王権とは異なる対外交流ルートを持つ勢力は、倭王権の地位を奪いかねない危険な存在であった。乱後に外交拠点としての性格をもつ糟屋屯倉が献上されたことからも、磐井の乱の目的および意義を倭王権による対外関係・外交権の独占的把握・一元化に求めるものが多い(6)。しかし具体的にどのような対外交流ルートが存在していたのかが明らかでなかった。そのなかで、近年では田中史生の研究が注目される(7)。田中は考古資料も用いながら、五世紀以降の北部九州の多元的対外交流ルートの実態を明らかにしたうえで、磐井の乱後にミヤケ制を軸にそれらの整備が進んだことを示したのであった。

磐井の乱を見通す際、対外関係からのアプローチがある一方で、国内的視点に立って考える見方もある。すなわち、磐井の勢力拡大と磐井の乱をそれぞれ倭王権の弱体化と再生（継体の即位〈≒専制化〉）に関連させて捉える見方である。倭の五王の段階では宋との冊封関係もあり倭王権の力は安定していたものの、その後皇位継承者が一時不在になるなど一時的に弱体化する。この中で磐井が自立性を志向し、勢力を拡大したとする理解である(8)。磐井による地域国家・独立国家建設の志向もこれに類するであろう。磐井の乱と倭王権の再生との関連性については、継体朝以降の倭王権の権力拡大を重視し、それに伴って地方豪族との関係性に変化があらわれたとする理解である。『日本書紀』において磐井の毛野臣に対する発言（「今為㆓使者㆒、昔為㆓吾伴㆒、摩㆑肩触㆑肘、共器同食」）をみると、（否定的な見方もあるが）磐井が乱以前に中央に出仕して政治に参加していたことがうかがえる。これは当時の政治体制が全国的な同盟関係にあったとみる理解につながる。この状況のなか、倭王権の権力が強化され、それまでの秩序が無視された際にその回復をもとめて起こされるものとして磐井の乱を捉える(9)。

こうした対外政策あるいは倭王権の質的変化という見方は必ずしも対立したものではない。これらの理解を結び付けたものとして、近年では小野里了一の研究が注目される(10)。五世紀末の倭王権が弱体化した時期に、筑紫君は対外関係において中心的な立場を担っていた。しかし継体が即位し、中央豪族の地位を高めて強力に再生した倭王権からすれば、外交の主導権は倭王権の側にあり、そこに磐井の関与は認められなかった。そのため倭王権が主導して毛野臣の派遣が行われ、それによりそれまでの仕奉関係を無視された磐井の反発として磐井の乱を位置づける。倭王権の弱体化と継体以降の「強力な再生」、外交権の統一というこれまでの論点を包括的に捉えたものといえる。

こうした先行研究のなかで注目されるのは、五世紀末から六世紀前半（雄略没後から継体朝）にかけての倭王権の弱体化と再生を磐井の乱と関係させる見方である。この倭王権の変化はおおよそ共通理解といっていいだろう。そのためここが磐井の乱を考える際の一つの足場となる。そしてその足場に立ったうえで、磐井の乱以前の倭王権と磐井の関係性や、磐井の勢力の性格を考える必要がある。すなわち倭王権の弱体化と再生という流れのなか、磐井がなぜ勢力を拡大し、倭王権と武力衝突に至らなければならなかったのかということである。これについてさらに踏み込んで理解するためにもう一つの足場を設定したい。それが人制との関係性である。

磐井と倭王権の結びつきを考えるうえで重要なのは、稲荷山古墳出土鉄剣銘の「杖刀人」や江田船山古墳出土太刀銘の「典曹人」に見られる、いわゆる人制との関係である。これらの史料は、すでに五世紀後半の段階で列島内の豪族が中央に出仕するシステムがあったことを示している。これを踏まえて、たとえば篠川は人制のなかで磐井が出仕していた可能性は否定できないものの、それは一部であり、「磐井は大王の宮に出かけたことはあったかもしれないが、それは王権を支える組織の一員（臣下）に組み込まれてのことではなかったであろう」とする。[11] 加藤も人制とは明言しないものの、稲荷山古墳出土鉄剣銘の「乎獲居臣」や江田船山古墳出土大刀銘の「无利弖」などの例をあげ、「五世紀後半以降、西海道を含む各地の在地首長やその子弟が中央の大王の宮へ一定期間出仕することが慣例となっていた」として理解する。[12] 磐井と倭王権の結びつきの有無については異論もあるものの、基本的には磐井と倭王権が何らかの関係にあったということは共通理解といえよう。こうした議論のなかで注目されるのが、磐井と倭王権が人制を通じて関係を有していたとする田中の理解である。田中は史料一の「今為二使者一、昔為二吾伴一、摩レ肩触レ肘、共器同食」とある伝承について、「人制のなかで磐井も中央に出仕していたことを前提とする伝承」とし、磐井を人制との関係で理解する(13)。人制の成立時期についてはおくとしても、磐井を人制のなかで理解することは首肯すべきであり、ここでは磐井は人制との関係のなかで倭王権と関係を持っていたという点をもう一つの足場として設定したい。

ここで本章の課題を確認する。ここまで先行研究を確認した通り、磐井の乱について考える際には、対外関係の一元化と、倭王権の弱体化および再生と磐井の自立性という視点が認められる。そしてそれらは必ずしも対立的に扱われるべきではなく密接に関連することは小野里が示している通りである。このうち、ここでは国内的視点に着目して検討したい。倭王権の弱体化と再生、磐井が人制を通じて倭王権と関係を持っていたという二つの足場に立脚し、磐井がなぜこうした相対的に自立した勢力を築くことになり、なぜ磐井の乱が引き起こされたのかを検討する。磐井の乱が国造制成立以前の出来事であるとすれば、その時期の地域社会の変動を理解することで、国造制をはじめとした六世紀の地域支配制度への見通しも得られることになろう。磐井の乱の検討はそれに向けた一つの視角と位置づけることができるだろう。

第三節　人制のその後

本節では磐井の乱以前の磐井と倭王権の関係性に焦点を絞って、いかなる関係性で、それがいかに変化したのかということを検討する。これについて前節で触れたように倭王権の弱体化と再生、人制という視点から論じることで新たな見方を提示したい。

これまでの研究では、たとえば五世紀末以降中国の冊封体制への参加が不可能になったことにより、「大王は倭国王としての地位を保証する外的条件を失」い政治的権威が低下し、筑紫君らを倭王権と同レベルのものに質的に変化させたとする理解や、[14]雄略朝以降の王位継承の混乱による倭王権の動揺＝弱体化により磐井を盟主とした勢力が倭王権から自立を志向しだすといった理解が代表的であろう。[15]これらに類する多くの理解は倭王権の弱体化が磐井らの勢力拡大の背景にあるとするが、なぜ磐井が勢力を拡大しなければならなかったのかという説明にはなっていない。これについて磐井の勢力拡大の必然性という視点から捉える必要がある。

ここで人制の特徴について確認しておきたい。近年の研究でも明らかにされてきたとおり、[16]人制は地域社会から一部の人物が上番し、上番先で職能集団として編成される構造を持つ。この際、重要なのは出身共同体自体が人制に組み込まれるということではないことである。また、鈴木正信は「「某人」は天皇（ないしそれに準じる人物）と仕奉関係を結んだ特定個人に対して与えられる呼称」とする。[17]また、これらの理解を前提とすれば、人制とは明言しないものの、加藤が「大王と地方の首長との間の主従関係は、本質的に両者の個人的な信頼関係を前提とするもので、首長の一族全体を対象とするものでも、その関係が次世代へと確実に継承されるものでもなかった[18]」とすることも（この場合、「地方の首長」ではなく、人制であれば特定個人とすべきだが）人制の特徴としてみてよいだろう。

史料八　稲荷山古墳出土鉄剣銘文

（表）辛亥年七月中記、乎獲居臣、上祖名意富比垝、其児多加利足尼、其児名弖已加利獲居、其児名多加披次獲居、其児名多沙鬼獲居、其児名半弖比、

（裏）其児名加差披余、其児名乎獲居臣、世々為杖刀人首奉事来至今、獲加多支鹵大王寺在斯鬼宮時、吾左治天下、令作此百錬利刀、記吾奉事根原也

史料九　江田船山古墳出土大刀銘文

台〔治カ〕天下獲□□□鹵大王世、奉事典曹人名无□〔利カ〕弖、八月中、用大鉄釜、并四尺廷刀、八十練、□〔九カ〕十振、三寸上好

□〔刊カ〕刀、服此刀者、長寿子孫洋々、得□恩也、不失其所統、作刀者名伊太□〔和カ〕、書者張安也

史料八・九はよく知られた史料であるが、ここでも乎獲居臣（史料八）と无利弖（史料九）がワカタケル大王と結びつきを持ったことが強調されている(19)。小野里もこれについて「人制段階では大王宮（斯鬼宮）への上番が大王（ワカタケル大王）に直結するものであったことを示している」としている(20)。こうした、大王やそれに準ずる者と関係を結んだものに「某人」が付されるという特徴は、人制の段階では王と「某人」に組織された人物は王の代替わりにおいて常にその関係を再構築する必要があったとみることができるのではないだろうか。「某人」と大王などの関係性が世代を超えて継承されないからこそ、特定の王との結びつきは強くなり、それにより史料八や史料九のようなものが作成されたとも考えられるだろう。

雄略朝の段階で人制が組織されていたことを踏まえて、その後の状況を考えてみたい。以前、武烈朝までの人制の史料を集成したが(21)（前掲表1、本書二一頁）、それ以降の記録を見ると、地域社会から切り離され、上番先で職能集団として編成され、大王ないしそれに準じる人物に対して仕奉関係を結ぶという、雄略朝にみられるような人制によって組織された人物とみられる記載を見ることはできない(22)。これを先の人制の特徴にてらして考えてみれば、雄略朝を最後に人制に組織された人々は新たな大王と関係を再構築することができなかったと考えられないだろうか。これは本章の足場ともしている理解、五世紀末から六世紀初頭にかけての王位継承危機に伴う倭王権の弱体化ということが背景にあろう。ここでは具体的にどのような王位継承がなされたかという議論は避けるが、この王位継承の危機に伴って人制の維持・再生産ができなくなったとみることができるのではないだろうか。たとえば武廣亮平は部民制の成立に関連して、「継体に始まる新王統や世襲王権の成立というヤマト王権の質的転換を踏まえた議論がやはり求められるのである」としており首肯すべきであるが(23)、部民制の成立という視点とともに人制のあり方が変化せざるを得な

くなるという視点でも捉える必要があるだろう。

人制が維持・再生産されず、大王との関係性が途絶えてしまったことにより、大王の宮周辺に集住して仕奉を行っていた「某人」はその存在意義が低下し、大王の宮周辺に居住する必要がなくなり、その地を離れざるを得なかった者もいたと考えられる[24]。これについては、玉生産や須恵器生産の視点から論じた平石充や溝口優樹の研究とも関連する。

たとえば平石は出雲の玉生産の観点から論じる[25]。平石は出雲の玉生産の段階を「Ⅰ段階（中略）作玉人（人制）の段階、Ⅱ段階（中略）出雲国造出雲臣の下での「出雲玉作」氏の段階、Ⅲ段階（中略）「出雲玉作」氏が忌部神戸に位置づけられた段階」と指摘する[26]。本論で関係するのはⅠ段階とⅡ段階である。これについて、平石は五世紀後半から六世紀前半にかけて列島最大規模の玉作工房とされる奈良県橿原市の曽我遺跡に注目する。ここでの碧玉製管玉生産に出雲花仙山の碧玉が用いられ、出雲のものと同様の製作技法が認められることから、曽我遺跡に出雲から工人が派遣されていたとし、これは中央への工人派遣という人制の年代にあたるとする。そしてⅡ段階は「「玉作」が八世紀的なものでなく、かつ玉湯川流域にあたることから、この地に玉生産遺跡が集約されていた時代、すなわち六世紀段階に成立したと考えることができ、地域首長、後の出雲国造出雲臣氏のもとでかつてなかった生産の集約化が図られたことがうかがえる」とする。この玉生産の変化の背景には、「中央の強力な権力の統制」という見方などもあるが[27]、先述の通り倭王権の弱体化に伴って人制の維持・再生産が不可能になり、人制を通じて上番していた人々はその地を離れざるを得なかったという背景を見ることもできるのではないだろうか。

須恵器生産については溝口が詳細に論じている[28]。これも玉生産と同様の流れを指摘することができるだろう。溝口は須恵器生産の拠点、そして須恵器生産者の上番先として茅渟県陶邑を想定する。この須恵器生産を担ったものとして「神人」の存在を指摘する。「ミワ」は三輪神祭祀や造酒、その容器生産といった職掌を意味するとし、こうした職掌と結びついて須恵器の生産が仕奉として行われていたとする。そうするとこの神人は人制の構造のなかで理解することが可能で、彼らの仕奉は茅渟県陶邑への上番によって行われていたと想定する。そしてのちに神人たちが帰郷して各地に技術が移転したとする。須恵器生産の動向については、五世紀中葉から後半にかけては中央による大量生産が、五世紀末から六世紀にかけては各地に技術が移転され地方で小規模生産が展開する時期であることはよく知られている。こうした動向と人制・部民制の関係性については、すでに吉村武彦が前者が人制の段階、後者が部民制の段階として想定している(29)。溝口は須恵器生産の地域社会への技術移転について、倭王権による再分配として倭王権の主体性を見出しているが、これも先に触れたように人制の維持・再生産ができなくなったことにより陶邑で組織されていた技術者たちがその地を離れざるを得なかった状況を指摘することができる。

こうした議論は、これまで人制が確かに王宮付近に集住して生産に従事するなどの仕奉を行ったということについて、文献史学と考古学の双方から捉えることができるという文脈で行われるとともに、平石や溝口をはじめとして人制と部民制の差異の指摘に終始してきた。そのためそれがなぜおおよそ六世紀前半を境に地方に移ったのかということまで深く論じられてこなかった。ここに倭王権の弱体化に伴って人制は雄略朝までのようなかたちで維持・再生産ができなくなったとみることができるのではないかと考える。

そのためこの技術の地方移転については倭王権の意図とすることも可能性としてはありえるが、むしろ当時の倭王権の弱体化が技術の地方移転をもたらしたとも考えられる。すなわち倭王権による push 型の技術移転ではなく地域社会による pull 型の技術移転ともいえるだろう。それまで人制の組織・構造のなかで仕奉を行ってきた人々は、倭王権の弱体化によって新たに倭王権と人制の関係性を構築することが不可能になった。それによって上番していた人々はその地から離れ、帰郷あるいは他の地域にいくなどして、それが技術移転をうんだとする考え方である。[30]

ここで磐井の置かれた状況に立ち返っておく。磐井は以前から人制を通じて王宮付近に出仕して大王との関係を結んでいたとすれば、その後倭王権の弱体化に伴って人制のあり方が変化せざるを得なかったために磐井は倭王権とのつながりが断たれ、上番先の地を離れ、帰郷せざるを得なくなったのだろう。そのため毛野臣がやってきた時の「今為㆓使者㆒、昔為㆓吾伴㆒、摩㆑肩触㆑肘、共器同食」とする発言につながったとみられる。

これまでは磐井の自立性について、磐井の主体性に着目してきた理解が多かったが、人制の視点から捉えてみれば、磐井がそのような状況を選択せざるを得なかったというむしろ磐井の消極的な判断を考えることができるだろう。倭王権は求心力を低下させ、磐井などの人制に組織されていた人々の多くは王宮付近から離れることになり、多くの場合は帰郷したとみられる。

第四節　磐井と新羅の関係性

このような状況は磐井と新羅の関係性にもつなげて理解することが可能ではないか。こうした倭王権の弱体化＝求心力の低下がもたらした人制のあり方の変化は、地方豪族の上位権力に対する向心力の行き場の喪失という状況をうむことになり、対外関係にも影響を及ぼすことになる。これまで磐井が新羅と結びついてきたことについては、さまざまな背景が考えられてきた。たとえば田中や小野里は倭王権の対外政策の一環として磐井が対外交流の一端を担っていたとする。[31] この理解は誤りではないもの、それのみが背景となって磐井と新羅が結びついたのではなく、それを前提としながら倭王権の弱体化によって帰郷したとみられる磐井の上位権力に対する向心力が推進力となり、それが新羅に向かったとも推測できるだろう。すなわち磐井は新羅と結びつくことによって帰郷後の地域社会での立ち位置を獲得していくと考えられる[32]。

小野里は長山泰孝の理解を支持し[33]、専制君主化を進める倭王権の支配体制の変動と、それに対する従来型への維持・回帰を目指したものとして磐井の乱を位置づける。これも磐井の反撃という視点を持つが、ここまでの流れを見れば、磐井の乱の直前は、倭王権の弱体化によって引き起こされた、それまでの地方豪族と倭王権の関係性が希薄化あるいは解消された状況であって、そこに反撃という磐井の主体性はあまり強く見ることができないのではないか。反乱という表現は『日本書紀』の見方であって、むしろ倭王権と地方豪族の関係性が希薄化あるいは解消されたこと、それを踏まえて継体朝では改めて地方豪族との関係性を結ぶことを志向したという倭王権の主体性（＝再生）を強く見るほうがよいように思う。その意味では水谷千秋が示したように先に攻撃を仕掛けたのは倭王権の軍であったということも理解できることに加え[34]、史料五の『古事記』のような簡潔な記述、すなわち磐井が大王の命に従わなかったから討たれたとする内容も整合的に理解することが可能ではないだろうか。すなわち磐井の乱は専制君主化を進める倭王権の支配体制の変動と、それに対する従来型への維持・回帰といった性格のものではない。倭王権の支配体制の変動＝倭王権の弱体化と再生という点は認められるものの、倭王権と地方豪族の関係性の希薄化あるいは解消とそれを再構築しようとしていた倭王権の思惑により引き起こされたものといえる。また、磐井が新羅と関係を結んでいたことを踏まえて、まず磐井の対応を手始めに行わなければならなかったという倭王権の判断を考えるべきであろう。磐井の乱は倭王権の地方豪族との関係性の再構築の起点として捉えられているからこそ、多くの人々の記憶に残されていたのだろう。

第五節　磐井の乱と社会編成の変化

こうした形で引き起こされた磐井の乱は、磐井が討たれて境界が定められ、糟屋屯倉が献上されるという形で決着した。糟屋屯倉の記述が実在すると考えられるミヤケの初見記事であることから、ミヤケとの関連が論じられることも多いが、ここでは磐井の乱の後について、どのように展開したのか国造制との関係に焦点を絞って考えてみたい。

境界が定められることにより国造制が成立したとするのはこれまで論じた通りであるが[35]、ここまでの理解を踏まえればもう少し踏み込んだ理解が可能になるのではないか。人制の段階では「「某人」は天皇（ないしそれに準じる人物）と仕奉関係を結んだ特定個人に対して与えられる呼称」であり[36]、人制によって地域社会を編成しようとする意図は見られない。しかし磐井の乱後に成立する国造制においては、それまでの地域社会間で合意された、あるいは地域社会において認識されていた境界を基準とし、それを倭王権が追認していく形で境界を定める、すなわち既存の地域社会に依存する形で国造の国が編成されたと考えられる[37]。同様に六世紀前半ごろに成立すると考えられる部民制についても一般民衆層までが対象とされ、これも国造制同様、地域社会のあり方に依存するかたちで部民の編成が行われると考えられる[38]。すなわち六世紀前半の段階で、さらに言えば継体朝以降、倭王権の意図のもと地域社会に依存する形ではあるが、一定の単位で社会を把握するということが行われるようになったと考えられる。

なお、国造制において境界を定めるかたちで社会を編成したことの意義については、最近の篠川の理解が適切であろう[39]。すなわち境界を定めるということは勢力範囲が限定されるということではあるが、一方で保障されるともいえるということである。これはさらに広げて言えば、倭王権は磐井が所属する社会を原則として温存したということになる。先に国造制と部民制の社会編成について、既存の地域社会に依存するかたちをとったとしたが、それと合わせて考えてみると、これは倭王権の専制君主化（＝再生）および地方豪族との関係の再構築を進める状況において、倭王権は地域社会を温存し、その支配を認めつつ倭王権への仕奉を求める形でなければそれは成し遂げられなかったことを示している。

篠川の新説では、継体は畿内に対していくつかの範囲に分け、それぞれに国造を任命して統括させる必要があったとする。[40]しかしこれについては、なぜ国という範囲に分けなければならなかったのかという必然性の点で説明が不足している。むしろ旧説のとおり磐井の乱を契機に彼らを支配下におくために、地域社会を温存し、その支配を認めるという必要性があったともいえるだろう。その結果として境界を定めることでその社会組織を認めていく形で国造の国が生まれることになったといえる。そう考えるとやはり磐井の乱を契機に国造制が成立したとすることが今なお有効であると考えるべきであろう。さらに言えば、六世紀以降、倭王権の地域支配は地方豪族を介した間接的なものにならざるを得なかったことは必然であったといえるだろう。

おわりに

ここまで磐井の乱について、人制のその後という視点から捉えてきた。簡単にまとめて結びとしたい。磐井は乱以前から人制を通じて倭王権との関係を構築してきたとみられる。しかし人制は大王（ないしそれに準じる人物）と仕奉関係を結んだ特定個人に「某人」が付与されるという性格上、王位継承の危機に伴う倭王権の弱体化という状況にあって、その維持・再生産が困難になり、人制に組織された人々の多くはその地を離れ、多くの場合帰郷せざるを得ない状況が生まれていたといえる。これは玉生産や須恵器生産の様子からも裏付けることができるだろう。

こうして倭王権との関係が希薄化、あるいは解消された磐井は倭王権に変わる上位権力を求め、すでに関係性を構築していた新羅と結ぶことになった。一方そのころ倭王権は継体の即位を経て、専制君主化（＝再生）を目指して動き出すことになり、倭王権と地方豪族の関係性の再構築を求めるなかで一方的に倭王権から引き起こされたのが磐井の乱であった。乱後には境界を定め、既存の地域社会のあり方に依存するかたちで国造の国とされることになるが、それは地方豪族の勢力を制限する一方で温存するという側面をもった。それは専制君主化（＝再生）を目指していくという方向性にありながら、地方豪族との関係を再構築するためには地域社会を温存し、その地域社会を国造に代表させ支配を認めたうえで倭王権と仕奉関係を結ぶという関係性を作らざるを得なかった倭王権の限界ともいえる。だからこそ国造制や部民制のような間接的な支配体制を意図し、そのように変化していくことになる。

そう考えれば、磐井の乱は倭王権の対外関係の一元化という位置づけがなされることもあるが、それは結果論として捉えることが良いように思う。先行研究で示された倭王権の弱体化と再生という磐井の乱の背景に関する理解は原則として認められるものの、その具体像として人制のあり方の変化と地方豪族との関係の再構築という文脈で、磐井の乱、さらには国造制や部民制を考えることができるだろう。

註

（1）坂本太郎「継体紀の史料批判」（『坂本太郎著作集　二　古事記と日本書紀』吉川弘文館、一九八八年、初出一九六一年）など。

（2）三品彰英「「継体紀」の諸問題」（『日本書紀研究　二』塙書房、一九六六年）を起点として、それを継承する研究も多い。

（3）代表的なものに、小田富士雄編『古代を考える　磐井の乱』（吉川弘文館、一九九一年）などがあげられる。

（4）柳沢一男「岩戸山古墳と磐井の乱」（宇治市教育委員会編『継体王朝の謎　うばわれた王権』河出書房新社、一九九五年）。
（5）吉田晶「古代国家の形成」（『岩波講座　日本歴史　二　古代二』岩波書店、一九七五年）。
（6）亀井輝一郎「磐井の乱の前後」（坪井清足・平野邦雄監修、下條信行・平野博之・知念勇・高良倉吉編『新版　古代の日本　三　九州・沖縄』角川書店、一九九一年）、伊藤循「筑紫と武蔵の反乱」（吉村武彦編『古代を考える　継体・欽明朝と仏教伝来』吉川弘文館、一九九九年）、加藤謙吉「「磐井の乱」前後における筑紫君と火君」（篠川賢・大川原竜一・鈴木正信編『国造制・部民制の研究』八木書店、二〇一七年）などがこの見方に類するであろう。
（7）田中史生「磐井の乱前後の北部九州と倭王権」（新川登亀男編『日本古代史の方法と意義』勉誠出版、二〇一八年）。
（8）水谷千秋「筑紫君磐井」（鎌田元一編『古代の人物①　日出づる国の誕生』清文堂、二〇〇九年）。
（9）佐藤長門「倭王権における合議制の機能と構造」（『日本古代王権の構造と展開』吉川弘文館、二〇〇八年、初出一九九六年）。
（10）小野里了一「六世紀前半における倭王権の変質と磐井の乱」（篠川賢・大川原竜一・鈴木正信編『国造制の研究』八木書店、二〇一三年）。
（11）篠川賢「日本列島の西と東」（荒野泰典・石井正敏・村井章介編『日本の対外関係　一　東アジア世界の成立』吉川弘文館、二〇一〇年）。
（12）加藤前掲註（6）論文。
（13）田中前掲註（7）論文。
（14）伊藤前掲註（6）論文。
（15）水谷前掲註（8）論文。
（16）溝口優樹「人制・部制と地域社会」（『日本古代の地域と社会統合』吉川弘文館、二〇一五年）、平石充a「人制再考」（島根県古代文化センター編『島根県古代文化センター研究論集　一四　前方後方墳と東西出雲の成立に関する研究』、二〇一五年）、同b「地域社会からみた部民制・国造制・ミヤケ制」（『歴史学研究』九七六、二〇一八年）、本書第Ⅰ部第一章など。
（17）鈴木正信「人制研究の現状と課題」（『日本古代の国造と地域支配』八木書店、二〇二三年、初出二〇一七年）。
（18）加藤前掲註（6）論文。
（19）なお、史料八では「世々為杖刀人首」の「世々」の部分の解釈が分かれているが、これについては田中史生a「倭の五王と列島支配」（『岩波講座　日本歴史　一　原始・古代二』岩波書店、二〇一三年）、同ｂ「倭の五王の対外関係と支配体制」（島根県古代文化センター編『島根県古代文化センター研究論集　一四　前方後方墳と東西出雲の成立に関する研究』、二〇一五年）に示されているとおりに理解したい。田中ａ論文のなかで、田中は「世々」は大王の「御世御世」のことで、（中略）ヲワケが代々の王に「杖刀人の首」として仕え「今に至る」と記しているとみるのが妥当だろう」としている。

(20)　小野里前掲註(10)論文。

(21)　本書第Ⅰ部第一章。

(22)　これ以降の「某人」は遺称として残存しているとみられ、雄略朝にみられるような、いわゆる人制の範疇で捉えることはできないと考えている。

(23)　武廣亮平「「人制」から「部制」へ」（『歴史学研究』九二四、二〇一四年）。

(24)　この後の玉生産や須恵器生産の場合を見ると、おそらく多くの場合は帰郷することになると考えられる。しかし何らかの生産に従事する者などは、出身共同体ではなく他の地域社会に移動することも可能性として考えられよう。そのため本章では帰郷という言葉に限定せず、その地を離れるという表現を用いた。ただし、磐井の場合は帰郷していたと考えられる。

(25)　平石前掲註(16)ａｂ論文。なお、平石前掲註(16)ａ論文では玉生産のほか須恵器生産についても玉生産と同様の流れで解釈が可能であるとする。

(26)　平石前掲註(16)ａ論文。

(27)　菊地照夫「古代王権と出雲の玉」（『古代王権の宗教的世界観と出雲』同成社、二〇一六年）。

(28)　溝口優樹「「神人」と陶邑古窯跡群」（溝口前掲註(16)著書、初出二〇一二年）、同「ミワ系氏族と須恵器生産の再編」（溝口前掲註(16)著書、初出二〇〇九年）。

(29)　吉村武彦「倭国と大和王権」（『岩波講座　日本通史　二　古代一』岩波書店、一九九三年）。

(30)　ただし、こうして「某人」が全てその地から離れたわけではないだろう。どの程度の人々がその地から離れたかは明らかにしえないが、玉生産や須恵器生産などの様子を見れば、かなり多くの人々が王宮から離れた、さらに言えば帰郷したものと考えられる。その場合、平石前掲註(16)ａｂ論文が示すように技術者として戻り、職業村を形成した場合もあったと考えられる。また、王宮付近から離れない例として次の例がある。『日本書紀』垂仁天皇三十二年七月己卯条には、

皇后日葉酢媛命〈一云、日葉酢根命也。〉薨。臨葬有レ日焉。天皇詔二群卿一曰、従レ死之道、前知二不可一。今此行之葬、奈之為何。於是、野見宿禰進曰、夫君王陵墓、埋二立生人一、是不良也。豈得レ伝二後葉一乎。願今将議二便事一而奏之。則遣二使者一、喚二上出雲国之土部壱佰人一、自領二土部等一、取レ埴以造二作人・馬及種々物形一、献二于天皇一曰、自レ今以後、以二是土物一更二易生人一、樹二於陵墓一、為二後葉之法則一。天皇、於是、大喜之、詔二野見宿禰一曰、汝之便議、寔洽二朕心一。則其土物、始立二于日葉酢媛命之墓一。仍号二是土物一謂二埴輪一。亦名二立物一也。仍下レ令曰、自レ今以後、陵墓必樹二是土物一、無二傷人一焉。天皇厚賞二野見宿禰之功一、亦賜二鍛地一。即任二土部職一。因改二本姓一、謂二土部臣一。是土部連等、主二天皇喪葬一之縁也。所謂野見宿禰、是土部連等之始祖也。

とある。この史料は人制の範疇で捉えるべきと考えているが（本書第Ⅰ部第一章）、ここで出雲から召し出された一〇〇人はのちに土部とされるとすれば、帰郷せずにそのまま一次集団化して部民制へと変化したものとみられれる。そうするとやはり全てがその地から離れたのではなく土着化したものもいたのであろう。

(31) 田中前掲註(7)論文、小野里前掲註(10)論文。

(32) なお、こうした地方豪族の向心力が倭王権以外の上位権力に結びつくことがあったのは磐井と新羅の関係性だけではない。武蔵国造の乱において「小杵性阻有レ逆。心高無レ順。密就求二援於上毛野君小熊一。而謀レ殺二使主一」（『日本書紀』安閑天皇元年十二月是月条）とあるように、小杵が上毛野君小熊に助けを求めたことも同様に考えることができるだろう。倭王権に助けを求めた使主を考えれば、倭王権に対する向心力は皆無になったわけではなく、地方豪族の向心力がそれまでに比べて分散化したともいえるだろう。

(33) 長山泰孝「前期大和政権の支配体制」（『古代国家と王権』吉川弘文館、一九九二年、初出一九八四年）。

(34) 水谷前掲註(8)論文。

(35) 本書第Ⅱ部第一章。

(36) 鈴木前掲註(17)論文。

(37) 本書第Ⅱ部第一章。なお、国造の国が境界を設定することで設定されることについては、篠川賢a『日本古代国造制の研究』（吉川弘文館、一九九六年）、同b『継体天皇』（吉川弘文館、二〇一六年）、同c『国造―大和政権と地方豪族―』（中公新書、二〇二一年）が良く知られる。なお、篠川a著書では磐井の乱を契機に境界を画定し、国造制が成立したとする（旧説）が、篠川c著書では継体が「畿内に対しても、それをいくつかの範囲（クニ）に分け、それぞれに国造を任命して統括させる必要があった」

とし、「乱の一因には継体を大王とする中央政権が、国造制という制度をともなった形での支配を、磐井の勢力範囲にも及ぼそうとしたことがあったと推定される」とする。篠川b著書では国造制の施行に対し「一部の有力豪族（その勢力範囲を分割して、いくつかのクニが設定されたような有力豪族）からは、当然それに対する反発があったであろう。継体朝における「磐井の乱」は、まさにこうした事件ではなかったかと推定」する。国造制の成立時期について、篠川a著書から見解が変化しており、篠川bc著書は新説となるが、旧説に従うべきだろう。また、境界を画定するということについては新旧の説に共通しており、継承すべきと考える。

(38) 本書第Ⅰ部第一章など。
(39) 篠川前掲註(37)bc著書。
(40) 篠川前掲註(37)bc著書。

第Ⅱ部　六世紀前半から七世紀半ばの地域支配制度

第一章　制度史的視角からみた国造制の成立

はじめに

国造制は、七世紀以前において倭王権によって施行された地域支配制度である。しかし本質や構造、成立時期など、その具体像はいまだ解明できていない部分も多く、現在に至っても多くの議論が行われている。それは国造制のみの問題ではなく、当時の社会構造や倭王権のあり方など日本古代史において重要な研究課題と密接に関連することに起因する。また、国造制のどの論点を扱うにしても史料の制約があり、非常に困難であると言わざるを得ない。多岐にわたる論点の中でも、本章では国造制の成立について論じる。

石母田正は国造制について、「生産関係すなわち社会の下部構造と、国家という政治的上部構造とのあいだを結ぶ結節点をなす地位にあって、両者が歴史的にいかなる相互関係にあるか、国家とは具体的にはいかなる過程をとって社会から独立してくるかをしめすほとんど唯一の事例」と理解しているように、国造制の成立は言い換えれば国家形成や列島内における秩序形成の問題と深く関連する。(1)

検討に入る前に、本章で用いる用語について簡単に述べておく。国という語についてであるが、古代史において国という語はさまざまなレベルで捉えられる。『魏志倭人伝』にある「百余国」から律令制下における地域支配単位としての国などさまざまである。これらは国という同じ語を用いてはいるが、それぞれ本質は異なり、同一の概念で捉えられず、当該期の倭王権や地域社会の背景を踏まえた上で使用しなければならない。そこで本章では国造制の国を他の時期の国という表記・概念と区別するため「国」と表記し、律令制下における国は令制国と記すこととする。

第一節　研究史と問題点の抽出

国造制に関する研究史は膨大であり、成立に焦点を絞っても数多くの先行研究がある。ここですべてを列挙することはできないが、ある程度ポイントを絞って整理することで研究の現状を明確にし、本章で課題とすべき点を抽出する。

国造制に関する研究は、それまで語義や系譜などの議論に終始していたのに対し、戦後、井上光貞、上田正昭による国県制論争で大きく展開し、以降の国造制研究の視角を示した。

井上は、七世紀初頭には、「国」・県の「かなり整然たる地方制度が成立していた」点を前提として、いかにして成立したか、という視角から検討する。国造制の成立過程に力点を置き、国県制の在り方に地域的多様性を認めた結果、井上は国造制の正確な成立年代についてはあまり言及していない。ただし、「国」をさまざまな過程を経て国家の行政目的のために二次的に編成された区画とした点はこれ以降継承されていくこととなる(2)。それに対して上田は、井上a論文公表後、共同体理論の展開などによる研究水準が向上したこと（構造的理解の向上）を受けて、表面的な理解ではなく歴史の発展過程の中で明らかにしていく必要があると指摘した。そして「国」と県は時間軸において前後関係にあると規定した上で、国造制の成立過程を、県主制の解体過程を前提とした「四世紀末の朝鮮侵略失敗にもとづく、支配体制再強化のコース」として解釈した(3)。

両者の研究は、「国」や県を国家史に位置づけて解釈したところにその意義を見いだせよう。しかし、国造制の具体像を導きだすことはできなかった。国県制を、井上が国造制の視角からアプローチしたのに対し、上田は共同体の内部構造の変化を取り上げ、県主制の視角からアプローチした。両者は検討視角の差異によってその見解が分かれているといえよう。そしてその検討視角の差異ゆえに、両者の議論は、成立時期という論点から捉えれば、抽象的な議論とならざるを得なかった。前者は国造制の地域区画的な側面を重視して国家形成史に位置づけていく視角として、後者は内部構造の変化を重視して国家形成史に位置づけていく視角として継承されていくこととなる。その点で、国県制論争は以降の国造制成立に関する研究の出発点となったといえる。

その後、国造制の成立に関する議論は、石母田や吉田晶によって、内部構造の矛盾や変化、国家形成史との関連で議論されることとなる。

石母田は、国造制の成立を「生産関係の中から第二次的体制として、いかなる過程を経て派生してくるかを示す最初の形態」として社会の生産関係の検討に基づいて理解する。成立の時期を五〜六世紀に求め、画期となるのは自らの支配領域の内部に多くの自立的首長層を包摂する大国造の成立とする。その背景について、五世紀末に一応完成される諸国征服を前提として、征服された在地首長層の組織化として成立したとして倭王権側から捉える一方で、その内部的な背景として、共同体首長の階級的支配への変化があげられるとし、在地首長と生産関係の変化に力点を置いてアプローチした。

吉田は、石母田が在地首長に力点を置いたのに対し、それより下位に位置づけられる村落首長に力点を置いてアプローチした。国造制の成立について、「家父長的世帯共同体の形成と、彼らによる首長層に対する無制限な恣意的収奪に対するたたかいの成功に対する（中略）支配体制の改編」とし、六世紀に機構的支配として成立したとした。(4)石母田・吉田は社会における生産関係の変化という新たな検討視角を提示したが、結果としてそれらは国家形成史を理解するベクトルへと変化していく。そのため国造制の成立については、その視角の特性上、やはり抽象的にならざるを得なかった。これは後述するように、在地首長制と国造制の差が明確ではないという批判を生むことになる。(5)

その後、八〇年代に入ると、国造制の成立基準としての「国」の成立を検討視角とする研究が増加する。

前田晴人は、国造に任命されることを「国造領を管理することと等しい」とした。そこで、エンゲルスの国家成立の指標に基づき、『古事記』『日本書紀』の記述から倭王権側による地域区画の画定が国造制の成立の指標となるとし、それは地方の諸勢力の勢力拡大を抑制するものとなったとした。そして、その画期を磐井の乱後の境界画定に求めた。(6)平林章仁も、崇峻朝の東国に対する国境画定の記述、坂合部（境部）の成立などを画期とするとしてその見解を継承した。(7)

このように、七〇年代の議論を踏まえた上で、それ以降は井上の説を継承し、倭王権による地域区画の画定、言い換えれば「国」の成立を一つの指標とし、そこに力点を置いた制度史的視点からの検討が行われてきた。しかし国造制、ひいては「国」の成立と地域区画を結び付けることについて批判も出されている。

大町健は、（地域による人民の区分を基準とした）領域的支配と（人的支配を基準とした）領域支配は明確に区別しなければならず、領域的支配が行われるのは大宝令施行時とすべきとしている。(8)大町の領域的支配と領域支配を区別すべきとする指摘は従うべきものであり、前田の言うような形での国境の画定と国造制の成立を安易に直結させることは慎むべきであろう。また、吉村武彦も「国造制的支配の本質は、重層的な共同体構造を媒介とした国造と民戸との人格的支配・隷属関係の存在であって、領域的な土地支配はそれに付随するものである」としている。(9)大町や吉村が示唆したように、「国」の成立と言っても、そのなかには改めて検討すべき問題が潜んでいる。

篠川賢は、大町らの批判を踏まえてもなお、国造制の成立に関しては「国」の境界画定を伴うという点を重視する。エンゲルスの国家成立の指標に基づくのではなく、その領域を、あくまで国造となる豪族の支配領域をベースとしたものとし、「国」の成立を検討するという視角を持つことで、大町らの指摘を受けた前田・平林の説を批判的に継承し、その視角はいまだ有効性を保持していることを示した。国造制の成立時期については、前田の言うように、まず磐井の乱を契機として西国に国造制を成立させ、その後、崇峻朝に東国において国造制が成立するとした(10)。

近年の一連の研究においては、「国」の持つ領域の性格が論点となる。石母田・吉田が述べるように国造制は共同体諸関係の総括であり、「国」は政治的な結合体であるが、支配領域として実体化させることは正しくないとする立場も依然支持されている(11)。これまで国造制の成立の指標となっていた国家による地域区画の画定は天武朝に行われた国境画定事業まで下ることがほぼ通説となり、近年では国造制段階では領域的支配は行われていなかったとみることが一般的である。一方で、篠川の理解は「地域による人民の区分」という意味での地域区画を重視したのではなく、国造の支配力が及ぶ範囲としての「国」といった意味で国造制の成立を捉えている。これらの相違は、領域の語が持つ抽象的なイメージをそのままにして進んできてしまったことに起因しよう。

舘野和己は、そういった「国」の成立から国造制の成立を見る視角とは異なり、ミヤケの成立との関連を説いた。ミヤケ設置により、「それ以前の地方の最高首長としてのあり方をヤマト王権が認めた上で、あらたにその地位につけたもの」として従属度の深化こそが国造制の成立とした(12)。舘野は明確に述べているわけではないが、「国」を基準とせず、その性格の変化が国造制の成立とする点においては「国」よりも造に力点を置いたものといえよう。

また、大川原竜一は、領域に力点を置いた研究を「現象的な側面の検討に終始」していたとし、国造の支配内容・

他制度との関係性を含めて成立時期や施行過程を検討すべきとする。その視角から国造制の成立について検討し、指標となるものはミヤケ設置と「ウヂ名・カバネ」であるとする。造について、ミヤケを媒体として人的支配に従事する人間（集団）として理解し、ミヤケ設置によって倭王権と地域首長層が新たな支配・隷属関係を築いたことで国造制が成立したとする。その場合、伴造や県稲置もミヤケを通じて地域支配に従事していたことになり、ミヤケのみでは国造制の成立を論じえないとし、「ウヂ名・カバネ」との関連から国造制に限定する手法をとる。「ウヂ名・カバネ」と国造が関連するという理解に基づき、カバネを付した人物称呼が六世紀中葉には成立していたと考えることから、ミヤケとの関連から導き出した六世紀前半の国造制成立を裏付けた。大川原も舘野同様、造に力点を置いた論考といえよう。(13)

以上、国県制論争に始まる国造制成立に関する先行研究を追ってきたが、以下のような問題点が抽出される。

一点目は国造制とは何をもって成立したとするか、という点である。八〇年代以降の研究において基準とされた「国」か、舘野、大川原らが基準の一つとした造か。この両者を区別せずに「国造」の成立と捉えると成立基準が曖昧なため、従前の研究のようにその内容・時期が抽象的に捉えられ、結果として不明瞭なものとなってしまう。国造制成立における成立基準を明確にすることで、成立時期のみならず、国造制の定義についても一定の見解を得ることができよう。

二点目は一点目と深く関連するが、国造制の制度的な意味での成立である。従来は石母田が国造法として国造の支配内容を検討したのに代表されるように、在地首長と国造が混同されて考えられてきた部分がある。舘野が国造法について「これらの権限の保有者は必ずしも国造に限らない。共同体の秩序を体現する共同体首長であるなら、当然に有していた権限」として批判し、在地首長と制度としての国造を分けて考えるべきとの指摘もある。(14)これは従うべき点であり、在地首長と制度としての国造は区別されるべきであろう。そこで、在地首長と国造を明確に区別するために、本章での課題を国造制の制度的成立の検討とする。在地首長がどのように変化したのか、という視点ではなく倭王権がそれまでの在地首長をどのような形で編成することで国造として認識し、その立場を変化させたのか、という視点から検討する。

三点目は国造制の成立の背景である。国造制が制度としてどのような要因に起因する形で成立してきたかという問題に触れる必要があろう。二点目の問題を踏まえれば、何を要因として倭王権は国造として在地首長に対する認識を変化させたのか、とも言い換えられよう。この点にも若干ではあるが、触れることとしたい。

そして最後に、これらに通底する問題として、「国」の性格の問題があげられよう。これまでの研究では抽象的なイメージゆえに見解が分かれているといえよう。国造制において「国」とはいかなる性格を持つものなのか、この点については適宜触れながら検討する。

本章ではこのような課題設定を行い、検討を行う。

第一節　国造制の成立基準

本節では、前節で示した問題点の一点目について検討する。国造制の成立を検討する場合、その成立基準を求める必要があるだろう。およそ現在では「国」の成立に力点を置くか、造の成立に力点を置くかという視点が提示されている。

行論の都合上、まず造の成立に力点を置く説を検討していく。近年では舘野、大川原らがこの視角から検討している。かつては共同体の発展や生産関係の変化から捉えることが多かったが、それらの検討視角に対しては、先述したように在地首長と国造の差異が不明瞭との舘野の批判が有効となる。そのような批判を受けて、在地首長と国造の差異を明確に表すものとして、ミヤケの存在が注目されてきた。その立場をとる論者においては、『日本書紀』継体天皇二十一年六月甲午条に始まる磐井の乱、『日本書紀』安閑天皇元年閏十二月是月条に見られる武蔵国造の乱を一つの画期とする。両乱に共通するのは、乱を経てミヤケが設置されるという点である。ミヤケの設置によって国造の本来の奉仕が可能となると考えることから、在地首長から国造への変化が読み取れるとし、ミヤケの設置が一つの基準となる。

大川原は造について、ミヤケを媒体に人的支配に従事する人間（集団）とし、ミヤケが成立していない段階では「本格的な国造の奉仕が機能しなかった」とする。そのように考えるならば、必然的にミヤケの成立が国造制の成立の一つの指標となる。しかしミヤケと造の関係性が国造に限定されない場合、この論は成立しないことは明らかである。

以下、国造と同時期に活動していたと考えられる伴造から、造とミヤケが関連するかを検討する。『日本書紀』敏達天皇十二年是歳条に国造と伴造について「二造」という形で併記されていることを考えると、造においては国造と伴造で同様の意義を持ち得ると考えるためである。

史料一『日本書紀』雄略天皇十六年十月条

詔、聚二漢部一、定二其伴造者一。賜レ姓曰レ直。〈一云、賜、漢使主等、賜レ姓曰レ直。〉

史料二『日本書紀』皇極天皇二年九月丙午条

罷下造二皇祖母命墓一役上。仍賜二臣連伴造帛布一、各有レ差。

史料三　『日本書紀』大化元年八月庚子条

（前略）若有二求レ名之人一、元非二国造・伴造・県稲置一、而輙詐訴言、自二我祖時一、領二此官家一、治二是郡県一。汝等国司、不レ得三随レ詐便牒二於朝一。審得二実状一而後可レ申。（後略）

史料四　『日本書紀』大化元年九月甲申条

（前略）其臣連等・伴造国造、各置二己民一、恣レ情駆使。又割二国県山海・林野・池田一、以為二己財一、争戦不レ已。或者兼二并数万頃田一。或者全無二容針少地一。進二調賦一時、其臣連伴造等、先自収斂、然後分進。修二治宮殿一、築二造園陵一、各率二己民一、随レ事而作。易曰、損レ上益レ下。節以二制度一、不レ傷レ財。不レ害レ民。方今、百姓猶乏。而有レ勢者、分二割水陸一、以為二私地一、売二与百姓一、年索二其価一。従レ今以後、不レ得レ売レ地。勿三妄作レ主、兼二并劣弱一。百姓大悦。

史料上「伴造」とあり、なおかつその性格をうかがい知ることができるのはこれらの史料だろう。史料一は漢部を集めて伴造を定めよ、という詔である。部集団の中で伴造を定めることが基本的な形になっていると考えられる。史料二は、皇極の母が亡くなり、その墓をつくったために帛布を賜ったとある。その対象に伴造がいることから伴造が人間集団を供出した可能性が推測できる。つまり倭王権は伴造を通じて人的貢納を受けていたといえる。史料三では国造も伴造もミヤケを管理するもの、また郡県を治めたもの、広く言えば倭王権に対して貢納・奉仕関係にあったものとして記述されている。史料四では「己民」「己財」「私地」とあり、私有民や私有地を持つことがあり、さらには中間搾取が可能な人間（集団）として記述されている。

舘野、大川原は史料三をもとに立論する。国造・伴造・県稲置がミヤケを管理していたこと＝郡県を治めることとし、そこから本質を導き出す。確かに史料三からは国造・伴造・県稲置がミヤケを管理していたという点は確認可能である。しかし、史料三ではミヤケを管理していたのは国造に限らないということも示されている。伴造とは、部

（集団）を人格的に代表する人間（集団）で、伴造の造は職掌集団（部）の長と考えられ、伴とは統括対象である職掌集団の普通名詞的用法として捉えられる[15]。このように考えれば伴造も、国造を「生産関係すなわち社会の下部構造と、国家という政治的上部構造とのあいだを結ぶ結節点」として捉えた石母田のように定義づけることができよう。この場合、部民とする職掌集団の成立が規定的であって、その後、伴造が成立したと考えられる。

ここまでの検討から考えると、大川原の言う「ミヤケの設置を通じて地域の首長層と王権との間に取収関係が形作られ、そのミヤケの管領と地域の支配とを王権から承認されることが、国造に任ぜられることであった」、あるいは舘野の言う「ミヤケを領することによって、その支配領域への支配権が王権によって確認される」とは、国造に限らないことになる。国造制の成立については、造の側面ではなく、「国」の側面からのアプローチが必要であろう。次節では国造制の成立基準を「国」と規定した上で検討し、「国」を定義したうえで国造制の成立について検討する。

第三節　「国」と国造制の成立

冒頭でも少し触れたが、国という概念については中林隆之も述べるように、さまざまな次元で捉える必要があり、令制国をそのまま遡及させ得るような問題ではない[16]。この点を踏まえれば、国造の「国」の定義づけを最初に行う必要がある。

「国」の定義について、井上以降、行政区画という非常に抽象的な理解のまま進んできた。その後前田らはその抽象的理解を領域という形で実体化して議論を行ってきた。特に前田はこの段階における国境画定をエンゲルスの国家の指標の一つ（地域による人民の区分＝領域的支配）として捉えてきた。エンゲルスに依拠する形で実体化したことは、先述したように大町らによって批判され、現在でも有効な批判となっている。その後篠川はそれらの批判を認めた上で、国造が保持していた領域を倭王権側で二次的に区画した領域区画として理解することで前田らとは異なる形で実体化した。先述したように、一方では領域として実体化することは正しくないとする見解も依然支持されている。たとえば鎌田元一、神崎勝、荒井秀規もこの問題に言及しているが、いまだ「国」の定義についての共通理解は得られていない(17)。

鎌田は、そもそも通時代的に捉えられる国という語について「そこにおける人間の営為を抜きにしては考えられ」ず、「人間生活の投影された土地」としている。言い換えれば領域性は通時代的に常に存在しているのであり、前提とされるべき点である。つまり、右の性格を踏まえた場合、論点となるのは「国」を領域として捉えるか否かではなく、「国」はどのような性格の領域を持つものかということになる。従前の研究においては、領域という語そのものが抽象的であり、それをそのままにして研究が進んできたために領域の有無という点で混乱を招いているといえよう。篠川の「国」は区画を伴うという考えは以下の四つの史料から導き出されたもので、本章は基本的にこの立場を継承するものであるが、篠川の分析では必ずしも十分な検討がなされたとは言いがたい。

史料五　『常陸国風土記』多珂郡条

古老曰、斯我高穴穂宮大八洲照臨天皇之世、以㆓建御狭日命㆒、任㆓多珂国造㆒。（中略）建御狭日命、当㆓所㆑遣時㆒、以㆓久慈堺之助河㆒為㆓道前㆒、（中略）陸奥国石城郡苦麻之村為㆓道後㆒。（後略）

史料六　『古事記』成務天皇段

（前略）定㆓賜大国・小国之国造㆒、亦定㆓賜国国之堺及大県・小県之県主㆒也。

史料七　『日本書紀』成務天皇五年九月条

令二諸国一、以国郡立二造長一、県邑置二稲置一。並賜二盾矛一以為レ表。則隔二山河一而分二国県一、随二阡陌一以定二邑里一。（後略）

史料八　『続日本紀』延暦十年九月丙子条

讃岐国寒川郡人正六位上凡直千継等言、千継等先、皇直。訳語田朝庭御世、継二国造之葉一、管二所部之堺一。於レ是、因レ官命二令氏一、賜二紗抜大押直之姓一。（後略）

本章ではより厳密に「国」の性格を求めるために、領域という概念を以下のように分類しておきたい。

一つ目は地域社会に付随する土地、あるいは地域社会側から設定された領域の画定に対して、倭王権側は全く関知しない形で成立する領域、これを「共同体的領域性」とする。これは境界が存在する場合、地域社会間において合意のもとに設定されるもので、倭王権など上位権力からの影響はほとんどないといえよう。ただし、それは地域社会間において争いがおこるなど、必要に応じて設定されるものであり、不必要な場合は取り立てて設定されなかった可能性も考えられる。その場合、鎌田の言うように国という概念が「人間生活の投影された土地」であることを踏まえれば、その国に所属する人間集団の生活の投影された土地となり、境界が設定されなくても「共同体的領域性」を持つ領域は成立する。

二つ目は地域社会側によって設定された領域において、倭王権側から何らかの力が加わっているもの、または倭王権によって認められたという性格を持つもの、これを「制度的・共同体的領域性」と呼ぶこととする。「共同体的領域性」との関係を述べるならば、「共同体的領域性」をもつ領域に対して、倭王権が容認していく形をとると考えられる。つまり、「共同体的領域性」とは異なり、倭王権の支配原理に組み込まれていくことになる。重要なのは、両者は領域ではなくあくまで民衆支配を一義的なものとし、それに付随するものとして領域が存在するといえよう。先述したように「共同体的領域性」は地域社会間による合意のもと、もしくは地域社会の認識のみにおいて自律的に成立するのに対して、「制度的・共同体的領域性」は倭王権によって領域が画定されることで、地域社会と倭王権相互に認識され、在地首長の管轄領域・管轄する民衆を決定・把握するという意味合いを持ち、「共同体的領域性」に比べると、それをベースに倭王権によって組織化されたものといえよう。

三つ目は倭王権によって区画された領域、大町の言葉で言い換えれば領域的支配における領域といえるもので、これを「制度的領域性」とする。この場合の領域は、「共同体的領域性」や「制度的・共同体的領域性」とは異なり、領域を支配の基本単位としたといえよう。これによって、在地首長は民衆のいかんに問わず、一定領域の統括者として位置づけられることになる。仮に同一の範囲をさすものであっても、右のように三つにその性格を分類できると考えられる。基本的には「共同体的領域性」から、「制度的・共同体的領域性」を経て「制度的領域性」へ徐々に倭王権の力が加わっていくと考えられるが、これらがどのような流れにあって、その中で国造制はどのように位置づけられるか、以下で検討を加えていく。

「国」を考える上で一つの基準となるものは令制国の成立である。ここを起点として「国」の領域性を検討する。その際大町が指摘するように、領域支配と領域的支配は区別されるべきことを踏まえた上で検討に入る。なお、大町によれば、領域的支配は「国家領域内の人民を領域区画によって編成し支配する」ことで、領域支配とは「個々の社会権力が支配の領域をもち政治的に支配」することとなる。

先述したように、令制国は天武朝の国境画定事業にて成立したことはおおよそ通説となりつつある。先の概念規定でいえば「制度的領域性」といえよう。この段階において領域的支配が開始されたのであり、言い換えればこれ以前は領域的支配は行われていなかったとみるのが自然であろう。ではそれ以前はどのような性格を持つものか、という点が問題となる。

大化以後においては、主として評が地域支配の根幹をなしていたと考えられる。そして評の性格を求める場合、以下の史料から人的支配の側面を求めることがほとんどである。

史料九　『常陸国風土記』香島郡条

古老曰、難波長柄豊前大朝馭宇天皇之世、己酉年、大乙上中臣□子・大乙下中臣部兎子等、請二惣領高向大夫一、割二下総国海上国造部内軽野以南一里・那賀国造部内寒田以北五里一、別置二神郡一。（後略）

史料十　『常陸国風土記』行方郡条

古老曰、難波長柄豊前大宮馭宇天皇之世、癸丑年、茨城国造小乙下壬生連麿・那珂国造大建壬生直夫子等、請二惣領高向大夫・中臣幡織田大夫等一、割二茨城地八里・那珂地七里合七百戸一、別置二郡家一。（後略）

これはあくまで大化期における評の性格であり、それは天武朝において性格を変化させることが認められている。山中敏史、荒井によれば天武朝の国境画定事業を画期として、前期評とは人間集団、後期評とは領域区画化されたものである(18)。後者の場合の領域区画とは「制度的領域性」を持つことといえるだろう。この山中らの定義に従って史料九・十にある前期評を見ると、それは人間集団を編成主体とし、基準になっていることは明らかである。前期評において領域に関する記述はない。これはその人間集団に領域を認めないのではなく、あくまで一義的なものとして人間集団が基準となるものとして記述されており、領域はそれほど重要視されていないことをさしていると考えられる。つまり領域の画定に倭王権が介入している様子を見ることはできず、前期評における領域の性格は「共同体的領域性」といえる。ただし、単純に「国」をそこから遡及的に「共同体的領域性」をもつものとして論じていいかは再検討を要する。あくまでこの段階でいえるのは前期評が人間集団によって編成されているという点のみであろう。倭王権が把握していたのは人間集団で、そこに重きを置いていたといえる。

　前期評は人間集団を編成原理とする点は理解できるが、その段階の「国」をそのように考える必要はない。確かに史料によれば、「国」を里という人間集団で分割した上で建評していることがうかがえ、「国」も人的集団であったかのように見える。しかし『常陸国風土記』の説話は評の成立に力点を置いているためにこのような書き方になったのであり、これを遡及的に捉え、「国」が「共同体的領域性」をもつものと言い切ることはできない。

　史料十一　『日本書紀』大化二年八月癸酉条

（前略）而始二王之名々一、臣連伴造国造、分二其品部一、別二彼名々一。復、以二其民品部一、交雑使レ居二国県一。遂使二父子易レ姓、兄弟異レ宗、夫婦更互殊レ名。一家五分六割。由レ是、争競之訟、盈レ国充レ朝。終不レ見レ治、相乱弥盛。

（後略）

井内誠司が述べるように、右の史料より、大化ごろには「個別的・直接的な貢納・奉仕関係の肥大化・錯綜化」が起こっていたと考えられる。つまり部民制が機能しがたくなってきており、また、前掲史料四『日本書紀』大化元年九月甲申条では、「臣以下の中央首長層・在地首長層と在地の諸階層との個別的な貢納・奉仕関係の展開」が起こっていたと考えられることから、当時の支配原理においては奉仕先が多様化、領域も伸長するという問題点が発生していたと考えられる(19)。このような課題を克服するために収取体系の一本化として(20)、共同体内部に成長していた有力首長を、倭王権が直接的に把握する体制を作りだしたと考えられる。このようにして評制が施行されたと考えられることは、一方で「国」が「制度的・共同体的領域性」を持つこととは矛盾しない。つまり「制度的・共同体的領域性」を持つ国造制の領域内部に有力首長層が台頭し、史料四や史料十一のような形で問題が表面化し、それを調整・克服するために「制度的・共同体的領域性」を放棄し、「共同体的領域性」という性格を持った評制が成立したとすれば、むしろ理解しやすいのではないか。「制度的・共同体的領域性」から倭王権の関与する部分を減らし、支配原理としての領域は規定せず、評を人間集団として把握したといえる。そしてこのことは評制下における「国」は「共同体的領域性」を持つことになり、国造制が地域支配の根幹であった時期から性格を変化させた可能性があるともいえよう。仁藤敦史が「おそらく伴造―部民制的な旧来の編成原理を大きく転換することなしに（格別の抵抗がなかったのはこのためであろう）、人間集団と奉仕先の一対一の対応という限定をつけることが成立期の評の属性であり、（中略）行政区画としての均質な領域性の保持は孝徳朝段階には深く考慮されていなかった」とすることもここまでの見解と大きく異ならない(21)。

では、評制成立以前の国造制段階の「国」とはいかなる性格を持つものだったのだろうか。『播磨国風土記』をみると、国造制成立以前は領域に対して倭王権が干渉していなかったことが確認可能であろう。

史料十二 『播磨国風土記』託賀郡法太里条

所㆔以号㆓法太㆒者、讃岐日子与㆓建石命㆒相闘之時、讃岐日子、負而逃去、以㆑手匍去。故曰㆓匍田㆒。甕坂者、讃岐日子、逃去之時、建石命、逐㆓此坂㆒云、自㆑今以後、更不㆑得㆑入㆓此界㆒。即御冠置㆓此坂㆒。一家云、昔、丹波与㆓播磨㆒、堺㆑国之時、大甕堀㆓埋於此上㆒、以為㆓国境㆒。故曰㆓甕坂㆒。

右の史料のように、国造制成立以前は首長の権限によって境界は定められ、境界を持つことで自他の区別をつける。これは地域社会同士でのルールといえ、倭王権の干渉を受けることはなかったと考えられる。先述した領域性の分類に従えば「共同体的領域性」ともいえよう。

史料五～八を前提とすると、境界を定めることで国造制が地域支配制度として成立すると考えられる。そこで、その段階の「国」が「制度的・共同体的領域性」を保持していたのか、という点が問題となる。国境を画定することで倭王権は地域社会に介入していったといえるのだろうか。

重要なのは、「国」は「制度的領域性」をもつ令制国のように領域区画が先行するものではないということである。吉村・大町が指摘したように「地域に基づく人民の支配」は天武朝以降まで下るといえ、あくまで民衆の支配を先議すべきであろう。民衆の支配に基づき、倭王権によって、各共同体を組織するための可視的な方法として公的に認められる形で境界が設けられたと推測できるのではないだろうか。「国」という社会秩序（首長制的社会）を明確に他と区別することで倭王権―国造の機構的支配を可能にし、国造として位置づけることで在地首長層の権力伸長を抑制した。またそれと同時に貢納・奉仕の単位としての支配原理として成立した。首長制社会内部において、この区別が不明瞭になる（史料四や史料十二）ことで結果として「制度的・共同体的領域性」を放棄し、評制へと変化していくと考えられる。ただし、これは必ずしも「国」を政治的結合体とする見解と相容れないものではない。基本的には民衆の支配を根底においていると考えられるため、政治的結合体とすることも間違いではない。そこに付随する領域に倭王権が介入することで右のような効果を発し、国造制という制度として確立するものと考えられる。

ここまでの検討を踏まえれば、「共同体的領域性」に倭王権の力（承認）が加わることで「国」が公に組織され、「制度的・共同体的領域性」を持つ「国」が成立することで国造制が成立すると考えられる。再三述べているが、重要なのは、その根底には吉村が指摘するように「重層的な共同体構造を媒介とした国造と民戸との人格的支配・隷属関係」が存在していたことであって、そこに付随する「共同体的領域性」が倭王権による承認・画定によって「制度的・共同体的領域性」として性格を変化させた時に国造制が成立するといえよう。

史料十三　『日本書紀』継体天皇二十二年十一月甲子条

（前略）遂斬二磐井一、果定二疆場一。

史料十四　『日本書紀』崇峻天皇二年七月壬辰朔条

遣二近江臣満於東山道使一、観二蝦夷国境一。遣二宍人臣鴈於東海道使一、観二東方浜レ海諸国境一。遣二阿倍臣於北陸道使一、観二越等諸国境一。

そして「制度的・共同体的領域性」の成立を史料上確認していくと、やはり先行研究でも触れられている通り、史料十三の磐井の乱における記述や史料十四の『日本書紀』崇峻天皇二年七月壬辰朔条が考えられ、西国には六世紀前半、東国には六世紀半ばごろに国造制が成立したといえよう。

第四節　施行過程とその背景

これまでの検討から、国造制の成立は、「制度的・共同体的領域性」を持つ「国」の画定が基準となること、その場合磐井の乱と崇峻朝にその成立が認められることを再確認した。ではなぜそうした方法によって国造制が成立することになるのか、その背景にも触れておく必要があるだろう。また、この立場をとる場合、当然ながら西国と東国において国造制の成立に段階差を考えることとなる。そこで、その段階差についても触れる必要があろう。

磐井の乱後に西国に国造制が施行されるという点においては、篠川は「朝鮮半島をめぐる国際関係の緊迫の中で、軍事動員体制を整える目的」であったとしている。この点に対し、毛利憲一は『日本書紀』の五世紀末から六世紀における朝鮮派遣の為の軍事動員に関する史料を検討したうえで、磐井の乱の前後で軍事動員の変化は見られないとした(22)。大川原も六世紀の領土拡大という流れの中で、必ずしも倭国は自発的に朝鮮へ派兵していないということ、継体朝以降の外交が失敗に終わっていることをあげ、軍事動員体制を整える目的であったかは不明としている。これらの指摘は従うべき見解であり、磐井の乱後の国造制の施行が軍事的側面によるものではないことは明らかであろう。

そこで近年では、国造制の成立の背景について吉田や毛利、大川原らによって議論が進められた(23)。吉田や毛利は五世紀後半以降における社会状況をその背景としている。吉田が村落首長層の広範な出現に伴う社会変動を指摘し、毛利はそれと密接に関連するとしている。また、毛利は田中史生が西日本を中心に検討した結果、「ミヤケの労働力編成が、列島に広範囲の地域間交流をもたらし」ていたことに注目した(24)。これによって現地の諸集団間の軋轢が発生し、その利害調整や住民移動を把握する単位として「国」が成立したとするように、五世紀後半の渡来人の増加も一つの側面として見ている。一方で大川原は六世紀前半の外交関係が失敗に終わっていることを踏まえると、軍事動員体制の整備が目的ではなく、むしろそれに起因する形で列島内部の支配強化に乗り出さざるを得なかった状況が考えられるとしている。

このように軍事的側面以外で国造制成立の背景を考える理解が増えてきた。さらに付け加えるとするならば、中村友一が氏姓制の成立を、倭の五王の遣使以降推古朝までの国交断絶という対外関係と連動していると指摘したように(25)、国造制に関しても同様に国交断絶という対外関係の変化を一つの要素として、それに起因する形で列島内の秩序形成に乗り出したという理解も提出されている。この点は東アジア史という大局的な視点から改めて論究する必要があろう。

しかしこうした点は地域社会内部の構造変化や外交という側面から検討されてきたもので、倭王権の視点からすると、国造制はそうした外圧によって受動的に引き起こされたものと捉え、倭王権の主体性があまり重視されていないようである。第Ⅰ部第三章で磐井の乱とその背景について論じたように、ここには倭王権の専制化という視点を考えることで新たな理解を可能にするだろう。結論から言えば、倭王権が専制化を目指すなかで、一時的に希薄化あるいは解消された地方豪族との関係の再構築を目指したことによるものと考えておきたい。(26) その際、倭王権が既存の地域社会をそのまま活かすかたちで国造制が施行された背景には、倭王権の弱さを考えることができよう。すなわち境界を定めるということはその当時の地域社会の構造を温存し、その地域を国造に代表させ、民衆に対して間接的な支配を志向する方向性をとったことになる。(27) それは、列島内を倭王権の支配下に置くためには、地域社会を温存し、その支配を認めつつ倭王権への仕奉を求める形が効率的かつ限界の方法だったからだと考えられる。そして磐井の乱が倭王権側から一方的に引き起こされたものと考えれば、国造制の成立は倭王権の主体性を強く捉えるほうが良いのではないだろうか。ただし、西国と東国の段階差を踏まえると、これらの背景から国造制が成立したのは当初は西国にとどまると考えられる。

東国に関しては、これまで指摘されてきた東国における国造制の氏姓からその背景を読み取れよう。国造一般の氏姓については、これまで阿部武彦・井上の詳細な研究があげられる。(28) それらを踏まえると、基本的に国造となる氏族は「国」の名称+カバネをもつものとして考えられる。しかし東国においては国造であるにもかかわらず、部の名称+カバネをもつと考えられる例が散見する。たとえば茨城国造の壬生連や那珂国造の壬生直である(史料十『常陸国風土記』行方郡条参照)。篠川は東国におけるこういった性格をもつ国造の氏姓を検討し、必ずしもそれが氏姓成立当初の六世紀から称していたわけではないことを指摘した。(29) 基本的には国造は「国」の名称+カバネで氏姓が構成されていることを前提とする。そして、須原祥二は元来複数の「仕奉」を持っていたが、庚午年籍における定姓のなかで、最も政治的訴求力があるものを選んだとしたことを受けて、(30) 現実に国造としての「仕奉」を持たなかったために国造としての氏姓を選ばなかったものとした。これは言い換えれば東国において、国造制は西国のように機能しない、定着しなかったということとなる。倭王権が主体性をもって国造制を施行しようとするも、東国における社会状況では国造制の施行は困難であったと考えられる。そのため伴造的国造と呼ばれる形で史料上表れることになったのだろう。ただし、東国においても国造制を施行した理由は存在したはずである。毛利はこちらにこそ軍事的側面があると指摘している。毛利によれば、欽明朝中期～崇峻朝にかけて朝鮮派遣軍の大規模化がうかがえるとする。史料上、朝鮮への軍事動員は崇峻朝において増大しており、従うべき見解であろう。また、倭王権の主体性という側面から考えるならば、一律に列島内すべてに国造制を施行することができず、磐井の乱を手始めに西国を、その後東国へとその支配を進めていくことになったとも考えられよう。

おわりに

ここまで国造制の成立について検討してきた。本章をまとめて結びとしたい。これまでの国造制成立についての研究史では、地域区画の画定を成立基準とみる立場とミヤケなどから在地首長の役割の変化を成立基準としてみる立場から検討されてきた。本章では後者は国造制の成立基準とは成りえないということを指摘した。しかし、前者を無批判的に継承するものではなく、従来は地域区画、言い換えれば領域の性格が抽象的だったために混乱を招いていると考え、この点から再検討を行った。そして、国造を在地首長と異なる立場であるということを明確にするために、国造制の制度的成立を捉えることを目的とした。その結果、領域の性格を「共同体的領域性」「制度的・共同体的領域性」「制度的領域性」と分類し、国造制は「制度的・共同体的領域性」という概念で捉えられるとした。そして国造制の成立は磐井の乱後に西国に施行され、その後崇峻朝に東国に施行されるという従来の指摘に加え、その背景について若干の推測を加えた。西国においては継体の即位を得て専制化を目指す倭王権が、それまでの地方豪族との関係が希薄化あるいは解消された状況を踏まえ、関係を再構築する志向のなかで生まれてきた方法であったとした。そして東国においてはその性格や軍事的要因に起因する形で西国より遅れて成立したと指摘した。そこで国造制は倭王権の専制化という大きな流れのなかで成立したものと考えた。本章では地域社会の構造変化といった側面ではなく、倭王権による地方豪族との関係性の再構築、列島支配への主体性の発露という側面を重視した。

本章では成立に限定して検討を加えたが、その構造の問題や他制度との関連など、いまだ問題点は多岐にわたる。本章はそれらを分析するための一つの土台として成立を位置づけることで、国造制研究の一助としたい。

註

(1) 石母田正『日本の古代国家』(岩波文庫、二〇一七年、初出一九七一年)。以下石母田の見解はこれをさす。

(2) 井上光貞a「国造制の成立」(『井上光貞著作集　三』岩波書店、一九八五年、初出一九五一年)、同b「国県制の存否について」(『井上光貞著作集　一』岩波書店、一九八五年、初出一九六〇年)。以下特に断らない場合は井上の見解はこれらをさす。

(3) 上田正昭「国県制の実態とその本質」(『上田正昭著作集　一』青木書店、一九九八年、初出一九五九年)。以下上田の見解はこれをさす。

(4) 吉田晶「吉備地方における国造制の成立」(『日本古代国家成立史論』東京大学出版会、一九七三年、初出一九七二年)。以下吉田の見解はこれをさす。

(5) 舘野和己「ヤマト王権の列島支配」(歴史学研究会、日本史研究会編『日本史講座　一』東京大学出版会、二〇〇四年)。

(6) 前田晴人「「四方国」制の実態と性格」(『日本古代の道と衢』吉川弘文館、一九九六年、初出一九八三年)。以下前田の見解はこれをさす。

(7) 平林章仁「国造制の成立について」(『竜谷史壇』八三、一九八三年)。

(8) 大町健「律令制的国郡制の特質とその成立」(『日本古代の国家と在地首長制』校倉書房、一九八六年、初出一九七九年)。以下大町の見解はこれをさす。

（9）吉村武彦「律令制的班田制の歴史的前提」（『日本古代の政事と社会』吉川弘文館、二〇二一年、初出一九七八年）。
（10）篠川賢a『日本古代国造制の研究』（吉川弘文館、一九九六年）、同b「国造の「氏姓」と東国の国造制」（あたらしい古代史の会編『王権と信仰の古代史』吉川弘文館、二〇〇五年）。なお、篠川はのちに同c『継体天皇』（吉川弘文館、二〇一六年）、同d『国造―大和政権と地方豪族―』（中公新書、二〇二一年）を発表し、継体が即位後に畿内に国造制を施行し、その支配を磐井の勢力範囲に及ぼそうとしたというように説を改めている。筆者は篠川c・d著書で示された内容については従えず、篠川a著書で示された旧説どおり、磐井の乱を契機とした国造制の施行を見るべきであろうと考えている。そのため本章もその点においては篠川a著書の理解を継承して論を進める。以下断らない限り篠川の見解は篠川a著書による。
（11）大川原竜一「大化以前の国造制の構造とその本質」（『歴史学研究』八二九、二〇〇七年）。
（12）舘野和己「ミヤケと国造」（『古代を考える　継体・欽明朝と仏教伝来』吉川弘文館、一九九九年）。以下舘野の見解はこれをさす。
（13）大川原竜一「国造制の成立とその歴史的背景」（『駿台史学』一三七、二〇〇九年）。以下大川原の見解はこれをさす。
（14）舘野前掲註（5）論文。
（15）狩野久「部民制・国造制」（『岩波講座　日本通史　二　古代一』岩波書店、一九九三年）。
（16）中林隆之「古代における国境編成」（『歴史評論』五八六、一九九九年）。
（17）鎌田元一「日本古代の「クニ」」（『律令公民制の研究』塙書房、二〇〇一年）、神崎勝「国造とそのクニについて―津田左右吉の改新研究に学ぶ（二）―」（『立命館文学』五七〇、二〇〇一年）、同「国造とそのクニについて（再論）―篠川賢氏のご批判にお答えする―」（『立命館文学』六二六、二〇一二年）、荒井秀規「律令国家の地方支配と国土観」（『歴史学研究』八五九、二〇〇九年）。以下鎌田の見解はこれをさす。
（18）山中敏史「評制の成立過程と領域区分」（『考古学の学際的研究』岸和田市、二〇〇一年）、荒井前掲註（17）論文。
（19）井内誠司「国評制・国郡制支配の特質と倭王権・古代国家」（『歴史学研究』七一六、一九九八年）。
（20）須原祥二「部民制の解体過程」（『古代地方制度形成過程の研究』吉川弘文館、二〇一一年）。
（21）仁藤敦史「額田部氏の系譜と職掌」（『古代王権と支配構造』吉川弘文館、二〇一二年、初出二〇〇一年）。
（22）毛利憲一「六・七世紀の地方支配―「国」の歴史的位置―」（『日本史研究』五二三、二〇〇六年）。以下毛利の見解はこれをさす。

(23) 毛利に関しては国造制の成立について述べているわけではなく、あくまで「国」の成立であるとしている点で他の論者と異なるが、本章ではその「国」の成立こそが国造制の成立基準となりうるとしているため、同様に扱うことにしておく。

(24) 田中史生「ミヤケの渡来人と地域社会」(『日本歴史』六四六、二〇〇二年)。

(25) 中村友一「日本古代「氏姓」の成立とその契機」(『日本古代の氏姓制』八木書店、二〇〇九年、初出二〇〇七年)。

(26) 本書第Ⅰ部第三章。

(27) 篠川前掲註(10)c・d著書において、境界を定めることについて、勢力範囲が限定されるということではあるが、一方では保証されるということを示しており、首肯すべき理解だろう。

(28) 阿部武彦「国造の姓と系譜」(『日本古代の氏族と祭祀』吉川弘文館、一九八四年、初出一九五〇年)、井上前掲註(2)a論文。

(29) 篠川前掲註(10)b論文。

(30) 須原祥二「仕奉と「姓」」(須原前掲註(20)著書、初出二〇〇三年)。

第二章　ミヤケの位置づけとその射程

はじめに

これまで大化以前における地域支配は、「国造制、屯倉制、（中略）部民制は、七世紀後半に確立する律令制地方支配以前の倭王権の地方統治を考える上で重要な要素」とされているように、国造制・部民制・ミヤケ制が主要素として捉えられてきた(1)。倭王権による地域支配像を明らかにする場合、大局的な視点からはこれら相互の関係性を捉える視角、局所的にはそれぞれの具体像を捉える視角がとられてきた。そして両視角からの分析を相互に連関させることで大化以前の地域支配像が構築されてきた。

以前筆者は評制の史的前提を考える視角から、大化以前の地域支配について検討した(2)。そこでは倭王権は列島内を支配するために国造制と部民制を創出し、特に国造制を根幹に据えていたと論じた。そしてこの二つのバランスが崩れ、それらの運動を止揚する形で評制が成立したと捉えた。そこではこれまでの研究とは異なる枠組みで検討し、ミヤケについては論じなかった。しかしミヤケは大化以前における地域支配と深く関連することは間違いなく、ミヤケについての検討を避けて通ることはできない。そこで本章では大化以前の地域支配像の析出を行うための作業の一つとして、ミヤケに関する研究史を整理したうえで到達点と課題を示し、それに対する若干の私見を述べることとしたい。

第一節　旧説の形成

『日本書紀』には「屯倉」「官家」、『古事記』には「屯家」「屯宅」「三宅」、『播磨国風土記』には「御宅」「三宅」「三家」とあるように、ミヤケの表記が史料によってさまざまであることや、諸史料におけるミヤケに関する記述が具体像にかけることがミヤケ理解の困難さを生み、また多くの論点を含んでいることは周知の事実である。本章ではまず以下二節にわたり、ミヤケに関する研究史を確認し、ミヤケ理解の変遷や論点、到達点を析出する。

中世以降、『釈日本紀』巻十述義には「天子之米廩也」と記載され、『古事記伝』巻二十六には「屯田と云は、諸国にある、公儀の御料地の如く、屯家は、其御蔵、御代官所の如くなる物なり」と記載され、理解されてきた。戦前においても屯倉という表記からある種必然的に、ミヤケ＝倉庫という認識が提示されることになる。戦前のミヤケ研究の代表的論者としてあげられる矢島榮一は、皇室の直轄領の拡大や国家組織の整備に伴って官僚の給与や軍事費が増加し、効率的な富の保存・蓄積の必要性に応じてミヤケが誕生したとした。(3) そして皇室の直轄地にのみ建立されたミヤケは、「今や皇威伸張の一機関となり、軍事的、政治的、経済的要素が相倚つて一斉に作用するやうになつた」とし、経済的な意味をもつ倉庫から機関への変化を見通した。このうち、機関とする点においては現在の理解に近いといえる。ただ、「皇室は豪族の土地を徴発せられ、その土地を直轄領に移し、屯倉を設け」、「諸豪族の経済的基礎を奪ひ、（中略）皇室に政治的軍事的優位を示し、屯倉を中心として次第に諸豪族に対する実質的統率力を増大し」たとあるように、ミヤケの面的展開の根底に皇室の土地所有（直轄領）の面的展開を指摘した点は特徴的である。こうした土地所有との関連については、「土地所有量の多寡は所有者の政治的勢力の消長増減に甚大なる影響」があり、「国家の経済基礎の確立・進展は、延いて文化的或は軍事的・政治的発展を意味し、又文化的軍事的政治的発展はより高き経済力を齎して、国家の完全なる発達をなさしめた」という理解を前提に論じられたものであった。すなわち矢島は、ミヤケの面的展開＝国家の経済基礎の確立・進展＝国家の発達として理解していたといえる。こうした理解はその後も継承されていくことになる。こうした国家形成の視角からミヤケを捉えたために、ミヤケの類型化や分布論といった議論が中心となった。

　このような状況は、戦後になると新たな展開をみせる。戦前のようにミヤケの面的展開＝国家の発達とするのではなく、ミヤケの面的展開それ自体は認めつつも質的展開に着目するようになる。その背景には戦後活発に議論されるようになった国家形成理論研究の発展があったといえよう。

　特に戦後ミヤケ研究の嚆矢としてあげられるのが門脇禎二の研究であろう。門脇は、ミヤケは「屯田」「屯倉」「官家」と分類されるべきで、これらは「形態の違いのみではなく、歴史的な成立事情と、その担つた史的意義を異にしている」ことを指摘する（4）。そして従来のミヤケ論が類型論・構造論に留まっていたことに対し、屯田→屯倉→官家と分類し、発展的に捉えることを目指した。具体的には屯田を部族連合国家の中心、政治的代表者としての天皇（大王）個人の経済的基礎として結合し、大和連合政権の主要構成者となった族長たちが支配圏のうちから献上したものと捉える。屯倉は本来的には倉庫を意味し古くからの貯蔵形式を継承したもので、地域首長は池溝開発を経て屯倉の管掌者となることで支配階級へと変化し、共同体内部の階級分化をすすめ、奴隷制的支配を形成し国家権力の基礎となる。官家は軍事的出先官庁とし、国家権力を背景にした軍事的体制で国家的権力によって引き抜かれた軍隊は奴隷制的組織であるとした。門脇の研究は、大局的な視点から「奴隷制的支配の体系は、ミヤケにおける支配形態をおし進めたもの」とし、国家形成理論（階級社会の展開や家父長制論、奴隷制論、デスポティズムなど）とリンクさせ、発展させたところに画期性があるといえよう。言い換えれば、これまでの面的展開の議論が横軸の発展の議論だとすれば、質的展開、すなわち縦軸の発展の議論を持ち込んだといえ、以後ミヤケ研究は大きく展開していくことになる。その後門脇が示した分類および発展論は共通理解とはならないものの、こうしたミヤケの質的展開（発展論）と国家形成理論を関係づけてミヤケをみる視角は継承され、さらに議論が深められることになる。

門脇の論考を受けて、ミヤケを前後期に分類する理解が生まれてくる。(5) 論者によってやや前後するものの、おおよそ六世紀を境に前後期に分類されるようになる。前期ミヤケは崇神朝以降の池溝開発記事を根拠として畿内を中心に倭王権によって開発ないし地域首長より貢進されたもの（開発と貢進でも分類し前後関係を見る場合もある）で、地域首長によって管理されるとされる。後期ミヤケは前期ミヤケが畿外に拡大し、中央官人による支配（例：白猪屯倉）が行われたとされる。

前期ミヤケから後期ミヤケへの変化について、たとえば井上辰雄は六世紀初頭の大伴氏の失脚に伴う蘇我氏の勢力拡大、すなわち「稲目は大臣として大和朝廷の財政の担当者としてその基礎を整えると同時に、自家の発展のためにその成果を有利に摘取らんとした」という倭王権内部の勢力図の変化ともリンクさせて捉えた。そして後期ミヤケでは、戸籍の作成や編戸など新たな支配体制になることをあげた。そこに律令制の萌芽的形態があったとし、それらが発展し律令制によって止揚されたと評価した。米田雄介は「農村内部における家父長的家族の形成を促す階級関係の変動」により、間接的支配の困難から直接的支配へと変化していくと捉えた。つまり、田令など中央官人を送ることによって地方豪族の支配を排除し、倭王権の田部として直接支配をうける者が使役されたとする。この米田の理解は共同体における内部構造の変化という下からのベクトルを加味している点でこの時期の研究潮流の影響を受けているといえる。

井上は前後期の分類を支配体制の分析から行った、言い換えれば上からのベクトルで捉えたのに対して、米田は共同体における内部構造の変化という下からのベクトルで捉えたといえる。また、米田は「開墾地系ミヤケ」「貢進地系ミヤケ」という概念を用いることにより、土地所有の問題とミヤケをはっきりと結びつけた。井上も「大化前代に於ける大和政権の大土地所有制を「ミヤケ制」の概念で広く把握したい」、「「ミヤケ制」支配というときは、大化前代の土地所有形態を媒介とした政治的支配を意味するもの」とし、土地所有の問題と結びつけた。このころになると支配構造という論点が提示されることで、戦前の土地所有という現象面の問題から、そこにおける構造、すなわち土地支配の問題へと展開していくことになる。こうしてミヤケの本質を土地支配とする前提が確立し、その支配構造およびその展開過程の議論が主流になる。

こうしたミヤケと土地支配を結びつける理解は、平野邦雄・鎌田元一によって一つの到達点をみることになる。(6) 平野はミヤケの構成要素をヤケ（宅・家）、クラ（倉）、タ（田）と捉えた。中でもタ（田）を基礎とし、「一定の領域を朝廷が排他的に占有するために設定された」とし、「土地に密着した概念」(7)として理解する。また、弥永貞三の「人間の所有・隷属と、土地所有とは分離、併存」していたとする考えを継承し、土地支配と人的支配を明確にわけて捉える。これはそれまで抽象的な理解のまま継承されてきたミヤケの概念を明確に土地支配の問題とし、その位置づけを人的支配と対置させることで明確にしたところに特徴があるといえる。前後期の分類については、前期ミヤケを「畿内のミヤケ（ミタ）」と表現し、開発を前提としたもの、後期ミヤケについては畿外に広まり、六世紀前半に地域首長に収税の職掌が加えられることで、労働力編成・土地管理・収税という一元的支配に変化したと捉える。土地と人民に対する支配の総体のコホリとして捉え、次にあげる評および郡制の前提とする鎌田とは近い見解を持つ。

鎌田はミヤケの理解について平野に賛同する形で、「ミタを原型とし、田地、館舎・倉庫、耕作民を不可分の要素として成立した概念で、それが屯倉の本義」とし、官家などの表記については、貯蔵を目的としたクラではなかったことから屯倉の文字を使用しがたかったためとする。しかしミヤケは「畿内のミタを原型としつつも、全国に拡大される六世紀以後の段階では多様な機能をもって展開」し、外交施設などとする場合でも一定の領域的支配を前提としていたとしており、その意味で官家もミヤケの本質を維持しているとする。上記を踏まえつつミヤケの位置づけについては、「王権に服属した諸集団に諸役の奉仕を義務づけ、そのことによって支配・隷属関係の維持・確認を図」った人格的支配とされるトモ制（全国拡大すると部民制）とは異なる統治原理、すなわち「ミヤケとは支配の拠点となる館舎、施設に立脚した名称であるが、それによって象徴される倭政権の直轄地支配が各地の国造支配領域を割き取る形で展開する」として位置づけた。そして「各地の国造の支配領域に拠点的に設定された」ミヤケの経営が一定の面的展開を遂げた段階で、地方政治組織としての性格を明確にし、「その土地と人民に対する支配の総体に対して「コホリ」の名称が適用された」と捉えた。この「コホリ」の実態は「屯倉を中核都市、田部等に対する編籍をともなう一定の領域的支配が構想されている」とする[8]。鎌田が土地支配（ミヤケ）と人的支配（部民制）の二元的支配から一元的支配への変化を見通していることは平野と共通する。こうしてミヤケをもって評制までの見通しを述べた点は評価できよう。なお、評という言葉はその研究時期ゆえに用いられないものの、かつて太田亮が「国衙は屯倉官舎の発達」とし[9]、矢島が大化改新後を見通し「屯倉も亦廃止せられて行政官衙に引継がれ、国府郡家は多くは其所在地に設けられた」とする理解を研究の進展に合わせてアップデートしたともいえる。

全体的な流れをまとめておく。ミヤケは戦前から土地所有の問題と認識され、それに伴って類型化や分布論、すなわち国家形成との関連からみた面的展開の議論が主流だった。戦後には国家形成理論と結合しながらミヤケの面的展開だけでなく質的展開も捉えた発展論が提唱されることになる。その到達点として、ミヤケは畿内のミタをベースとするものから畿外へと拡大して形態や経営方式にも変化をもたらすとする理解（前後期への分類）が形成される。ここにおいて土地支配の問題と認識されることで結実する。こうしてミヤケは土地支配の問題と理解されるため、人を対象とする支配である部民制に対置され、二元的な支配構造が想定される形で位置づけられ継承されてきた。このようなミヤケ発展論と本質、位置づけの理解は一つの支配体制として理解されることへとつながり、特に後期ミヤケの支配体制（戸籍の作成や編戸、中央官人による支配）などから評および郡制の前提として理解されることにもなる。

論点は土地所有を前提としたミヤケの本質と、主として発展の具体像およびそれらに伴う位置づけといえる。特に三、四世紀から七世紀までの歴史的な流れの中でこれらを捉えようとしてきたといえる。その背景には戦後の国家形成論および社会論の隆盛をみることができるだろう。その意味ではここまでのミヤケ研究は国家形成論に引きずられた議論であったともいえる。そしてこうした研究は『古事記』『日本書紀』（以下記紀とする）の記述に対して十分な批判がなされておらず肯定的に捉えられている点が特徴であり、のちに批判の対象となる。

第二節　現在の通説の形成

平野・鎌田によって一定の到達点へと達した一方で、彼らの研究の前後から記紀批判が十分でないとの批判がおこり、記紀批判を重視した新たなミヤケ研究が行われるようになる。背景には大化改新の批判的研究に通じる研究方法の根本的見直し（記紀批判の徹底）があげられよう。舘野和己は平野・鎌田らの理解＝旧説に対して、田地を伴うものがあることを認めつつも、「家」字を用いるなど屯倉にさまざまな表記が使用されていることに留意すべきで、これまでのミヤケの理解が倉の字に縛られているとした(10)。すなわち経済的なものを一義的に理解するのは誤りで、土地所有の問題とはできないとした。また、前期ミヤケの史料的根拠を再検討し、崇神・仁徳朝にみられる池溝開発記事は推古朝の記事と重複しており、推古朝の記事は実録的性格が強く、重複する崇神・仁徳朝の記事は開発記事を古い時期にかけたものと理解すべきとした。それにより前期ミヤケそのものを否定的に捉えた。これを踏まえてミヤケの本質について、経済体としての役割・本質を相対化し、倭王権が各地に設置した政治的軍事的拠点としたうえで次のように分類した。

・A型ミヤケ…田地を伴わない政治的軍事的拠点。
・B1型ミヤケ…田地を伴う政治的軍事的拠点で、田地は地方豪族から貢進されたもの。
・B2型ミヤケ…田地を伴う政治的軍事的拠点で、田地は王権が開発したもの。

このうちB1型はA型に田地が固定されたものとし、B1型は倭王権と豪族との関係に密接に関連し、それが不安定になれば収受も不安定になることから倭王権の開発によるB2型の誕生（推古朝）を指摘する。それ以降は並立的に存在するとする。

このミヤケの分類についてはその後継承されることは少ないが、ミヤケを政治的軍事的拠点とする理解は継承されていくことになる。また、舘野の理解の最大の特徴は、旧説への批判によりそれまでの論点に変化をおこしたことであった。一つはこれまで指摘されてきた土地所有・支配との関連性を否定した点、もう一つは記紀の記述を肯定的に捉えた形で進められてきた発展論が記紀批判に伴う前期ミヤケの否定により低調になったことである。これらに伴い国家形成論などとリンクさせて論じられてきた位置づけに関する論考も低調となり、本質論が記紀批判を前提とした論点として以降の中心となる。

仁藤敦史も基本的には舘野と同様の視点に立つ。仁藤は記紀批判が十分でない点、評制下でも領域支配は未熟という点、五世紀の大規模倉庫群には継続性がなく、前期ミヤケの存在を考古学的に認めることは困難と考えられる点から、前期ミヤケの存在やミヤケによる領域支配を想定する旧説を批判した(11)。そのため後期ミヤケを中心として考えることになり、国造が贖罪として献上したミヤケと畿内の開発にともなうミヤケの二種類を並立的に捉えた。ミヤケの本質と実態については、屯倉と官家のようにさまざまな表記がされていることを踏まえて、「ミヤケ」の訓を重要視して両者を包括した概念として再定義する必要性を指摘した。仁藤はその問題意識に対して吉田孝のヤケ論を継承し(12)、ミヤケの本質および実態を明らかにするためにはヤケの一般的性格を強調すべきとして、ミヤケの本質を貢納奉仕の拠点とする。経営については、東国においては国造による人格的な在地支配能力に大きく依存したと考えることから、一般的に在地首長層の協力を仰いだとする。

また仁藤は大化以前に限らず、ミヤケから評への展開過程にも言及する。これまでは領域支配の側面を重視して評および郡制との連続性および見通しが論じられてきたが、仁藤はミヤケ制に領域性は希薄であることや評制の領域性の未熟さから、領域性という側面での連続性を認めない。評家においても貢納奉仕の拠点というヤケの基本属性を見出すことができることから、本来は制度を異にする国造・伴造などがミヤケを通じて評家・郡家への統合を可能にしたと捉え、貢納奉仕の拠点としての性格において連続性を認め、「王権による伝統的なヤケを拠点とする権力的な再編過程こそが律令化」と評価する。平野や鎌田は土地支配（屯倉制）と人的支配（部民制）を対置させ、その統合として評制を見ていたことを踏まえれば、仁藤の見方はこれまでにない新たな視角であるといえ、その意味で平野や鎌田の理解を批判的に継承したものといえる。しかし、制度史的枠組みをはずし、横断的に分析するヤケ論の視角をもつ性格上、実態論が主となり、制度史的位置づけについて課題を残すことになる。

舘野・仁藤によって旧説が批判的に継承され、彼らの理解が現在の通説となるに至るが、ここで本節のまとめとしてミヤケ研究の現在の到達点を確認しておきたい。それまで特徴的であった記紀を肯定的に読む立場を否定的に捉え、記紀批判の未熟さを克服することで、前期ミヤケが否定されると同時に六世紀以降のミヤケに焦点が絞られることになる。その結果それまで議論されてきた前期ミヤケから後期ミヤケへの展開を想定する発展論も否定され、後期ミヤケを類型化し、並立的に捉えるようになった。また評制やヤケなど周辺領域の研究の進展により、土地支配としての性格が否定され、土地支配に関するものではないことが明確になった。その意味で旧説から大きく転換したといえる。とりわけ土地支配との関連の否定に伴って、ミヤケの本質については倉字に拘泥せず、従来言われてきた多義性を無理に一つの小概念で捉えるのではなく、それらの多義性を包括する形で最大公約数的な理解がなされるようになった。その結果、政治的軍事的拠点（舘野）や貢納奉仕の拠点（仁藤）といった位置づけがなされるようになった。こうしたなか仁藤は、舘野の理解は屯倉表記を相対化するあまり、農業経営の拠点としての役割や国造の在地支配を軽視すると指摘し、結果貢納奉仕の拠点として理解する。しかし舘野e論文では国造の在地支配を前提と考えていて、倭王権への奉事を求める場とし、国造による地域支配（社会構造）という点でのイメージは仁藤と近いものと補足することから、両者のミヤケのイメージも近接しているといえよう。

第三節　ミヤケ研究の課題と射程

ミヤケの本質については、前節であげたように舘野や仁藤が大きな枠組みで理解を示し、一定の到達点にある。そこでは政治的軍事的拠点、貢納奉仕の拠点とされるように両者の言葉は異なるが、イメージはほぼ共通している。そして非常に大きな定義でもあるので、あらゆるものを包み込んで理解することが可能になる。だからこそ通説として現在も大きな影響力を持っているといえる。こうした政治的軍事的拠点や貢納奉仕の拠点とする理解は筆者も従いたい。しかし一定の到達点といえども課題や批判がないわけではない。ここでは到達点を踏まえて、ミヤケ研究の課題と射程について述べたうえで、見通しを述べておきたい。

課題の一つはミヤケの本質について、常に政治的軍事的拠点・貢納奉仕の拠点という理解が通用するのかということである。ミヤケはその成立から改新詔で廃止されるまで（実際に廃止されたかどうかは別として）、政治的軍事的拠点・貢納奉仕の拠点という定義が認められるだろうか。言い換えればミヤケの本質は時期によって変わる可能性はないのかということである。

最近、筆者はこの点に着目し、ミヤケの本質は当初は経済基盤としてのものだったのではないかと考えた(13)。実在が認められるミヤケの最初の記事として、継体朝の磐井の乱を契機に献上された糟屋屯倉が知られる。しかし磐井の乱より前に記載がある匝布屯倉は安閑朝の出来事とみるべきで、匝布屯倉を含めた安閑后妃に関係するミヤケは、安閑朝に経済基盤としての役割を持って成立したとした。その背景には継体即位という体制転換にあって、安閑の確かな経済基盤獲得の必要性（国内的契機）があったとする森の理解が適用できるだろう。こうした背景から成立したミヤケは、伊甚屯倉（上総国）や盧城部屯倉（安芸国）が贖罪として献上され、部民制や国造制とも結びつきながら権力構造を表現する舞台装置となり、経済基盤としてのものから政治的軍事的拠点・貢納奉仕の拠点としての機能を獲得していくのではないかと考えた。こうしていわゆるミヤケへと機能が拡大しながら、全国展開・大量設置へと至り、こうした機能のもと、遡及的に糟屋屯倉にもミヤケの名が付されたものと考えられる。すなわちミヤケを政治的軍事的拠点・貢納奉仕の拠点とするのは最終的な理解であって、その前提として経済基盤としての性格を考える必要があるのではないかということである。その意味では戦前の矢島の研究に近いものともいえる。『日本書紀』編纂時には、当初から変化して多様性を獲得したミヤケの位置づけ、機能をもとに遡及的にそうしたものをミヤケとして表現したと考えられるのではないか。このように政治的軍事的拠点や貢納奉仕の拠点とする理解をいかに動的に把握するかということがポイントとなる。

これとも関連するが、課題の二つ目としてあげられるのはミヤケの成立時期および背景である。現在では、先に触れた通り実在が認められるミヤケの最初の記事は、継体朝に起こった磐井の乱の後に献上された糟屋屯倉に関するものとされている。ただし、これは多くの論者が指摘するようにあくまで実在が認められるミヤケとして初めて見える記事であって、ここでミヤケが成立したということではないことに注意する必要がある。もちろん可能性の一つとして、糟屋屯倉をもってミヤケが成立したとすることはありえる。しかしそれ以前から成立していたのか、あるいはその後に成立したミヤケがさかのぼって糟屋屯倉にも「屯倉」の名称が付されたのか、筆者は後者と見るが、議論の余地がある。そこで重要になってくるのは成立の背景である。言い方を変えればなぜミヤケが成立する必要があったのか、この点を対外的契機や国内的契機を複合的に考えて議論する必要がある。先に触れたように森は、畿内のミヤケが安閑后妃のためのものを初現とし、それについて継体即位という体制転換にあって、安閑の確かな経済基盤獲得の必要性（国内的契機）があったと理解しており、注目される。その理解は首肯すべきところは先に触れたとおりである。この問題を考えることは一つ目の課題ともつながり、ミヤケの本質の理解に関する議論とも密接につながる。

ここまでミヤケの本質に関する課題を確認したが、ミヤケそのものだけでなく他の制度との関係性についても議論の余地がある。すなわち冒頭で森の理解に触れたように、律令制成立以前の地域支配制度において国造制・部民制・ミヤケ制という三つの柱を想定することの妥当性についてである。これが三つ目の課題となる。舘野の理解については、鎌田から批判がなされている。舘野の政治的軍事的拠点とする理解について、鎌田は「屯倉は単に倭政権の施設というほどのきわめて一般的・抽象的なものに雲散霧消してしまう」とし、ミヤケを「全国支配のための独立した一個の」制度として捉える必要はなく、また「国造制や部民制に本来的に伴うものとなり」、国造制・部民制に解消されてしまうと指摘する。鎌田はミヤケについて土地の支配を本質とする理解のため、大化以前においては人的支配と位置づける部民制と対置し全国支配を目的とした制度という意味で並列に扱う。鎌田はこの位置づけをミヤケ制の前提とするために舘野に対して「全国支配のための独立した一個の「制度」」として認識する意味」を問題視することになる。その背景には舘野a論文では本質について旧説を否定して政治的軍事的拠点と理解するが、位置づけについては具体的に論じたわけではなかったことがあげられる。のちの舘野e論文では、「確かに国造・伴造の元におかれたミヤケについては、そうした面はある」と鎌田の批判を一部認めつつも、ただし朝鮮諸国の官家など国造・伴造以外の所に置かれたものも多かったとし、自身のミヤケ論はそうしたものを含めて「ミヤケを統一的に理解しようとしたもの」とした。そして「ミヤケを各地に設置することによって、列島支配を進め」、「ミヤケには国造・伴造等の支配や、水田経営、あるいは交通拠点の支配など、さまざまな目的があ」り、「国造制・伴造制をはじめとするヤマト王権の支配が網の目のように張り巡らされていたことが、当時の支配方式の特徴であり、それをミヤケ制ととらえたい」とする。しかしそれでは鎌田の批判に対する解答としては十分でなく、あくまで他の制度との関係の中で機能する面もあることから、鎌田の指摘する「全国支配のための独立した一個の」制度と捉える必要性についてはやはり疑問符がつく。鎌田が土地支配をイメージしている以上、鎌田の理解が成立しないのは舘野・仁藤が明らかにした通りであるが、鎌田の指摘は重要で、舘野の理解のみならずヤケ論の視角を導入した仁藤の理解にも有効であろう。そのため鎌田の舘野の理解に対する指摘はいまだに生き続けているといえる。舘野と鎌田の論争はそのまま現在のミヤケ研究に対する問題提起につながるといえる。

改めて現在の論点かつ課題を指摘するならば、ミヤケをいかに動的に把握するか、ミヤケを律令制成立以前の地域支配の中でどう位置づけるかということになる。特に位置づけの問題については、旧説から現在の通説へと変化するなかで、明確にミヤケを位置づけてこなかったことに起因する。この点については先述のように舘野が述べているものの、抽象的と言わざるを得ず、具体的に論じる必要がある。本質論が進展したにもかかわらず、位置づけについての議論は低調で、土地支配を前提とした位置づけのまま継承されているきらいがある。実際、現在では舘野や仁藤のようなミヤケの捉え方が主流となっているが、大化以前の列島支配の重要な要素として国造制・部民制と並列に扱われていることは本章冒頭でも述べたとおりである。本質と位置づけはリンクするため本質論が一定の到達点に達した今、改めて位置づけを検討する必要があるだろう。その際重要なのは、他の制度の研究の延長線上でミヤケの位置づけを論じるのではなく、ミヤケの本質論を基軸としながら他の制度を論じることである。前者の見方はあらゆる研究のなかで行われているが、後者の見方で論じるものは多くないようである。両方の視点からミヤケの位置づけを論じることが必要になるだろう。こうした議論のためには、舘野・仁藤の理解の是非を問うというよりは、それを梃子にして議論を展開していく必要があるといえる。

さらに、土地支配としての位置づけが否定されるならば、新たな位置づけと同時にこれまでの古代史像やミヤケ研究の射程についても再考が迫られることになる。旧説以前のミヤケ制研究においては、鎌田の理解に代表されるように土地所有と密接に関連する立場を前提とするため、部民制と対置され国家形成史までもが射程に置かれていた。だからこそ大化改新における、いわゆる私地私民から公地公民へというパラダイムが生まれてくる。土地支配を前提とする理解は舘野・仁藤によって否定されたように成立しないことを踏まえれば、私地私民から公地公民へというパラダイムも再考を迫られることになる。[14] また、舘野・仁藤はそれまでと同様、国造制・部民制・ミヤケ制を律令制成立以前の地域支配制度の重要な要素と捉え、国家形成論を射程に置く。すなわちミヤケの位置づけに対する再検討は律令制成立以前の地域支配の枠組みに直結し、ひいては国家形成論に対するアプローチにも再考を迫ることになる。そのため位置づけと同時にミヤケ研究の射程についても正しく認識する必要があろう。

本質に立ち返れば、仁藤がヤケ論からミヤケを捉えたようにミヤケはヤケの一種として捉えられ、貢納奉仕の拠点とする基本属性を持つ。ミヤケを天皇（大王）所有のヤケと理解すると、ミヤケとヤケの本質に差はなく、異なるのは天皇（大王）の所有か否かということになり、その意義を求める必要があろう。倭王権に直結する形で人を掌握すること、動産を得るという基本的な意義については、国造制・部民制で果たされると考えられる。[15] 国造制や部民制のもとにミヤケが置かれ、首長によって管理されていたことは『日本書紀』大化元年八月庚子条からも明らかである。すなわち本質と上記の記述を踏まえれば、国造制や部民制に解消されるミヤケの存在を見ることができよう。国造制や部民制の中に首長が所有するヤケがあり、それが天皇（大王）所有になるということは、国造制や部民制に求められた動産を確実に貢納させ、民衆にも意識づけることになる。すべてのミヤケに一般化はできないものの、ミヤケは国造制や部民制に解消されるとする鎌田の批判は一部において支持されるべきであろう。

一方で那津官家や白猪屯倉、朝鮮半島のミヤケなどについては、国造制や部民制に解消されるわけではないと考えられる。それ自体が地域支配に深く関連するというよりも、その地に求められた、たとえば外交や朝鮮半島の支配、倭王権による開発・生産などのさまざまな目的を果たすために設置されたものと考えられるため、それらは国造制や部民制に解消されるような「地域支配を機能させる」装置としてのミヤケと並列には扱いえない。貢納奉仕の拠点という共通項はあるものの、外交や生産などに解消されるため地域支配とは異なるベクトルを持つものと考えられる。

すなわち仁藤の理解に基づけば、①支配②経営のどちらが強いレベルで機能するかということになる。それぞれのミヤケがどちらに位置づけられるかは個別の検討を行う必要があり、今後の課題となろう。

つまり貢納奉仕の拠点としての性格を踏まえて位置づけた場合、ミヤケは倭王権の施策を確実に機能させる装置と考えられる。国造制や部民制に解消されないものについては、外交や生産など、基本属性の概念の広さゆえに多くのものに解消されると考えられる。そうするとやはり一つの制度として「ミヤケ制」を位置づけることは躊躇される。本章で「ミヤケ制」ではなく「ミヤケ」と表現して論じてきたのはその理由による。

ミヤケはヤケ論に端を発する広い概念で捉えられるために、国造制・部民制、外交・生産などさまざまなものに解消されると考えられる。舘野・仁藤の位置づけは、本質論の変化に伴って論じられるべき位置づけが具体的に論じられていないところに問題があったといえよう。それはヤケ論という視角に起因するのかもしれない。

ミヤケ研究の到達点および上記の位置づけを踏まえれば、ミヤケそれ自体を取り出して国家形成史まで射程に置くことは過大評価といえる。それまでそう捉えられてきた背景には土地支配としての位置づけを、本質の理解が進んだにもかかわらず引きずり続けたところにある。本質理解がヤケによることを踏まえると、ヤケ論の持つ有効性、つまり地域社会の実態の析出（国造制・部民制などに留まらないさまざまなパターンの実態の析出）には有効であろうが、それを取り出して強調し、国家形成と直結させて論じるのは困難であるといえる。

おわりに

ここまで研究史をまとめ、ミヤケ制研究の現在の到達点、課題と射程について論じた。中心は大化以前だが、評制との関連について論じる必要もあろう。最後にこの点についての若干の私見を述べて結びとしたい。

近年では仁藤が評の前提としてミヤケを捉えている。「行政区画の設定よりも重層化した徴税単位の設定に重点」を置き、貢納奉仕の拠点としてのヤケの支配を評制として一元化、ひいてはヤケを拠点とする再編こそが律令化と評価する。そしてこの再編は徴税単位、徴税の錯綜化に対応したものと捉えることで、孝徳朝の改革を「国造のもとで官家を拠点とする統一的・直接的な税の貢納および人の徴発を構想したもの」と評価する。しかし孝徳朝（『日本書紀』大化二年八月癸酉条）において問題となっているのは人間集団の錯綜化といえる。〈原因〉として人間集団の錯綜化があり、〈結果〉として貢納の錯綜化が発生したと考えられる。これに対して孝徳朝は〈原因〉を改めるために評制を施行したと考えられる。すなわちヤケを拠点とする再編ではなく、ミヤケを領した人々を中心に社会を再編成（＝評制）したのであろう。孝徳朝では〈結果〉の再編に重点を置いているわけではない。そうすると、ミヤケ（ヤケ）は評制にも解消されると考えられる。

上記のように、ミヤケは律令制成立までの地域社会に通底し、地域支配や開発・生産または外交の具体像を復元するには有効な視点であろう。しかし同時にあらゆるものに通底するという性格上、あらゆるものに解消され、それを単独で評価し、枠組みに組み込み国家形成論と結びつけるのは過大評価といわざるを得ず、誤った地域支配像を与えてしまう。その過大評価の背景には土地支配としての考え方が残されているためであり、本質論の展開にあわせて位置づけも見直す必要があろう。本章ではミヤケの研究史を整理することで、ミヤケ研究の射程を再認識し、主として大化以前における地域支配の枠組みの問題提起を行った。大化以前における地域支配についての研究は、新たな枠組みを構築する必要があることを指摘して結びとする。

註

（1）森公章「国造制と屯倉制」（『倭国の政治体制と対外関係』吉川弘文館、二〇二三年、初出二〇一四年）。以下森の理解はこれをさす。
（2）本書第Ⅲ部第一章。
（3）矢島榮一「古代史に於ける屯倉の意義」（『歴史学研究』六―一二、一九三六年）。以下矢島の見解はこれをさす。
（4）門脇禎二「ミヤケの史的位置」（『史林』三五―三、一九五二年）。以下門脇の見解はこれをさす。
（5）井上辰雄「『ミヤケ制の政治史的意義』序説」（『歴史学研究』一六八、一九五四年）、米田雄介「ミヤケの再検討」（『ヒストリア』三五、一九六二年）。以下井上、米田の見解はこれをさす。
（6）平野邦雄「六世紀の国家組織」（『大化前代政治過程の研究』吉川弘文館、一九八五年）、鎌田元一「屯倉制の展開」（『律令公民制の研究』塙書房、二〇〇一年、初出一九九三年）。以下平野・鎌田の見解は特に断らない限りこれをさす。
（7）弥永貞三「大化以前の大土地所有」（『日本古代社会経済史研究』岩波書店、一九八〇年、初出一九六五年）。
（8）鎌田元一「評制施行の歴史的前提」（鎌田前掲註（6）著書、初出一九八〇年）。
（9）太田亮『日本上代における社会組織の研究』（磯部甲陽堂、一九二九年）。
（10）舘野和己ａ「屯倉制の成立」（『日本史研究』一九〇、一九七八年）、同ｂ「ミヤケ制再論」（『奈良古代史論集　二』、一九九一年）、同ｃ「畿内のミヤケ・ミタ」（坪井清足・平野邦雄監修、山中一郎・狩野久編『新版　古代の日本　五　近畿Ⅰ』角川書店、一九九二年）、同ｄ「ヤマト王権の列島支配」（歴史学研究会、日本史研究会編『日本史講座　一』、東京大学出版会、二〇〇四年）、同ｅ「ミヤケ制研究の現在」（『一般社団法人日本考古学協会二〇一二年度福岡大会研究発表資料集』二〇一二年）。

(11) 仁藤敦史a「古代王権とミヤケ制」(『古代王権と支配構造』吉川弘文館、二〇一二年、初出二〇〇五年)、同b「貴族・地方豪族のイエとヤケ」(『古代王権と支配構造』吉川弘文館、二〇一二年、初出二〇〇七年)、同c「古代王権と「後期ミヤケ」」(『古代王権と支配構造』吉川弘文館、二〇一二年、初出二〇〇九年)。以下仁藤の見解はこれらをさす。
(12) 吉田孝「イヘとヤケ」(『律令国家と古代の社会』岩波書店、一九八三年)。
(13) 本書第Ⅱ部第三章。
(14) ミヤケの理解の進展も含めて、私地私民制から公地公民制へという見方への疑問はすでに吉村武彦「改新詔・律令制支配と「公地公民制」」(『日本古代の政事と社会』塙書房、二〇二一年、初出一九八九年)によって提起されている。
(15) 本書第Ⅲ部第一章。

第三章　安閑后妃関係ミヤケの歴史的位置

はじめに

これまでのミヤケ研究では、前期ミヤケと後期ミヤケ、土地支配とみる理解からの脱却、国家形成史の中の位置づけ、部民制や国造制との関連、地域史の中の位置づけ、個別研究などさまざまな視点・論点がだされてきた。しかし、近年では地域史研究や地方豪族研究と関連させた個別研究は行われているものの、ミヤケそのものを論じる研究は低調といえよう。その背景にはあまりに多様なミヤケの様相から、定義を含めてミヤケそのものを論じることが困難であることがあげられる。

そのような状況ではあるが、これまでの研究から得られたミヤケに関するいくつかの共通理解をあげておくと、おおよそ次のようにまとめることができよう[1]。①史料批判の進展により前期ミヤケを否定し、後期ミヤケこそがいわゆるミヤケとして認められる。②実在が確実なミヤケの記事として最初に認められるものは継体朝の磐井の乱後に献上された糟屋屯倉（『日本書紀』継体天皇二十二年十二月条）であり、対外的拠点として理解される。③「政治的軍事的拠点」（舘野和己）・「貢納奉仕の拠点」（仁藤敦史）と理解され、土地支配とは切り離して理解される。④在地首長層の協力に依存するかたちで経営される[2]。

こうした共通理解があるものの、『日本書紀』安閑天皇二年五月甲寅条のミヤケ大量設置記事に至る流れ（初期の展開過程）についてはあまり議論されることがなかった。『日本書紀』において、糟屋屯倉献上記事と安閑天皇二年五月甲寅条のミヤケ大量設置記事の間にあるのは、安閑后妃に関するミヤケといわゆる武蔵国造の乱（『日本書紀』安閑天皇元年閏十二月是月条）に伴って献上された四つのミヤケに限られる。この時期にある安閑后妃に関するミヤケは、具体的には伊甚屯倉・小墾田屯倉・桜井屯倉（・茅渟山屯倉）・難波屯倉・三嶋竹村屯倉・廬城部屯倉である。また、これらに加えて糟屋屯倉よりも前（『日本書紀』継体天皇八年正月条）に設置されたとされる匝布屯倉も安閑后妃に関係するミヤケとして知られる（以下これらを一括して安閑后妃関係ミヤケとする）。これらのミヤケについては、近年では労働力や経営との関係から議論されているが、(3)これらをミヤケの流れ・展開の中に位置づけようとした論考は多くない。そこでここでは、安閑后妃関係ミヤケを検討し、その歴史的位置を探ることとする。そのことによりミヤケ大量設置記事に至る展開過程を見通すことができるだろう。

また、近年篠川賢は、匝布屯倉が継体朝に設置された前提に立ち、「のちに全国各地に設置されていく春日部（とそのミヤケ）の先駆となったのが、この匝布屯倉であり竹村屯倉であったとみられる」と言及しており、(4)実在が確実なミヤケの初見記事の再検討としても注目される。ミヤケの成立や展開過程、先に触れた共通理解の再検討につながる重要な指摘である。しかし篠川の理解は十分に検討されたものではなく、その時期も含めて具体像を検討する必要がある。すなわち安閑后妃関係ミヤケを検討していくことにより、ミヤケの成立に関しても一つの見方を提示することができるだろう。

このような問題意識から、本章では安閑后妃関係ミヤケの検討を通じて、ミヤケの成立から大量設置に至るまで、どのような背景をもち、いかにして展開したのかを明らかにすることを目的とする。それにより先に触れた共通理解を一部再検討するとともに、ミヤケの国家形成史上の位置づけについても言及したい。

第一節　安閑后妃関係ミヤケ設置関係記事の検討

ここでは安閑后妃関係ミヤケ設置記事を中心にあげ、それぞれの理解を示しておく。

史料一　『日本書紀』継体天皇七年九月条

勾大兄皇子、親聘㆓春日皇女㆒。於是、月夜清談、不覚天暁。斐然之藻、忽形㆓於言㆒。乃口唱曰、（後略）

史料二　『日本書紀』継体天皇八年正月条

太子妃春日皇女、晨朝晏出、有㆑異㆓於常㆒。太子意疑、入㆑殿而見。妃臥㆑床涕泣、惋痛不㆑能㆓自勝㆒。太子怪問曰、今旦涕泣、有㆓何恨㆒乎。妃曰、非㆓余事㆒也。唯妾所㆑悲者、飛天之鳥、為㆑愛㆓養児㆒、樹巓作㆑樔。其愛深矣。伏㆑地之虫、為㆑護㆓衛子㆒、土中作㆑窟。其護厚焉。乃至㆓於人㆒、豈得㆑无㆑慮。無㆑嗣之恨、方鍾㆓太子㆒。妾名随絶。於是、太子感痛、而奏㆓天皇㆒。詔曰、朕子麻呂古、汝妃之詞、深称㆓於理㆒。安得㆔空爾無㆓答慰㆒乎。宜賜㆓匝布屯倉㆒、表㆓妃名於万代㆒。

史料三　『日本書紀』安閑天皇元年三月戊子条

有司為㆓天皇㆒納㆓采億計天皇女春日山田皇女㆒為㆓皇后㆒。〈更名山田赤見皇女。〉別立㆓三妃㆒。立㆓許勢男人大臣女紗手媛、紗手媛弟香々有媛、物部木蓮子〈木蓮子、此云㆓伊陀寐㆒。〉大連女宅媛㆒。

史料四　『日本書紀』安閑天皇元年四月癸丑朔条

内膳卿膳臣大麻呂奉㆑勅、遣㆑使求㆓珠伊甚㆒。伊甚国造等、詣㆑京遅晩、踰㆑時不㆑進。膳臣大麻呂大怒、収㆓縛国造等、推二問所由一。国造稚子直等恐惧、逃二匿後宮内寝一。春日皇后、不レ知二直入一、驚駭而顚。慚愧無レ已。稚子直等、兼坐二闌入罪一当二科重一。謹専為二皇后一、献二伊甚屯倉一、請レ贖二闌入之罪一。因定二伊甚屯倉一。今分為レ郡、属二上総国一。

史料五　『日本書紀』安閑天皇元年七月辛巳朔条

詔曰、皇后雖三体同二天子一、而内外之名殊隔。亦可下以充二屯倉之地一、式樹二椒庭一、後代遺上レ迹。廼差二勅使一、簡二択良田一。勅使奉レ勅、宣二於大河内直味張一〈更名黒梭。〉曰、今汝宜レ奉二進膏腴雌雉田一。味張忽然悋惜、欺二誑勅使一曰、此田者、天旱難レ漑、水潦易レ浸。費レ功極多、収獲甚少。勅使依レ言、服命無レ隠。

史料六　『日本書紀』安閑天皇元年十月甲子条

天皇勅二大伴大連金村一曰、朕納二四妻一、至レ今無レ嗣。万歳之後、朕名絶矣。大伴伯父、今作二何計一。毎念二於兹一、憂慮何已。大伴大連金村奏曰、亦臣所レ憂也。夫我国家之王二天下一者、不レ論二有レ嗣無レ嗣、要須因レ物為レ名。請為二皇后次妃一、建二立屯倉之地一、使レ留二後代一、令レ顕二前迹一。詔曰、可矣。宜早安置。大伴大連金村奏称、宜以三小墾田屯倉与二毎レ国田部一、給二貺紗手媛一。以三桜井屯倉〈一本云、加二貺茅渟山屯倉一也。〉与二毎レ国田部一、給二賜香々有媛一。以三難波屯倉与二毎レ郡钁丁一、給二貺宅媛一。以示二於後一、式観二乎昔一。詔曰、依レ奏施行。

史料七　『日本書紀』安閑天皇元年閏十二月壬午条

行二幸於三嶋一。大伴大連金村従焉。天皇使二大伴大連一、問二良田於県主飯粒一。県主飯粒、慶悦無レ限。謹敬尽レ誠。仍奉二献上御野・下御野・上桑原・下桑原、幷竹村之地、凡合肆拾町一。大伴大連、奉レ勅宣曰、（中略）今汝味張、率土幽微百姓。忽爾奉レ惜二王地一、軽二背使乎宣旨一。味張自レ今以後、勿レ預二郡司一。於是、県主飯粒、喜懼交レ懐。廼以二其子鳥樹一献二大連一、爲二僮豎一焉。於是、大河内直味張、恐畏永悔、伏レ地汗流。啓二大連一曰、愚蒙百姓、罪当二万死一。伏願、毎レ郡、以二钁丁春時五百丁、秋時五百丁一、奉二献天皇一、子孫不レ絶。藉レ此祈レ生、永爲二鑑戒一。別以二狭井田六町一、賂二大伴大連一。蓋三嶋竹村屯倉者、以二河内県部曲一為二田部一之元、於是乎起。

史料八　『日本書紀』安閑天皇元年十二月是月条

廬城部連枳莒喩女幡媛、偸二取物部大連尾輿瓔珞一、献二春日皇后一。事至二発覚一、枳莒喩、以二女幡媛一、献二釆女丁一、〈是春日部釆女也。〉幷献二安芸国過戸廬城部屯倉一、以贖二女罪一。物部大連尾輿、恐二事由レ己、不レ得二自安一。乃献二十市部、伊勢国来狭々・登伊〈来狭々・登伊、二邑名也。〉贄土師部、筑紫国胆狭山部一也。（後略）

続いて史料をもとに安閑后妃関係ミヤケ設置関係記事の解釈に移る。

『日本書紀』継体天皇八年正月条の匝布屯倉の設置記事（史料二）は、安閑妃である春日皇女に子が無いためにミヤケが設置されたとする内容である。この記事については、安閑と春日皇女の婚姻は継体七年九月（史料一）で、婚姻の四か月後の正月に子が無いことを嘆くのは不自然とされ、実在が確実なミヤケの初見記事としては認められず、糟屋屯倉こそがその初見記事であるとする理解が継承されてきた(5)。一見体調不良により子が無いことを嘆き、名を残すために匝布屯倉の設置が行われたと解釈できるかもしれないが、ここでは子が無いことを原因として体調不良に陥っており、子が無いことを嘆くことに主眼が置かれている。そうすると婚姻の四か月後に子が無いことを嘆くことの不自然さを指摘するのは首肯すべきで、そのまま信用することは困難であろう。しかし一方で史料二をまったくの造作として捨象することも躊躇される。そこで注目したいのは史料六である。

安閑皇后・次妃に対してミヤケを設置したとする史料六では春日皇后に対するミヤケは見えない。史料六で春日皇后に対するミヤケが見えないことについては、これまで鎌田元一や大川原竜一、古市晃などが匝布屯倉の設置がそれに該当するとしてきた(6)。これについて鎌田や大川原は史料六からなぜ漏れたかについて言及していないが、古市は史料六から匝布屯倉に関する記載が漏れた背景について、史料六は大伴氏の記録に基づくもので、史料一（匝布屯倉）

は宮廷の伝承から採録されたとし、もとになった伝承の違いという点を指摘している。たしかに鎌田らの指摘通り、匝布屯倉がそれに該当するという理解は首肯できる。ただ、（もとの伝承のありかたは次に触れるとして）先に触れたように継体八年正月という匝布屯倉が設置された時期は疑問視される。史料六において春日皇后に対するミヤケが記載されていないことを踏まえると、匝布屯倉の実際の設置時期は安閑朝の史料六と同時期とみるほうが自然だろう。匝布屯倉設置記事が継体八年正月という時期に置かれた経緯は不明とせざるを得ないが、何らかの理由により独立してここに移されたと考えたい。

一方、三嶋竹村屯倉設置記事（史料五）では春日皇后の名を残すためミヤケの地をあてて椒庭を立てるという理由から凡河内直味張に土地の献上を求め、(7)その続きとなる史料七では大伴大連金村が再度献上を求めている。史料五では金村は登場しないが、そこで味張が安閑からの依頼を拒否したことを受けて、史料七で金村がそれを成し遂げるという独立のエピソードとすることで金村の功績を強調する意図があったのだろう。史料五と七はその説話の連続性から一続きの記録とすることができる。これらに加えて史料六も金村が関連していることから、古市のいうようにこれらは大伴氏の記録によるものと考えてよいだろう。(8)これはさらに言えば、史料五〜七はもとは一つの大伴氏の伝承だったものが、三嶋竹村屯倉のまとまった伝承（史料五・七）と、それ以外の伝承（史料六）に分けられて『日本書紀』に採録された可能性が考えられるだろう。

こうしたもとの伝承のありかたを踏まえると、安閑朝において安閑后妃に対するミヤケの設置がなされ、それについて宮廷と大伴氏にそれぞれ記録が残されていたと考えられる。これらの伝承は以下のようにまとめられる。

宮廷の記録……春日皇后：匝布屯倉（史料六と同時期）

大伴氏の記録…春日皇后：三嶋竹村屯倉と春秋限定の钁丁（史料六から独立→史料五・七へ）

紗手媛　：小墾田屯倉と国ごとの田部
香々有媛：桜井屯倉（一本には茅渟山屯倉を加えて）と国ごとの田部
宅媛　　：難波屯倉と郡ごとの钁丁

ただ、ここまでのミヤケについて、名を残すという理由で設置されているが、それについても疑問が生じる。そこで続いて各ミヤケの設置理由について検討する。史料上、匝布屯倉と三嶋竹村屯倉は春日皇女（皇后）の、小墾田屯倉・桜井屯倉（・茅渟山屯倉）・難波屯倉は安閑の名を残すために后妃に設置されたミヤケとされている。この記事をそのまま名を残すためとして判断することについては、鎌田から匝布屯倉・小墾田屯倉・桜井屯倉・茅渟山屯倉などにその名をミヤケの名に冠したものはなく、名を後代に留めることになるのかといった疑問が提示されている[9]。また、史料六は〝安閑の名を残す〟ために金村が后妃に対してミヤケを設置するという内容である。これについては后妃に対する三つのミヤケ設置がなぜ安閑の名を伝えることになるのか説明がつかない[10]。後述するがこの段階では后妃のための労働力が名代・子代として設置されていないことからも、名を残すということが安閑后妃関係ミヤケの設置理由になったとは考えがたい。

そこで着目されるのが経済基盤として設置されたとする理解である。以前より后妃の経済基盤として三つのミヤケが設置されたのであって、ミヤケ設置をもって名を残すことについては後世作られた内容とする理解がある[11]。加えて仁藤も安閑后妃の経済基盤としての性格を認めるほか[12]、近年では森公章が、畿内のミヤケが安閑后妃のためのものを初現とし、それについて「継体と尾張氏の間に生まれた安閑・宣化は畿内に基盤を持っていなかったので、后妃資養のための経済基盤作りに迫られ」たためと理解している[13]。これらは首肯すべき理解で、匝布屯倉・三嶋竹村屯倉・小墾田屯倉・桜井屯倉（・茅渟山屯倉）・難波屯倉は、名を残すという理由によるものではなく、実態は安閑后妃の経済基盤として設置されたと考えたい。

続いて伊甚屯倉と廬城部屯倉について検討する。伊甚屯倉が贖罪として献上された記事（史料四）と廬城部屯倉が贖罪として献上された記事（史料八）はともに地方豪族が主体となって献上されたものであって、匝布屯倉や三嶋竹村屯倉など、ここまで触れてきたミヤケとは設置背景が少し異なる。[14] 史料四では伊甚屯倉はのちに郡となるとされ、これまでの研究では、『日本三代実録』貞観九年四月二十日己丑条に「夷灊郡人春部勅黒主」という人物が見えることから、春日部が設置されたものとみられてきた。[15] また、史料八では春日部采女と併せて廬城部屯倉が献上されており、廬城部屯倉が春日部采女を資養する役割を与えられたとすれば、廬城部屯倉には春日部が設定されたとする理解がなされてきた。[16] しかし、春日部との関係は史料四の場合『日本三代実録』から見えることに加え、史料八で「春日部采女」とするのは『日本書紀』編者の言であって、安閑朝に春日部采女とされていたわけではないことは注意を要する。すなわち史料四・八ともに同時代的には春日部との関係は見えないといえる。ただ、史料四・八の内容や、のちに春日部との関係が見えるようになるということからすると、当初春日皇后と関連させる形で設置されたことは史実とみてもよいだろう（ただし後述するように春日部のような固定的な労働力があわせて設置されたとは考えがたい）。[17] そうすると、やはり伊甚屯倉や廬城部屯倉も先に触れたミヤケ同様、当初は経済基盤としての意味合いが強かったとみられる。

簡単にまとめておく。匝布屯倉は継体朝の出来事ではなく安閑朝、さらに言えば史料六と同時期の出来事とみたほうが良く、史料六のタイミングで春日皇后に対して設置されたミヤケは匝布屯倉と三嶋竹村屯倉の二つが考えられる。また、春日皇后に対して設置されたミヤケは（のちの）春日部などの労働力との関連も指摘できるが、これらは同時代の記述にはないことから、設置当初は経済基盤としての意味合いが強く、名を残すという理由はのちに作られたとみられる。そしてこれらは糟屋屯倉の設置から安閑朝のミヤケ大量設置の間に位置していることが重要である。これらのミヤケについて、これまでの研究で論点とされてきたのは労働力との関係である。節を改めてミヤケと部民制との関係にも発展しうる問題について検討する。

第二節　ミヤケと労働力の先後関係からみる原初的形態

ミヤケと労働力（≒部民制・国造制）の関係はこれまでも議論になってきた。先に触れたように、春日皇后に関するミヤケでは春日部との関係が強く見られることから、とりわけ今回対象としている安閑后妃関係ミヤケはその傾向が強い。この問題については、本章の目的意識と密接に関連するためここで検討する。

古くからミヤケと名代・子代はセットで理解されてきた。近年では「部民と屯倉は同一実体を示す場合があった」との理解があり、春日皇后に関するミヤケでいえば、「屯倉を耕作した人間集団レベルにおいて、春日山田紀皇女の名前にちなむ「春日部」が設定されていた可能性」が指摘されている(18)。しかし同一実体を示す〝場合がある〟ということは同意できるが、先に触れたように春日皇后に関連するミヤケにおいて、同時代的に春日部などがミヤケ設置とセットになっているわけではない。史料四・八など、のちの記述などからその関係性を見出せることを踏まえると、安閑后妃関係ミヤケの設置段階において名代・子代との共通性をみることはできない。すなわち、のちに春日部という名称が付されて固定的な結びつきをもつ、あるいは固定的な結びつきが生じた集団に春日部という名称が付されることで、ミヤケと名代・子代が結びついたために同一実体を示す場合があったものと考えられるのではないだろうか(19)。さらに言えば、後世そのような状況が生まれていたために名を残すことを理由としてミヤケ設置が語りなおされたとも考えられよう。

史料二では匝布屯倉が、史料五・六では「屯倉之地」が設置されることも注目される。上記史料ではミヤケ設置に主眼が置かれており、固定的な結びつきをもつ労働力の設置は二次的ともいえる。すなわち論理的には（安閑后妃関係）ミヤケ設置→固定的な結びつきをもつ労働力設置という流れをみることができる。ただしここでは（安閑后妃関係）ミヤケ設置段階における労働力の設置それ自体を否定するものではない。当時春日部の名称が成立していたか疑問である[20]ことを踏まえると、（安閑后妃関係）ミヤケ設置に伴う労働力は、「毎ㇾ国田部」（小墾田屯倉・桜井屯倉〈・茅渟山屯倉〉）や「毎ㇾ郡钁丁」（難波屯倉）、「钁丁春時五百丁、秋時五百丁」（三嶋竹村屯倉）など必要に応じて徴発されるもので、特定のミヤケと固定的な結びつきはもたないものだったと考えられる。[21]

他にもミヤケにおいて当初はそうした固定的な結びつきをもつ労働力は重視されていなかった一つの例として『播磨国風土記』飾磨郡条の飾磨屯倉があげられる。ここでは意伎・出雲・伯耆・因幡・但馬の五国造にそれぞれ意伎田・出雲田・伯耆田・因幡田・但馬田を耕作させ、そこから稲を飾磨屯倉に納めさせるとする記載がある。仁藤はミヤケの労働力について、「部民制による個別の縦割りの人格的関係とは段階が異なり、国造および王権による広域的な労働力徴発を前提に経営が維持されている」としている。[22]なお、糟屋屯倉や武蔵国造の乱の際に設置された横渟・橘花・多氷・倉樔の四つのミヤケにも固定的な結びつきをもつ労働力に関する記載はない。

こうした実態を反映して、ミヤケ大量設置までの『日本書紀』の記載が固定的な結びつきをもつ労働力の設置よりもミヤケ設置に重きを置くような内容になっているのではないか。ただし部民制の展開が先んじるケースも認められる。[23]ここではミヤケと労働力は結果的に一体となり、部民とミヤケが同一実体を示す場合があるため両側面から捉えられることもあるが、当初はミヤケ設置に主眼がおかれ、のちに固定的な結びつきをもつ労働力が設置され、そしてその順番はあいまいになっていくと理解しておきたい。

ミヤケ設置が重要であって、固定的な結びつきをもつ労働力の設置は二次的であったことを踏まえると、当初はそこからの収穫物などを獲得する（その際の労働力徴発は在地首長層に一任された）ことが主たる目的とする、経済基盤としての安閑后妃関係ミヤケをミヤケの原初的形態として位置づけることが可能ではないだろうか。ただしこれは従来の「政治的軍事的拠点」「貢納奉仕の拠点」といった見方を否定するものではない。安閑后妃関係ミヤケも当初は一つの経済基盤としての位置づけに過ぎなかったものが、「政治的軍事的拠点」「貢納奉仕の拠点」として機能し始めていくのではないか。

これまで実在が確実なミヤケの初見記事として糟屋屯倉が位置づけられることは共通理解とされてきたが、対外的拠点という性格を持つ糟屋屯倉から貢納奉仕の拠点としての位置づけのミヤケが全国展開するというのは考えがたい。するど固定的な結びつきをもつ労働力は付されていないものの、倭王権がミヤケを通じて地域社会から貢納奉仕を受けるというシステムは安閑后妃関係ミヤケが原初的形態といえるだろう。そしてこうしたシステムが安閑朝から一気に広がっていく可能性が指摘できる。その後糟屋屯倉も『日本書紀』編纂の際に（あるいは安閑朝に）ミヤケの定義に含まれて遡及的にミヤケの名が与えられたと考えられる。次節ではこうしたミヤケと労働力の関係を踏まえて、安閑后妃関係ミヤケの設置をミヤケの成立と展開の中に位置づけてみる。

第三節　ミヤケの成立と展開

実在が確実なミヤケの初見記事は糟屋屯倉であることは共通理解であることは先に触れた。その後安閑后妃関係ミヤケ設置、武蔵国造の乱における四つのミヤケ設置、『日本書紀』安閑天皇二年五月甲寅条のミヤケ大量設置記事と続いていく。これらは対外的拠点、経済基盤、地域社会に対するくさび的なものなど、さまざまな位置づけが与えられる。ただ、大きくとらえれば地域社会に倭王権の拠点を築くという点で一致する。ここで重要なのは糟屋屯倉をもってミヤケが成立したというわけではないことである。当初安閑后妃関係ミヤケが経済基盤として設置されたものから徐々にその機能が拡大し、「政治的軍事的拠点」「貢納奉仕の拠点」として位置づけられるようになった可能性がある。すなわち、ミヤケを「政治的軍事的拠点」「貢納奉仕の拠点」とする位置づけは機能が拡大した結果そのようになったのであって、ミヤケの機能を動的に理解する必要性がある。安閑后妃関係ミヤケが経済基盤として各地に設置されることで、地域社会における貢納奉仕の拠点として機能し始めていくと考えるほうが自然だろう。その流れの中で、各地に設けられた拠点がミヤケと称されるようになっていくと考えられる。また、部民制や国造制の展開とかかわりながらミヤケも展開していくことも機能が拡大していく一つの要因とみられる。ただしどの段階でミヤケという名称が付されたかは不明とせざるをえない。

鎌田が指摘するように、舘野自身はミヤケの前提としての土地開発を否定しているのであり、古くからの土地開発そのものを否定しているわけではない[24]。その経営が（在地首長層の人格的支配関係に依存しつつも）経済基盤として倭王権に掌握され、安閑后妃の資養など地域社会との恒常的な関係性が構築されることでいわゆるミヤケの前提となるのではないか[25]。その意味でも安閑后妃関係ミヤケこそがミヤケの成立として位置づけられるだろう。この地域社会との恒常的な関係を持つという性格ゆえに部民制や国造制と密接にかかわり、最終的にはそうした制度に埋没していくと考えることができる。

なお、これまでも指摘されてきたように、考古学的には和歌山市の鳴滝遺跡や大阪市の難波宮跡で発見された法円坂倉庫群などが注目される。しかしいずれも五世紀代の一時期で廃絶し連続しないこと、必要以上に大きく見せる視覚的効果を重視するなどの理解もあり、[26]いわゆる後期ミヤケとは異なると考えられる。仁藤は「田部（耕作民）や屯田（耕作地）を含む経済体および領域支配としての内実が前期ミヤケに希薄だった」としているが、[27]それとともに連続性がないという点も重視すべきだろう。

続いてミヤケの成立・展開の背景について検討したい。糟屋屯倉から『日本書紀』安閑天皇二年五月甲寅条のミヤケ大量設置に至る背景として、近年では対外的契機によると説明されることが多い。[28]六世紀前半の対外的契機については、国造制にも同様の説明がなされることも多い。[29]それを踏まえて国内的契機をいかに考えるかは国造制やミヤケを考えるうえで重要な論点となる。

近年では国造制成立の国内的契機について、継体朝の画期性を求める理解がある。篠川は「地方から大和に入って即位した継体であったがゆえに、畿内に対しても、それをいくつかの範囲（クニ）に分け、それぞれに国造を任命して統括させる必要があった」とし、畿内地域や中国・四国地方に国造制が施行され、その後磐井の乱を経て九州地方に国造制が施行されたとする。[30]すなわち継体即位の特殊性を背景に、大和の支配を固めるために畿内に対して国造制が施行され、それが全国展開していくという理解である。そして磐井の乱はそれに対する反乱と位置づける。[31]

この篠川の理解を首肯すべきかはおくとしても、国造制が磐井の乱後には施行されていたことはおおよそ認められ、その国内的契機として継体の即位（＝王統・倭王権の変化）は十分に考えられる。そしてミヤケ設置記事が糟屋屯倉、安閑后妃関係ミヤケ、武蔵国造の乱と続いていくなかで、倭王権の意図として一部の安閑后妃関係ミヤケが畿内を中心に設置されたこと、それらが経済基盤として位置づけられることは示唆的である。すなわち継体の即位＝体制の転換にともなって、「安閑・宣化は畿内に基盤を持っていなかったので、后妃資養のための経済基盤作りに迫られ」[32]、安閑朝において畿内へのミヤケ設置が行われたとみてよいのではないか。

そして史料四の伊甚屯倉（上総国）や史料八の廬城部屯倉（安芸国）は倭王権の意図というよりは贖罪という背景から畿外に設置されたために、それが結果的に全国展開・大量設置へのステップとなったと考えられる。全国展開・大量設置が可能になったのは、経済基盤としての安閑后妃関係ミヤケの存在が前提にあったからではないか。安閑后妃関係ミヤケの設置により、彼女たちの資養あるいは宮の経営という点から、安定的な労働力との関係が必須になり、一時的ではなく恒常的な倭王権と地域社会のつながりが生まれてくる。先に触れたように、設置当初は固定的な結びつきをもつ労働力ではなかったが、のちに固定的な結びつきをもつようになると考えられる。ただしそれだけでは経済基盤という点で倭王権と地域社会が結びつくだけにとどまる。そこで対外的契機や同時期に施行されたとみられる部民制や国造制と結びつきながら、(33)ミヤケが権力構造を表現しうる舞台装置となり、「政治的軍事的拠点」「貢納奉仕の拠点」としての機能を獲得していくと考えられる。(35)

この展開のなかで、いわゆるミヤケとして認識されるようになり、糟屋屯倉などもミヤケの範疇に含まれ、遡及的にミヤケとして扱われたと考えられる。すなわち成立においては経済基盤としての性格を踏まえると、国内的契機に起因するものと考えられる。そして部民制や国造制が結びつくこと、六世紀の朝鮮半島をめぐる対外的契機によって機能を拡大させながら、それらを背景としてミヤケが全国展開・大量設置されていくと考えられる。(36)

最終的には「政治的軍事的拠点」「貢納奉仕の拠点」として捉えられることは認められるが、当初からその意識のもとにミヤケが成立していたかは疑問視せざるをえない。ミヤケは当初は国内的契機を背景に経済基盤としての機能をもつことで原型が成立し、それが対外的契機や部民制、国造制などと結びつきながら展開していく。その中で「政治的軍事的拠点」「貢納奉仕の拠点」としての機能を獲得していく。ミヤケは、設置当初から続いて「政治的軍事的拠点」「貢納奉仕の拠点」だったのではなく、動的に理解する必要があるだろう。

第四節　ミヤケと県・稲置

ここまでミヤケについて、設置当初は経済基盤としての原型を持っていたことを示してきた。しかしそうした性格のものを安閑朝において突然設置することが可能だったのか、あるいはその前提としてミヤケ設置を可能にする何らかのシステムがあったのか、この点を最後に検討したい。

筆者は以前、県・県主制について検討した。[37] そこでは県主の性格について、「県主配下の民衆は倭王権にとって埒外の存在であること」、「県主は首長としての性格によって支配、労働力の徴発を可能としていた」こと、「その土地及び生産物を貢納することによって倭王権の運営に関わっていた存在」と論じた。それを踏まえて、県は地域社会の単位として理解するのではなく、倭王権の直轄地として理解すべきであって、その点でこれまでの研究で示されてきた、県主が内廷と直結し、供御料を貢納し、家政に必要な物資を提供するという理解も認められるとした。[38]

こうした理解に基づけば、本章で論じてきたミヤケの経済基盤としての性格は、筆者の県の理解と類似している。県は六世紀以降も史料上散見されるものの、その数でいえば圧倒的に六世紀以前の記録が多い。拙稿を含めてこれまでの研究でも示されているようにやはり主として六世紀以前、さらに言えば国造制成立以前に施行されていたものとみてよいだろう。一方で本章ではミヤケの成立を安閑后妃関係ミヤケに求めてきた。すなわち、倭王権の直轄地とされてきた県が前提となってミヤケという新たな経済基盤が生まれてきたと考えることにできないだろうか。[39] 当然その背景としてはこれまでも触れてきた通り、継体の即位というこれまでの体制からの変化をあげることができるだろう。

安閑后妃の資養、または彼女たちの宮経営などを含めた安閑の新たな経済基盤を獲得するため、祭祀などに結びつく県ではなくミヤケという新たな形態が必要になった可能性が考えられる(40)。発想を広げれば、こうした県の存在があったからこそ、史料五で一度は味張に断られたミヤケ設置について、史料七で金村が改めて県主飯粒に依頼をかけ、県主飯粒がそれに応じたと理解できるのではないか。継体即位以前から倭王権の中枢にいた大伴氏は当然県に関する理解もあっただろう。ある意味その成功体験があったからこそ経済基盤としての安閑后妃関係ミヤケ設置に深く関与できたともいえる。

こうした県との関係を踏まえて、安閑后妃関係ミヤケの管掌者についても簡単に触れておきたい。安閑后妃関係ミヤケが経済基盤としての性格を持つ以上、そこからの生産物などを管掌する存在があったと考えられる。しかし安閑后妃関係ミヤケ関係史料にはそうした存在を見ることができない。そこで想起されるのが稲置の存在である。稲置について以前検討した際には、稲置は倭王権による任命記事がみられないことや、倭王権が稲置を通じて人間集団に対する支配を行っていないことなどから、制度として運用されたわけではなく、あくまで実態レベルにおいて存在していたものと捉えた(41)。また、おおよそ二つのタイプがみられ、国造のもとで徴税にあたっていた実務官としての性格や、そこからのちに支配者層に転じたものもおり、それが『日本書紀』大化元年八月庚子条にみえる「県稲置」であろうと想定した。こうした性格を踏まえれば、ミヤケの管掌にあたっていた存在として稲置を想定できよう。ただし、当時から稲置と呼ばれていたわけではなく、こうしたミヤケの管掌にあたっていた存在がのちに稲置として認識されるようになったと考えるのが適当だろう。だからこそ『日本書紀』大化元年八月庚子条において「県稲置」もミヤケの管掌者として評官人の候補者たりえたといえる。筆者は稲置について、ミヤケとの関係も明確に規定できないとした(42)。ミヤケの管理は承認も否定もされることはないとしたが、それはここまでの想定と矛盾するものではない。稲置が制度的に位置づけられた存在ではないからこそ、安閑后妃関係ミヤケにおいて稲置の存在が書かれる必要はなく、実際史料上みえないものと考えられる。ここで倭王権にとって重要なのは誰が管掌するかではなく、生産物を貢納するなど、経済基盤としての役割を果たすか否かであったと考えられる。もちろんすべての稲置がミヤケの経営に関わっていたわけではなく、(43)稲置の示す範囲が広く、ミヤケに関わるもの、あるいは国造の下に位置するもの、支配者層へと転化するものを踏まえると、稲置の一部に限られるだろう。

県と県主の関係性に立ち返ってみれば、ミヤケと一部の稲置の関係性もそれに非常に似たものといえる。(44)それを受ければミヤケにおける稲置の管掌者としての性格の前提として県主を位置づけることができるのではないか。(45)一定の対象から生産物などを収集し、倭王権に貢納するという意味では同様の役割を持つといえる。(46)

簡単にまとめておく。ミヤケの原初的形態（安閑后妃関係ミヤケ）は、それ以前の県を前提として生まれてくるものであった可能性がある。その際には、継体即位以前から倭王権に奉仕していた大伴氏の成功体験があったのではないか。そうすれば県にかわる新たな経済基盤獲得のために金村が動き、県主飯粒との関係のなかでミヤケ設置に至ったのも理解できよう。そして安閑后妃関係ミヤケの管掌者として、のちに稲置と呼ばれるようになる存在を考えることができる。

おわりに

ここまで安閑后妃に関係して設置されたミヤケを中心に検討を加えてきた。簡単にまとめて結びとしたい。

・『日本書紀』継体天皇八年正月条に記載がある匝布屯倉は安閑朝の出来事とみるべきで、匝布屯倉を含めた安閑后妃関係ミヤケは、安閑朝に経済基盤としての役割を持って成立した。その背景には継体即位という体制転換にあって、安閑の確かな経済基盤獲得の必要性（国内的契機）があったと考えられる。そして経済基盤としての性格をもつ安閑后妃関係ミヤケがミヤケの原初的形態と考える。なお、ここでの労働力は固定的な結びつきをもたなかったと考えられる。

・こうした背景から成立したミヤケは、伊甚屯倉（上総国）や廬城部屯倉（安芸国）が贖罪として献上され、また、ミヤケに対する労働力が固定的な結びつきをもち、部民制や国造制とも結びつきながら権力構造を表現する舞台装置となり、経済基盤としてのものから「政治的軍事的拠点」「貢納奉仕の拠点」としての機能を獲得していく。

・こうしていわゆるミヤケへと機能が拡大しながら、全国展開・大量設置へと至るのではないだろうか。そしてこうした機能のもと、遡及的に糟屋屯倉にもミヤケの名が付されたものと考えられる。すなわちミヤケ＝「政治的軍事的拠点」「貢納奉仕の拠点」とするのは最終的な理解であって、その前提として経済基盤としての性格を考える必要がある。『日本書紀』編纂時には、当初から変化して多様性を獲得したミヤケの位置づけ、機能をもとに遡及的にそうしたものをミヤケとして表現したと考えられる。(47)

・こうしたミヤケの成立は、それまでの倭王権が設置した直轄地である県が前提となっている可能性が考えられる。継体即位以前から倭王権に奉仕していた大伴氏がその成功体験をもとに、新たな経済基盤としてミヤケ設置に深く関与したと考えられる。そして必然的に必要になるミヤケの管掌者は、国造・伴造だけでなく、一部はのちに稲置として認識されるようになっていく。

これらによって、これまで不明瞭であったミヤケの成立と展開について一定の見通しを得られた。あわせて、その位置づけについて、ミヤケは大化以前の地域支配において、部民制・国造制と並ぶものではなく、部民制や国造制などに埋没するものであり、「政治的軍事的拠点」「貢納奉仕の拠点」であると同時に、権力構造を表現する舞台装置として位置づけられると考えられる。そのためやはりミヤケ「制」というような制度としてとらえられるものではないとも考えられる。

註

（1）代表的なものとして、舘野和己「屯倉制の成立」（『日本史研究』一九〇、一九七八年）、仁藤敦史「古代王権と「後期ミヤケ」」（『古代王権と支配構造』吉川弘文館、二〇一二年、初出二〇〇九年）などがあげられる。また、筆者は先に現在の共通理解に至る過程やその課題についてまとめたことがある。（本書第Ⅱ部第二章）。詳細な研究史はそちらに譲ることとするが、ここであげた共通理解はしばらく大幅な更新はされていない。なお、ミヤケの表記について、本章では固有名詞は史料の表記に従うこととし、一般名詞としてのものはミヤケと表記する。

（2）近年では国造制と関連させる理解もある。大川原竜一「国造制の成立とその歴史的背景」（『駿台史学』一三七、二〇〇九年）など。

（3）仁藤前掲註（1）論文、生田敦司「春日臣と春日部」（『記紀氏族伝承の基礎的研究』和泉書院、二〇二一年、初出二〇一六年）、古市晃「難波屯倉の成立と凡河内直氏」（大阪市立大学難波宮研究会編『難波宮と大化改新』和泉書院、二〇二〇年）など。

（4）篠川賢『継体天皇』（吉川弘文館、二〇一六年）。

（5）舘野前掲註（1）論文。

（6）鎌田元一「屯倉制の展開」（『律令公民制の研究』塙書房、二〇〇一年、初出一九九三年）、大川原前掲註（2）論文、古市前掲註（3）論文。

（7）史料上は「大河内直」であるが、凡河内直と同族と考えられるため、凡河内直とした。

（8）古市前掲註（3）論文。

（9）鎌田前掲註（6）論文。他に三嶋竹村屯倉や難波屯倉についても同様の疑問を提示することができるだろう。この理解については、大川原前掲註(2)論文などから批判もなされているが、鎌田の理解を批判しきれておらず、鎌田の疑問は首肯すべきであろう。
(10) 坂本太郎・家永三郎・井上光貞・大野晋『日本書紀』下（岩波古典文学大系六八、岩波書店、一九六五年）五一頁頭注。
(11) 坂本太郎・家永三郎・井上光貞・大野晋前掲註(10)頭注。
(12) 仁藤敦史「古代女帝の成立―大后と皇祖母―」（仁藤前掲註(1)著書、初出二〇〇三年）。
(13) 森公章「国造制と屯倉制」（『倭国の政治体制と対外関係』吉川弘文館、二〇二三年、初出二〇一四年）。
(14) 史料八については、明確に春日皇后に献上されたと記されているわけではないが、枳莒喩が幡媛を采女丁（春日部采女）として献上していることから、廬城部屯倉や物部大連尾輿の部民の献上先は春日皇后とみておく。仁藤前掲註(1)・生田前掲註(3)・古市前掲註(3)論文も同様。
(15) 仁藤前掲註(1)論文、加藤謙吉「ワニ氏のウジの構造とその特質」（『ワニ氏の研究』雄山閣、二〇一三年）。
(16) 仁藤前掲註(1)論文。
(17) なお、これは先にふれた匝布屯倉も同様で、「匝布」は大和国添上郡付近とみられ、添上郡には春日郷があることから春日臣との関連が想定される。労働力との関連は後述するとし、ここではこれらが春日皇后に関連するミヤケであるという指摘にとどめたい。
(18) 仁藤前掲註(1)論文。
(19)『日本書紀』安閑天皇二年五月甲寅条のミヤケ大量設置記事には「春日部屯倉」などが見え、『播磨国風土記』揖保郡越部里条には安閑朝に但馬君小津が皇子代君となり、三宅を村に作って仕奉したことが見えることから、部民制の展開に合わせてミヤケも展開していったことも考えられる。なお、この三宅は『日本書紀』安閑天皇二年五月甲寅条に見えるミヤケ大量設置記事の中の「播磨国越部屯倉」であろう。
(20) 篠川前掲註(4)著書。
(21) 田部に関する理解は、中大輔「田部に関する基礎的考察」（『國學院雑誌』一〇九―一一、二〇〇八年）に基づく。特にミヤケの田部について、「国造によって国単位に徴発される」もので、「恒常的にミヤケに付属するというよりは、農繁期に徴発される徭役的なもの」としている。三嶋竹村屯倉の労働力についても、仁藤前掲註(1)論文では当初は固定的なものではなかったとされる。
(22) 仁藤前掲註(1)論文。

(23)　前掲註(19)参照。なお、こうした点は古くは井上光貞「部民制の形成」(『井上光貞著作集　三』岩波書店、一九八五年、初出一九五四年)とも通じる見方である。
(24)　舘野前掲註(1)論文。
(25)　鎌田前掲註(6)論文。なお、篠川前掲註(4)著書、同『国造』(中央公論新社、二〇二一年)でも五世紀以前にも倭王権によって開発された田地が存在していたことを指摘している。ただしそれを前期ミヤケとしてとらえるべきかは検討すべきであろう。
(26)　直木孝次郎・小笠原好彦編『クラと古代王権』(ミネルヴァ書房、一九九一年)、仁藤敦史「古代王権とミヤケ制」(『古代王権と支配構造』吉川弘文館、二〇一二年、初出二〇〇五年)など。
(27)　仁藤前掲註(26)論文。
(28)　仁藤前掲註(1)論文。
(29)　篠川賢『日本古代国造制の研究』(吉川弘文館、一九九六年)など。ただし、篠川は前掲註(4)、(25)著書では若干考えを改め、国内的契機も指摘している。
(30)　篠川前掲註(25)著書。
(31)　篠川前掲註(4)、(25)著書。
(32)　森前掲註(13)論文。
(33)　仁藤前掲註(12)論文。
(34)　安閑后妃関係ミヤケが置かれた関係史料において、いずれも部民制や国造制とは関係させずに、ミヤケ単独で記載されていることに改めて注目したい。当初、ミヤケは部民制や国造制などと関係させずに別論理で設置されたと考えられる。磐井の乱後に糟屋屯倉の献上と国造制施行が行われたとみて、国造就任とミヤケ設置を一体としてとらえる理解もある。しかし糟屋屯倉にも遡及的にミヤケと位置づけられたとすれば、それは結果論ではないか。
(35)　そのためのちにミヤケを管理していたミヤケをおさめた国造・伴造などが評官人に選ばれたと考えられる(『日本書紀』大化元年八月庚子条「若有㆓求㆑名之人㆒、元非㆓国造・伴造・県稲置㆒、而輙詐訴言、自㆓我祖時㆒、領㆓此官家㆒、治㆓是郡県㆒。汝等国司、不㆑得㆔随詐便牒㆓於朝㆒。審得㆓実状㆒而後可㆑申」)。
(36)　仁藤前掲註(1)論文。

(37) 本書第Ⅰ部第二章。

(38) なお、本書第Ⅱ部第五章では県は七世紀半ばには「県稲置」の用法がみられるように、国造の国の下位に位置づけられる地域社会をさし一般名詞としても使用されるようになったと論じた。

(39) ただし、ここで言う経済基盤とは、県の直轄地としての性格を継承するものではない。ミヤケが土地とのみ結びつくものでないことは先行研究や本書第Ⅱ部第二章で示したところである。ここでは一定の貢納物がもたらされるという意味で、経済基盤としての性格につながると考える。

(40) 県からミヤケへという流れは、溝口優樹「ミワ系氏族と須恵器生産の再編」(『日本古代の地域と社会統合』吉川弘文館、二〇一五年、初出二〇一二年)が「「茅渟県陶邑」の施設(ヤケ)がミヤケ制のもとでそのままミヤケとして引き継がれた状況を想定」しており、県がミヤケの前身となる点で一つの事例となるだろう。

(41) 本書第Ⅱ部第五章。

(42) 本書第Ⅱ部第五章。

(43) ミヤケを管掌した氏族が多岐にわたることはこれまでの研究でも多く示されており、当然それらを否定するものではない。

(44) だからこそ県主と稲置がその性格ゆえに混同され、さらには地域支配にかかるものと捉えられたために『古事記』景行天皇段において「悉別二賜国国之国造。亦和気。及稲置。県主一也」として併記されたのではないだろうか。

(45) なお、仁藤敦史「六・七世紀の支配構造」(仁藤前掲註(1)著書、初出二〇〇八年)は県主が国造制導入以後は県稲置の称号が用いられるとしているが、あくまで一部にとどまるだろう。さらに想定すれば、その一部の例として、県主飯粒は県主から稲置に転化した可能性もある。

(46) 第Ⅱ部第五章では県主と稲置には関係性はないとしたが、それは倭王権の直轄地としての県の管掌者と国造の下位にいる支配者層としての稲置の関係性はないということであって、ミヤケの管掌、特に生産物などの収集という意味でいえば関係性をみることはできよう。

(47) なお、私見ではミヤケ設置と国造制・部民制の成立は別論理で説明されるべきと考えるが、そうすると大川原前掲註(2)論文で「ミヤケの設置を通じて地域の首長層と王権との間に収取関係が形作られ、そのミヤケの管領と地域の支配を王権から承認されることが、国造に任ぜられること」とする理解はすべてに当てはまるものではなく、再検討する必要があるのではないか。

第四章　六・七世紀の南武蔵におけるミヤケとその周辺

はじめに

近年の現神奈川県地域における古代史、とりわけ六・七世紀の研究は、考古学側からの議論の提起が多くを占める一方で、文献史学側からの発信は消極的と言わざるを得ない。それは文献史料がほとんどない一方で、発掘調査の進展により考古資料は増加傾向にあることが背景にあることは周知のとおりである。しかし、課せられたテーマである拠点を考えるうえで、どのような性格あるいは意義をもつ拠点か、またその形成過程などを明らかにするということは、人間同士の関わり合いの中から検討すべきであるため、考古学的手法では限界があり、文献史学からでなければ明らかにできない部分であることも事実であろう。

確かに近年では文献史学側も考古資料をいかに取り入れていくかが重要、という研究動向ではあるが、文献史学側が安易に考古資料を用いている場合も多い。安易な融合ではなく、文献史学でどこまでを明らかにしうるのかを確認したうえで、考古学との協業作業に入るべきであろう。このような理由からここでは考古資料の使用は最低限にとどめ、文献史学の立場から検討する。

ここでは六・七世紀の南武蔵を検討対象とする。とりわけ古代における拠点の一つであるミヤケを軸として、当該時期・地域の社会とその展開を明らかにすることを課題とする(1)。その課題にこたえるため、六世紀前半の武蔵国造の乱、その結果設置された四つのミヤケ、七世紀後半の評制下における拠点（＝ミヤケと評家の関係）を素材として検討する。

第一節　武蔵国造の乱

1　武蔵国造の乱の概要と共通理解、問題点

最初に安閑朝（六世紀前半）におこった武蔵国造の乱をとりあげる。まずは概要と近年の共通認識を示し、そのうえで検討を進めていく。武蔵国造の乱の概要は史料一の通りである。

史料一　『日本書紀』安閑天皇元年十二月是月条

（前略）武蔵国造笠原直使主与二同族小杵一、相二争国造一。〈使主・小杵、皆名也。〉経レ年難レ決也。小杵性阻有レ逆。心高無レ順。密就求二授於上毛野君小熊一。而謀レ殺二使主一。使主覚之走出。詣レ京言レ状。朝庭臨レ断、以二使主一為二国造一。而誅二小杵一。国造使主、悚憙交レ懐。不レ能二黙已一。謹為二国家一、奉レ置二横渟・橘花・多氷・倉樔、四処屯倉一。

史料一の大意を示せば次のようになる。笠原直使主と同族の小杵が国造の地位を争うが、年を経ても決着がつかなかった。そこで小杵は上毛野君小熊に助けを求め、使主を殺そうとした。しかし使主はこれを察知して、倭王権に助けを求める。結果倭王権は使主を国造とし、小杵を殺した。使主は国造とされたお礼に四か所のミヤケを奉った。

もちろんここに記載された内容がすべて史実であるとは考えられない。そのため史実と判断できる部分とそうでな

い部分を確認しておく。近年では、ミヤケは六世紀前半に設置が始まり（糟屋屯倉が実在が確認できるミヤケとしての最初の記事[2]）、安閑朝には全国に設置されたことは史実と見る見解が有力で[3]、その背景には対外的緊張が指摘されている[4]。この理解に従い、武蔵国造の乱後に設置された四つのミヤケも一定の史実に基づいたものとみてよいだろう。続いて国造については、「相㆓争国造㆒」「以㆓使主㆒為㆓国造㆒」とあるため争っている段階では両者ともに国造の地位には就いていないこと、また、東国における国造制の成立は六世紀後半の崇峻朝であることも踏まえると[5]、「武蔵国造」は安閑朝に用いられていた表記ではなく最終的な地位を示し、後世の名称を遡及させたものと考えられる。すなわち実際に国造に任じられるのはこの説話よりも後の出来事といえる[6]。これらのことから、『日本書紀』に記された武蔵国造の乱の本質は武蔵における盟主権の争いと四つのミヤケの設置にあり、この点については『日本書紀』にある通り安閑朝（六世紀前半）の出来事とみておきたい。

ここに登場する地については以前より比定作業がおこなわれており、次のように理解されてきた。各ミヤケの所在地は、横渟屯倉は横見郡を中心とした地域[7]、倉樔屯倉は倉樹の誤りで久良郡内、多氷屯倉は多末の誤りで多磨郡内、橘花屯倉は橘樹郡内と考えられており、横渟を除いた三つのミヤケは南武蔵にあると考えられる。そして使主の本拠は南武蔵とする理解もあるが[8]、通説的には「笠原直」という名称から埼玉郡笠原郷（北武蔵）と見る向きが強い。一方小杵の本拠に関する共通理解は得られていない。

四つのミヤケの比定地は共通理解が得られており、首肯すべきであろう。しかし使主と小杵の本拠については共通理解を得られていない。これらをどこに設定するかによって武蔵国造の乱の具体像および六世紀武蔵国の歴史像が変化するといえるため、この乱から当該地域の社会を復元するためには、さしあたって使主と小杵の本拠が最初の問題点となる。なお、この点は従来から古墳の消長や遺物の分布・形態を結びつける方法がとられてきたが、ここでは文献史学の立場から再検討を行う。

2　小杵の本拠

それでは小杵（乱の敗者）の本拠に関する近年の先行研究を確認しておく。南武蔵とする理解の代表的なものとして、仁藤敦史と鈴木靖民の理解がある。仁藤は前方後円墳の消長を踏まえて四つのミヤケ献上を敗者の本拠として捉え、[9]鈴木は考古遺物などが上毛野の影響とみることを根拠として小杵の本拠を南武蔵に比定する。[10]一方で北武蔵とする篠川賢の理解では、「同族」という表記から使主と同様小杵の本拠を笠原（北武蔵）と考える。[11]仁藤の場合、その理由のみでは南武蔵に本拠を置く根拠が不十分であろう。後述するように、ミヤケが貢納奉仕の拠点、あるいは経済基盤として機能することを考えればミヤケのある南武蔵は使主の勢力下にある地域とみても問題はない。[12]また、鈴木のように考古資料の分布などから検討する場合、それが経済圏や文化圏によるものか、そしてそれを政治権力と結びつけることが可能かは不明であり、それを根拠とした鈴木の理解は積極的には同意できない。一方北武蔵とする篠川も、「同族」ということを根拠とするのも短絡的であろう。篠川のように理解するのであれば、両者の同族関係が史実として認められるのか検討する手続きをふむべきであって、この手続きをふまない限り「同族」だから北武蔵であるという見解は慎重になるべきである。すなわちいずれの先行研究も問題点が多く、再検討の余地がある。そこでここでは系譜関係と交通路との関連という視点から再検討を加える。

系譜関係を検討するうえで対象となるのは、まずは「国造本紀」に記載されているムサシ国造の系譜である。ここにはムサシ国造とされる系譜が二つ記載されている（无邪志国造と胸刺国造）。それらの間には兄多毛比を結節点として同祖関係が結ばれており、武蔵国造の乱に使主と小杵について「同族」とあることと合致する。まずはこの系譜関係の検討を通じて、「同族」関係が史実として認められるのか否かを考える。

史料二　『先代旧事本紀』所引「国造本紀」

无邪志国造

无邪志国造。志賀高穴穂朝世。出雲臣祖名二井之宇迦諸忍之神狭命十世孫兄多毛比命定二賜国造一。

胸刺国造

胸刺国造。岐閇国造祖兄多毛比命児伊狭知直定二賜国造一。

史料二において无邪志国造は直接の祖を兄多毛比としており、また『本朝月令』所引「高橋氏文」にも「無邪国造上祖大多毛比」とあることから、彼らは元来兄多毛比を自らの祖としていたとみられる。そしてその後さまざまな氏族と同祖関係を結ぶにあたり系譜を架上していったのだろう(13)。一方胸刺国造の系譜をみれば、直接の祖を伊狭知直としていることから、元来自らの祖としていたのは兄多毛比ではなく伊狭知直とみられる。すなわち胸刺国造が、自らの系譜を无邪志国造の祖である兄多毛比に接続することで両者が同祖関係を結んだと考えられる。これらを踏まえれば、无邪志国造の系譜が軸となり、そこに胸刺国造が同祖関係を結びつけることで「国造本紀」記載の系譜が成立すると考えられる(14)。

この二つのムサシ国造の擬制的同祖関係が八世紀に伝わり、武蔵国造の乱において「同族」の争いとされたと考えられる。先述したように「国造」が最終的な地位を表記したものであるとすれば、「同族」についても同様に、最終的な二つの一族の関係性が表記されたと指摘できる。すなわち安閑朝において二つの異なる一族により武蔵の盟主権をめぐって争いが起き、その結果同祖関係が結ばれることになる、とみるのが自然であろう。系譜の形成過程をこの乱の登場人物に当てはめれば、无邪志国造一族は乱の勝者である使主一族、胸刺国造一族は敗者の小杵一族と考えら

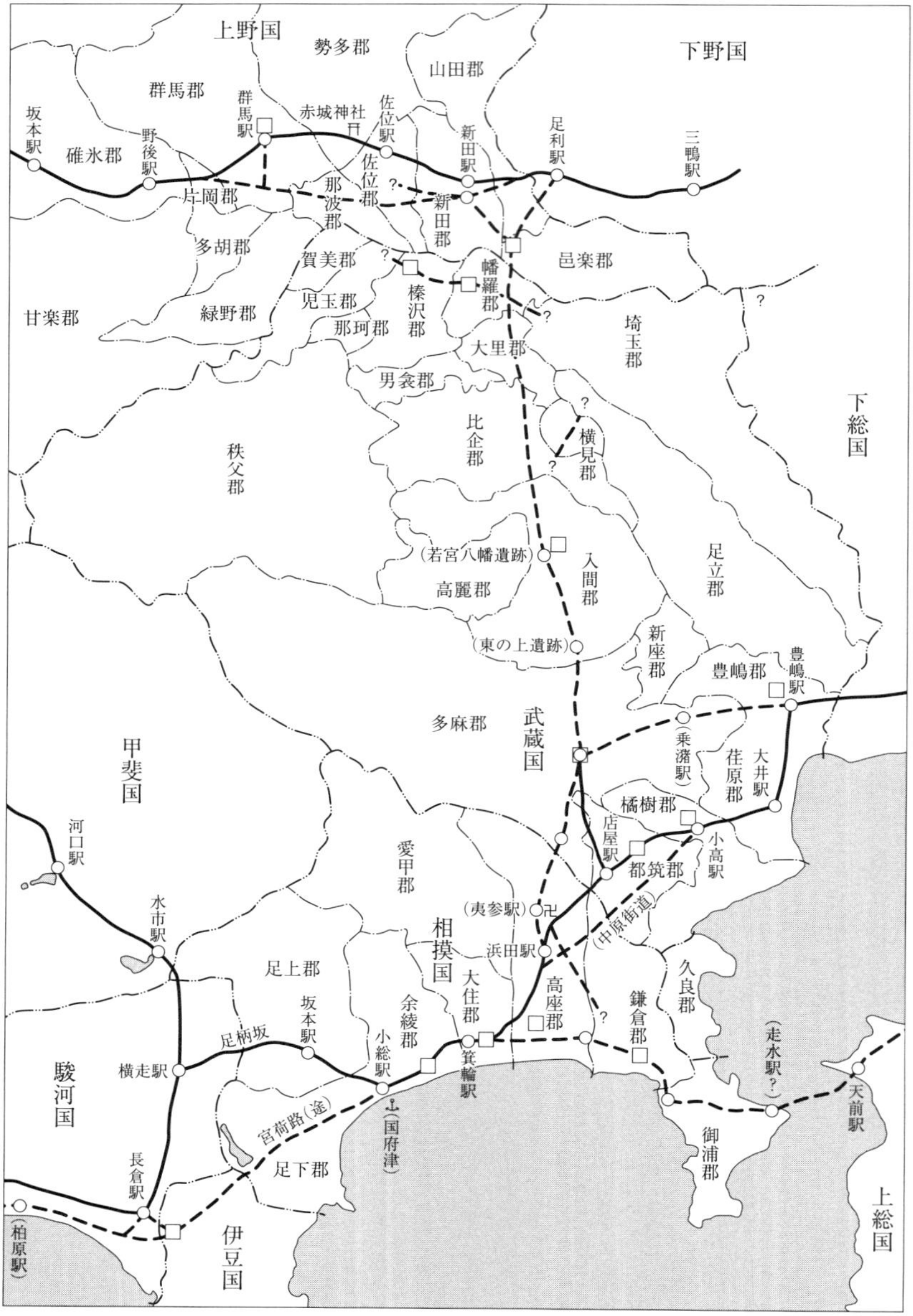

図1　武蔵国・上野国交通路図　木下良『事典　日本古代の道と駅』(吉川弘文館，2009)を改変.

図２　下野国・常陸国交通路図　木下良『事典　日本古代の道と駅』（吉川弘文館，2009年）を改変．

れ、擬制的同族関係が『日本書紀』に記されたといえる。なお、「同族」と表記された背景や伝承した一族については後述する。

小杵一族とみられる胸刺国造の系譜では兄多毛比が岐閇国造の祖とされており、岐閇国造との関係性が注目される。これは「国造本紀」の道口岐閇国造、『古事記』に見える道尻岐閇国造とみられる。岐閇国造は常陸国多珂郡を中心とする地域に存在していたと考えられることから(15)、胸刺国造の系譜は北関東への広がりが想定される。この点を交通路との関連から考えてみる（図1・2）。道口岐閇国造は「国造本紀」において、下毛野国造と陸奥国の国造とみられる阿尺国造に挟まれて記載されていることから、常陸国は東海道に属しているものの東山道に属しているように記載されている。さらに『常陸国風土記』逸文には常陸国新治郡に大神駅の存在が記されており、東海道と東山道を連結する道が推定され(16)、この連結路は古くから存在していたと想定できる。すなわち胸刺国造の系譜が北関東に広がりをみせること、小杵がこの乱において上毛野氏とつながっていたことをあわせると、篠川とは異なる理由から小杵は北武蔵に本拠をおいたとみる方が理解しやすい。

3　使主の本拠

続いて使主（乱の勝者）の本拠を検討する。通説では『倭名類聚抄』に武蔵国埼玉郡に笠原郷という地名があることから、本拠は埼玉郡笠原郷とされる。これまでこの地とすることに異論はほとんどないが果たしてそのような理解でよいだろうか。近年では北武蔵とする通説のほか、四つのミヤケが南武蔵にあり、国造とみられる无邪志直が北武蔵以外にいた可能性があることなどから、南武蔵とみる理解や(17)、南武蔵や北武蔵に限定しない考え方も提起されている(18)。さまざまな理解があり、共通理解は得られていないのが現状である。

こちらも使主一族とみられる无邪志国造の他地域との同祖系譜をみると、上総国市原郡を中心とする地域に存在していたと考えられる菊麻国[19]造と同祖関係を結んでおり[20]、南関東への広がりが想定される。さらに小杵と同様交通路との関連から考えてみる。八世紀後半には武蔵国は東山道から東海道へ移されていることから（史料三）、それ以前は武蔵国は東山道に属していたと考えられる。しかし東山道に属しながらも、武蔵国埼玉郡の防人が足柄を通過していた記録が残る（史料四）。

史料三 『続日本紀』宝亀二年十月己卯条

太政官奏、武蔵国、雖レ属二山道一、兼承二海道一、公使繁多、祇供難レ堪。其東山駅路、従二上野国新田駅一達二下野国足利駅一。此便道也。而枉従二上野国邑楽郡一、経二五箇駅一到二武蔵国一、事畢去日、又取二同道一、向二下野国一。今東海道者、従二相模国夷参駅一、達二下総国一、其間四駅、往還便近。而去レ此就レ彼、損害極多。臣等商量、改二東山道一、属二東海道一、公私得レ所、人馬有レ息。奏可。

史料四 『万葉集』巻二十防人歌

（四四二一）
和我由伎乃　伊伎都久之可婆　安之我良乃　美祢波保久毛乎　美等登志努波祢
我が行きの　息づくしかば　足柄の　峰這ほ雲を　見とと偲はね

（四四二三）
安之我良乃　美佐可尓多志弖　蘇渟布良波　伊波奈流伊毛波　佐夜尓美毛可母
足柄の　御坂に立して　袖振らば　家なる妹は　さやに見もかも

これらから、都までのルートは公的ルートではないものの、一般的に東海道が使用されていたと考えられ、実際史料三にある東海道への移管もそれが理由とされる。すなわち東山道から東海道へと変更されたのは実態に即したものと考えられる(21)。

ここでこの乱において献上された四つのミヤケと交通路の関係も確認しておきたい。四つのミヤケは交通路上に配置されていた可能性が考えられる。横渟屯倉を除く三つのミヤケは多摩川水系および大岡川、帷子川流域に位置し、南から東京湾に入り、多摩川水系などをたどり、南武蔵内陸部に入っていくと考えられる(22)。横渟屯倉のある横見地域も「旧入間川水系（略）に属する多くの河川の合流地点であり、その上流域と下流域をつなぐ物資輸送の経由地」であり、「陸上の交通ルートが三方向に分岐して」いることを踏まえ、河川交通と陸上交通の要衝に置かれたとみられる(23)。一般的にミヤケの性格が貢納奉仕の拠点(24)とされ、あるいは経済基盤としての位置づけを持つのであれば(25)、交通の要衝、あるいは管理者の本拠の近くに設置されたとみることが自然であろう。

この乱において使主が倭王権とつながっていたことを考えると(26)、使主は東海道経由で倭王権とつながっていた可能性が指摘できる(27)。この点は使主が乱の勝者で系譜の軸になると考えられる（无邪志国造）こと、无邪志国造の系譜が南関東に広がりをみせることからも想定できよう。さらに、東海道に近い三つのミヤケを献上できたことを踏まえると、使主の本拠は南武蔵に比定すべきと考えられる。元来南武蔵を本拠とする使主一族が北進することで小杵一族と軋轢を生み、抗争に発展したと捉えられる。

4　「同族」とされた背景と武蔵国造の氏姓

続いて、論じ残していた使主と小杵が「同族」とされた背景について武蔵国造の氏姓から検討する。国造の氏姓は一般的にクニの名＋カバネとされてきた(28)。ただし武蔵国造の乱の記載において国造に任命されたのは笠原直とされる。

笠原直をどのように考えるべきか。

　大化以前の初代武蔵国造の氏姓は、原則からすればムサシ＋カバネである。そこで後世の記録を確認すると、『続日本紀』神護景雲元年十二月甲申条には武蔵国造に武蔵宿禰不破麿が任命されるという記載がある。(29) しかしこれは恵美押勝の乱の功臣であるためであって、(30) この時初めて就任したと考えられるため、この一族をいわゆる旧国造まで遡らせることは不可能である。他には『日本後紀』弘仁二年九月壬辰条に「出羽国少初位下无邪志直膳大伴部広勝」の存在が見える。これは八世紀に国家事業として東海道・東山道諸国・坂東諸国から出羽柵・雄勝城への移住が進められたことから、ここにある无邪志直はそれらの系譜をひく人物と考えられる。(31) また、「武蔵」の名称が風土記撰進の詔にあわせて改定された地名表記であることを考えると、(32) 无邪志直の表記は古い形態を保ち、七世紀以前に遡ると考えられる。すなわち『日本後紀』に記されている出羽国に存在した无邪志直は国造の氏姓の原則であるクニの名＋カバネと合致すること、「国造本紀」の「无邪志国造」とも「ムサシ」の表記が同一であることから、初代武蔵国造一族の系譜をひくと考えられる。

　なお、武蔵国造は『聖徳太子伝暦』(33) にもみえる。

史料五『聖徳太子伝暦』抜粋(34)

　舎人物部連兄麻呂、性有二道心一、常以二斎食一。後為二優婆塞一、常侍二左右一。〈癸巳〉年、賜二武蔵国造一。而退賜二小仁位一。

史料五には、物部直兄麻呂が聖徳太子に舎人として仕え、聖徳太子没後の癸巳年（舒明五年）に武蔵国造に任じられたことが記されている。物部直から輩出された人物として物部直広成（のちに入間宿祢が賜姓される）が知られ、八世紀半ばには授刀舎人にあったことが判明している。(35) 授刀舎人は兵衛に準じた待遇で、兵衛は郡司子弟から任用されることが律令に規定されていることから、広成は郡領氏族の出身であったと推定される(36)。すなわち郡領氏族と推定できることから、物部直が舒明朝から八世紀半ばにかけて武蔵国造であったと想定することが可能である(37)。先述の『続日本紀』神護景雲元年十二月甲申条を踏まえれば、恵美押勝征討の功績によって、広成の存命中に国造職は武蔵宿禰不破麿にうつされた可能性が考えられる。また、国造の氏姓がクニの名＋カバネとすれば、物部直の事例は原則から外れる。これはおそらくすでに无邪志直が存在していたためとも考えられる。地方伴造としての性格を持っていたこの一族はそういった背景もあり物部直を名乗ったと考えられる。

これらから武蔵国造の氏姓の流れは次のように復元できよう。初代武蔵国造は氏姓の原則から无邪志直とみられる。しかし无邪志直が九世紀前半に一例しか見えないことを考えれば、六世紀後半に国造に任じられたものの、のちに勢力を失ったと考えられる。七世紀前半の舒明朝には物部直が国造に任命され、八世紀半ばにも郡領氏族と推定できることから、物部直は七世紀前半から八世紀半ばまで武蔵国造に任命されていた一族と考えられる。そして彼らが『日本書紀』に武蔵国造の乱の伝承を、「国造記(38)」に二つの国造の伝承を伝えたと考えられ、无邪志直（＝无邪志国造）→物部直（＝胸刺国造）と国造一族の変遷がみられる。そして物部直が武蔵国造の乱の伝承を残したのは、自らの出自の顕彰を目的として、本来異なる氏族である无邪志国造（＝使主・武蔵国造の乱の勝者）の伝承を吸収するため、乱後に結ばれた擬制的同族関係を背景として笠原直という名称を付し（あるいは物部直の古い氏姓(39)）、「同族」の争いとしたと考えられる。

5　小　括

ここで本節を簡単にまとめておく。武蔵国造の乱は北武蔵に本拠を有していた小杵と南武蔵に本拠を有していた使主による武蔵における盟主権争いであったといえる。もともとは異なる氏族である小杵一族（＝のちの物部直）と使主一族（＝无邪志直）の争いだったと考えられる。北武蔵の小杵一族は東山道ルートを介して上毛野氏一族と関係を持ち、東山道から東海道への連結路を介して岐閇国造とも関係を持っていた。一方で南武蔵の使主一族は東海道を介して倭王権と関係を持ち、菊麻国造とも関係を持っていた。そしてこの乱の勝者である使主一族は乱からしばらく後（六世紀後半）に初代国造に任じられたと考えられるが、のちに使主一族（＝无邪志直＝初代武蔵国造一族＝无邪志国造）は勢力を失い、舒明朝に物部直（＝小杵一族の後裔）が国造に任じられた（＝胸刺国造）と考えられる。[40]そして物部直は八世紀前半において、自らの出自の顕彰を目的として、武蔵国造（无邪志国造）に関する伝承を吸収するために擬制的同族関係を背景として、「同族」の争いとしたと考えられる。これらを踏まえると、南武蔵に設置された三つのミヤケはこの乱の勝者である使主一族の領域にあったものと考えられる。

第二節　ミヤケから評家へ

1　評制施行の意義とミヤケ

つづいて本節では武蔵国造の乱の際に設置された四つのミヤケ、とりわけ倉樔屯倉と橘花屯倉がどのように展開したのかという点を検討する。まずはミヤケ一般の概念について確認し、評制下においてミヤケが一般的にどのように展開したのかを検討する。

土地支配に結び付けられてきた以前のミヤケの理解に対し、近年のミヤケの理解は非常に広い意味を持って理解される。すなわちミヤケは貢納奉仕の拠点であって、必ずしも支配を念頭に置いた拠点である必要はないという理解である。[41]程度の差こそあれ、「支配」と「経営」がどのレベルで作用しているかという点が重要で、二つの要素は基本的にどのミヤケにも存在し、[42]相互補完的な関係にあったと考えられる。そのため国造制や部民制などさまざまな制度にとどまらないあらゆる倭王権の施策に解消されるといえる。[43]そしてミヤケが評制下にどのように展開したかは、当然その拠点としての性格上、ミヤケと評制下における拠点である評家の関係性に焦点があわせられる。[44]すなわちミヤケが評制下においてどのように展開したかという点はミヤケと評家の関係性という論点に置き換えられる。この点を明らかにするために、①評制施行の流れとその段階のミヤケの変化（ミヤケの視点）、②評家の視点の双方向から検討する。

孝徳朝において問題となっているのは人間集団の錯綜化と貢納奉仕関係の多元化である。前者の問題（人間集団の錯綜化）については、具体的には社会編成原理が異なる二つの制度（国造制と部民制）が併存していたが、部民制の特質ともいえる族制的原理という特質を持つがゆえに地域社会が混乱していたといえる（史料六）。評制はこの問題への対策として施行されたと考えられる。[45]史料七からは評制が人間集団をベースに、とりわけミヤケを治めた人間を中心とした社会編成を認める形で（史料八）施行されていることがわかる。[46]一方後者の問題（貢納奉仕関係の多元化）については、具体的には貢納奉仕関係において中央の首長層と在地首長層の関係が存在し、多元化している様子がうかがえる（史料九）。このことはミヤケへの命令系統が記される史料十とも対応する。こういった状況を改めるために史料十一に始まる部民・ミヤケの（天皇以外が所有することの）廃止が進められたと考えられる。[47]すなわち評制施行のなかで、地域社会はミヤケを治めた人間を中心として再編成され、ミヤケそれ自体は存続していると考えられる。

史料六　『日本書紀』大化二年八月癸酉条

（前略）而始二王之名々一、臣連伴造国造、分二其品部一、別二彼名々一。復、以二其民品部一、交雑使レ居二国県一。遂使二父子易レ姓、兄弟異レ宗、夫婦更互殊レ名。一家五分六割。由レ是、争競之訟、盈レ国充レ朝。

史料七　『常陸国風土記』行方郡条抜粋

古老曰、難波長柄豊前大宮馭宇天皇之世、癸丑年、茨城国造小乙下壬生連磨・那珂国造大建壬生直夫子等、請二惣領高向大夫・中臣幡織田大夫等一、割二茨城地八里・那珂地七里合七百戸一、別置二郡家一。

史料八　『日本書紀』大化元年八月庚子条

（前略）若有二求レ名之人一、元非二国造・伴造・県稲置一、而輙詐訴言、自二我祖時一、領二此官家一、治二是郡県一。汝等国司、不レ得三随レ詐便牒二於朝一。審得二実状一而後可レ申。（後略）

史料九　『日本書紀』大化元年九月甲申条

遣二使者於諸国一、録二民元数一。仍詔曰、自レ古以降、毎二天皇時一、置二標代民一、垂二名於後一。其臣連等・伴造国造、各置二己民一、恣レ情駆使。又割二国県山海・林野・池田一、以為二己財一、争戦不レ已。或者兼二幷数万頃田一。或者全無二容針少地一。（後略）

史料十　『日本書紀』宣化天皇元年五月辛丑朔条

（前略）故、朕遣二阿蘇仍君一。〈未レ詳也。〉加運二河内国茨田郡屯倉之穀一。蘇我大臣稲目宿禰、宜下遣二尾張連一、運中尾張国屯倉之穀上、物部大連麁鹿火、宜下遣二新家連一、運中新家屯倉之穀上、阿倍臣、宜下遣二伊賀臣一、運中伊賀国屯倉之穀上。修二造官家、那津之口一。（後略）

史料十一　『日本書紀』大化二年正月甲子朔条

賀正礼畢、即宣二改新之詔一曰、其一曰、罷二昔在天皇等所立子代之民・処々屯倉、及別臣連伴造国造村首所有部

曲之民、処々田荘。仍賜二食封大夫以上一、各有レ差。降以二布帛一、賜二官人百姓一、有レ差。（後略）

続いてもう一つの視点である評家について検討する。考古学的視角から、八・九世紀の郡家に継承されていく評家は、七世紀第4四半期以降（天武朝後半以降）に新たに建設されたもので、それまでの拠点施設であった豪族居館（後述）をそのままの形で継承・発展させたものではないとする理解がある[48]。すなわち八世紀以降の郡家の前身となる（七世紀第4四半期以降の）評家は評制成立段階（七世紀半ば）では郡家と異なる形で存在していたことを示す。この点を文献史料から捉えなおしてみる。

史料十二　『日本書紀』天武天皇十四年十一月丙午条

詔二四方国一曰、大角小角、鼓吹幡旗、及弩抛之類、不レ応レ存二私家一。咸収二于郡家一。

史料十二について篠川は、「ここにいう「私家」は、指揮用具や大型兵器を持つのであるから、豪族層の「私家」に限られる」としており[49]、政務の中心である「郡家」にそれらを集めるということはそれ以前の「私家」も「郡家」と同様の性格を持っていたものと推定できる。そのため史料十二で示された天武十四年以前は、政務を行う場所は豪族の居宅など、史料十二でいう「私家」にあたると考えられる[50]。そして史料十二が全国的に出された詔という性格を踏まえればこの理解は一般化できよう。この理解を踏まえれば、評制施行段階の七世紀半ばから七世紀第4四半期にかけては私家＝豪族の居宅が政務を行う場所＝前期評家、それ以降は私家とは別に建てられた後期評家が政務を行う場所と分類することができる[51]。

ここまでのことを踏まえて評制施行に伴うミヤケの展開を考えてみると、例外的な事例もあるものの[52]、基本的にはミヤケを治めた人間が評官人に変化し、彼らの居宅（私家）が支配拠点たる前期評家であったと考えられる。そして貢納奉仕の拠点たるミヤケ（とその機能）は一応は存続しながらも、評制施行時の支配拠点が私家である以上、支配拠点としての性格を強くもつ場合はそこに取り込まれ、経営拠点としての性格を強くもつ場合はそのまま存続していた可能性が考えられる。ただし、八世紀以降の郡家に正倉が設けられていることを踏まえれば、郡家につながる後期評家の段階には経営拠点としての性格を強くもつミヤケも評家に取り込まれていったと考えられる。

2　南武蔵におけるミヤケの展開と評

それでは武蔵国造の乱において南武蔵に設置された三つのミヤケはどのように展開したのだろうか。ここまでの検討を踏まえて、とりわけ現神奈川県域に設置されたと考えられる倉樔屯倉（久良郡内）と橘花屯倉（橘樹郡内）について、これらの性格もあわせて検討する。

まず久良郡内にあったとされる倉樔屯倉について検討する。久良郡は現在の横浜市東部にあたり、鶴見区から金沢区にかけての沿岸部と考えられている。『倭名類聚抄』には久良郡は鮎浦、大井、服田、星川、郡家、諸岡、洲名、良椅の諸郷からなるとされる。すなわち倉樔屯倉の存在を直接示唆する郷名はない。そこで東海道から考えてみる。古い段階の東海道は『古事記』のヤマトタケル神話に見られるように、相模国（走水）から海を渡って房総半島へ続いていたと考えられる。あわせて東海道は図1のように想定されるため、久良郡は駅路にも接していない。すなわち東京湾における海上交通の要衝は久良郡よりも南にあると考えられること（図1）、また駅路にも接していないことから倉樔屯倉が駅家につながるような役割を持っていたとも考えがたい。もう一つ手掛かりとなるのは郡家郷の存在である。郡家郷の場所は諸説あって判然としないが、郡家郷に郡家が存在していたことは明らかである。ミヤケを治めた人間を中心として評制が施行されたこと、ミヤケの名称と評の名称が一致することを考えると、倉樔屯倉を治めた人間がそのまま久良解評をたてたと考えるのが自然であろう(53)。そして郡家郷が存在する一方でミヤケ郷がないことから、支配拠点である前期評家と倉樔屯倉は近接していた可能性がある。すなわち倉樔屯倉は支配拠点として一般的な展開過程と同様に私家＝前期評家へと取り込まれ、さらにそれは、のちに近くに新たにたてられた後期評家の構造の中に取り込まれたと考えられ、その後郡家郷という名称が付されたのではないか[54]。恣意的に倉樔屯倉の名称と地名を考えれば、倉樔屯倉が設置されたためにこの地を「「クラ」キ」と呼称するようになったとも考えられよう。

つづいて橘樹郡内にあったとされる橘花屯倉はどうだろうか。橘樹郡は現在の川崎市や横浜市港北区と考えられている。『倭名類聚抄』には橘樹郡は高田、橘樹、御宅、県守、駅家の諸郷からなるとされる。ここで注目すべきは橘樹郷、御宅郷の名称で、郡名と同名の郷は郡家所在郷と捉えるべきであろう。すなわち橘樹郡家は橘樹郷にあったとみられる。なお、駅家郷は図1にある小高駅があった郷と考えられるが、橘花屯倉が継承されたものとは考えがたい[55]。御宅郷はその名の通り、橘花屯倉が存在したと考えられる[56]。加えて平川南が示すように郡家郷より郡名郷の方が相対的に古いと理解できること[57]、先述したようにミヤケを治めた人間が評をたてたと理解できることから、郡名郷である橘樹郷は評制施行段階から橘花屯倉を治めた人間の支配拠点（＝私家＝前期評家）が存在していたと考えられる。そのため御宅郷は評制段階においては橘樹評の支配拠点ではないこと、私家と区別される郡家（＝後期評家）は、橘樹評の官人の私家からほど近い場所に成立したと考えることが妥当であろう。すなわち橘花屯倉は私家に継承されていないことから、七世紀半ば以前は支配拠点ではなく、経営拠点としての性格を強く持っていたと考えられる[58]。なお、のちに後期評家ができるとその機能は評家の正倉に継承され、七世紀末ごろには橘花屯倉はランドマークあるいは遺称となっていたと考えられる。

最後に補足として多氷屯倉にも触れておきたい。これは多磨郡に設置されたと考えられる。多氷屯倉は多磨屯倉と考えられるため、その名称から多磨郡の比較的中心地に設置されたとみられる。大化以前において、国司がミヤケに派遣されてきた例が『古事記』『日本書紀』『播磨国風土記』にも記されていること（ヲケ・オケ伝承）、また東山道武蔵路が多磨郡を通過しており、これが当時主要な道路だったことを踏まえれば、多氷屯倉は国司が派遣されてくる交通の要衝上に設置された可能性がある。(59)すなわち橘花屯倉や倉樔屯倉よりも規模の大きい、武蔵国の中心ともいうべき支配拠点と考えられる（駅家としての性格も当然持ち合わせるだろう）。そのため多氷屯倉は設置された当初は武蔵国造につながる使主一族の支配拠点だったとみることもできよう。(60)そのように考えれば、その機能はのちの多磨評家あるいは国府に吸収されていった可能性が導き出される。さらにこれを踏まえれば、橘花屯倉や倉樔屯倉、横渟屯倉は国造や伴造の下位にある首長層（県稲置など）が管掌していたとみられ、武蔵国造が管理していた多氷屯倉より比較的規模の小さいミヤケだったと考えられる。

おわりに

ここまでの検討結果を簡単にまとめて結びとしたい。まず武蔵国造の乱は南武蔵の使主一族（＝无邪志国造＝无邪志直）と北武蔵の小杵一族（＝胸刺国造＝笠原直＝物部直）の争いで、使主一族が北進することで軋轢が生まれたと考えられる。すなわちこれらは史料上「同族」とされるものの、元来異なる一族によるものであったとみる方が良いだろう。そして六世紀後半には乱の勝者である使主一族が国造に任じられるが、のちには勢力を失い、舒明朝に乱の敗者である小杵一族の後裔である物部直が国造に任じられると想定できる。その際両方の記録が残っていたために「国造本紀」には二つの国造が記されていると考えられる。また、武蔵国造の乱は、国造として八世紀当時勢力の強かった物部直がその出自の顕彰のため（乱の勝者である使主一族＝初代武蔵国造＝无邪志国造＝无邪志直の伝承を取り込むため）に擬制的同族関係を背景に同族の争いとして書き換えられたと考えられる。

ミヤケのその後の展開については、評制下には貢納奉仕の拠点たるミヤケ（とその機能）は、支配拠点としての性格を強くもつ場合は私家（＝前期評家）に取り込まれ、経営拠点としての性格を強くもつ場合はそのまま存続していた可能性を考えた。そして郡家の正倉の存在から、後期評家の段階には経営拠点としての性格を強くもつミヤケも評家に取り込まれていったと考えられる。

この理解を踏まえて南武蔵のミヤケを検討した。倉樔屯倉は、郷名の状況などから支配拠点としての性格を持ち、そのために倉樔屯倉を治めていた人間の私家に取り込まれたと考えられる。そのためミヤケの名称が残らなかったのだろう。

一方で橘花屯倉は支配拠点としての性格は希薄で、経営拠点としての性格が強かったと考えられる。橘花屯倉の名称が橘樹評・橘樹郷に継承される一方で御宅郷が存在することから、基本的に私家と別地域に橘花屯倉が存在し、機能していたのだろう。後期評家の段階になってその性格・機能が継承されていったとみられ、御宅郷は橘花屯倉の遺称あるいは建造物自体は残存し、ランドマークとなっていたと考えられる。

ミヤケが評制以降どのように展開するかという点は一般化は困難であるが、武蔵国の事例は上記のように復元可能であろう。ここでは文献史学の立場から検討したが、今後は文献史学と考古学の成果をどのように接合していくかが課題となる。考古学との協業作業の前提として本章を位置づけるとともに、今後の研究の進展に期待したい。

註

（1）　ミヤケは「屯倉」「官家」（『日本書紀』）、「屯家」「屯宅」（『古事記』）、「御宅」「三宅」（『播磨国風土記』）などと史料によってさまざまな表記がなされる。ここでは固有名詞はその史料に合せて表記し、一般名詞として扱う場合はミヤケと表記する。

(2) 舘野和己「屯倉制の成立」(『日本史研究』一九〇、一九七八年)。

(3) 大川原竜一「国造制の成立とその歴史的背景」(『駿台史学』一三七、二〇〇九年)。

(4) 仁藤敦史「古代王権と「後期ミヤケ」」(『古代王権と支配構造』吉川弘文館、二〇一二年、初出二〇〇九年)。

(5) 篠川賢『日本古代国造制の研究』(吉川弘文館、一九九六年)、本書第Ⅱ部第一章。

(6) ただし仁藤敦史「「辛亥」銘鉄剣と「武蔵国造の乱」」(仁藤前掲註(4)著書、初出二〇〇七年)が言うように豪族の内紛に倭王権と上毛野氏が介入したというモチーフまでは否定する必要はないであろう。

(7) これまでは多磨郡内の横野に比定する理解が多かったが、近年では鈴木正信「武蔵国造の乱と横渟屯倉」(『日本古代の国造と地域支配』八木書店、二〇二三年、初出二〇二〇年)によって横見郡を中心とした地域とされ、こちらの理解が主流となりつつある。

(8) 伊藤循a「筑紫と武蔵の反乱」(吉村武彦編『古代を考える　継体・欽明朝と仏教伝来』吉川弘文館、一九九九年)、同b「武蔵の乱をめぐる東国の国造制と部民制」(『古代天皇制と辺境』同成社、二〇一六年)。

(9) 仁藤敦史「古代東国と「譜第」意識」(仁藤前掲註(4)著書、初出二〇〇八年)。

(10) 鈴木靖民「南武蔵と大和王権」(『相模の古代史』高志書院、二〇一四年、初出一九九七年)。なお、ここで触れた鈴木と仁藤の理解は横渟屯倉を多磨郡内の横野に比定することを前提としている。

(11) 篠川賢「日本列島の西と東」(荒野泰典・石井正敏・村井章介編『日本の対外関係　一　東アジア世界の成立』吉川弘文館、二〇一〇年)。

(12) 伊藤前掲註(8)b論文では、四つのミヤケが南武蔵に存在したとすれば、国造氏は南武蔵に所在したと解釈している。また、磐井の乱において葛子が自らの勢力下にある糟屋屯倉を献上した例が知られるが、献上する主体の勢力下にあるミヤケが献上されており、武蔵国造の乱においても同様の論理が考えられる。

(13) 『古事記』『日本書紀』にはすでにアメノホヒにつながる系譜が作られていることから、(明確な時期は特定できないが)『古事記』『日本書紀』成立以前の古い段階まで遡るとみられる。

(14) 伊藤前掲註(8)b論文が示すように、『続日本紀』和銅六年五月甲子条に「畿内七道諸国郡郷名、着二好字一」とあり、地名が二字表記になることから、「无邪志」表記が古い表記であることがわかる。

(15) 鈴木正信編「国造関係資料集」(篠川賢・大川原竜一・鈴木正信編『国造制の研究』八木書店、二〇一三年)。
(16) 木下良『事典　日本古代の道と駅』(吉川弘文館、二〇〇九年)。
(17) 伊藤前掲註(8)b論文。ここでも前掲註(10)のように横渟屯倉を多磨郡内の横野に比定することを前提としている。
(18) 小野里了一「国造任命の一試論」(篠川賢・大川原竜一・鈴木正信編『国造制・部民制の研究』八木書店、二〇一七年)では北武蔵を基準とするが、南武蔵まで含まれていたとみる。
(19) 鈴木前掲註(15)資料集。
(20) 「国造本紀」には菊麻国造について「志賀高穴穂朝御代。无邪志国造祖兄多毛比命児大鹿国直定[賜国造]」とあり、兄多毛比を介して无邪志国造と同祖関係を結んでいる。胸刺国造と菊麻国造がそれぞれ兄多毛比を介して无邪志国造と同祖関係を結んでいることを踏まえれば、无邪志国造と菊麻国造の同祖関係は胸刺国造と无邪志国造の同祖関係が結ばれた時期と大きく変わらない可能性が考えられる。
(21) 日常的に使用されていた道と倭王権が設定したルートが異なるのは、地域社会と倭王権の空間認識のズレによるものか。
(22) 伊藤前掲註(8)b論文では九州や播磨国のミヤケを例にあげ、ミヤケは交通路上に設置されたことは一般化できるとする。小野里前掲註(18)論文でもミヤケは交通の要衝に設置されたとする。ミヤケを貢納奉仕の拠点と理解すれば、首肯すべき見解であろう。
(23) 鈴木前掲註(7)論文。
(24) 仁藤前掲註(4)論文。
(25) 本書第Ⅱ部第三章。
(26) 「国造」(盟主権)を争っている最初の段階では地域内で解決しようとしていたが、決着がつかなかったため倭王権へ助けを求めたとする記述はそれ以前から倭王権とのつながりを持っていたことを示す。なお、『日本書紀』神功皇后四十七年四月条には武蔵国人千熊長彦が外交に携わっている様子もみえる。
(27) 東海道は当初は相模国から房総半島へと海路を通じて抜けるルートであるが、あくまで公式なルートがそうであって、東京湾を回るのちの東海道ルートも存在していたと推定したい。後述するように(註(55))、十世紀段階の駅路はそれまでは伝路として使用されていた可能性が高い。
(28) 鈴木正信「国造の氏姓と「クニの名」」(『日本古代の氏族と系譜伝承』吉川弘文館、二〇一七年)では国造の氏姓が「クニの名

+カバネ」で構成されることは普遍性を持つことが指摘されている。首肯すべき見解であろう。

(29) 国造就任以前には丈部から改氏姓しており、足立郡人であったことが『続日本紀』神護景雲元年十二月壬午条に記載されている。

(30) 『続日本紀』天平宝字八年十月庚午条には恵美押勝征討の功績により外従五位下を授けられている記載がある。

(31) 伊藤前掲註(8)b論文。

(32) 前掲註(14)参照。

(33) この史料の記載については拙稿「武蔵国造の乱と橘花ミヤケ」(『史叢』九五、二〇一六年)では信ぴょう性にかけるため武蔵国造を復元する素材として扱わなかったが、鈴木正信「武蔵国造と物部直」(鈴木前掲註(7)著書、初出二〇一八年)では、史料五の部分について、何らかの原資料に基づいて記されたもので全くの創作ではないとし、一定の史実が含まれると高く評価する。非常に論理的に説明されており、首肯すべき見解であると考える。そのためここでは拙稿の見解を修正し、『聖徳太子伝暦』の記載も使用することとする。

(34) 森田悌「武蔵国造と辛亥銘鉄剣」(『古代の武蔵』吉川弘文館、一九八八年)、鈴木前掲註(28)論文などでは武蔵国のカバネが判明しているほかの氏族はほぼすべて直姓を称していることから、物部連は物部直の誤りと指摘されており、首肯すべき見解である。そのためこの後は物部直として表記する。

(35) 物部直広成の経歴については、鈴木前掲註(33)論文にまとめられている。

(36) 荒井秀規「武蔵国入間郡家の神火と二つの太政官符」(古代の入間を考える会編『論叢　古代武蔵国入間郡家』古代の入間を考える会、二〇〇八年)

(37) 選叙令には「凡郡司。取下性識清廉堪二時務一者上。為二大領少領一。強幹聡敏。工二書計一者。為二主政主帳一。其大領外従八位上。少領外従八位下叙之。其大領少領。才用同者。先取二国造一」とある。

(38) 「国造本紀」の元になったものは『続日本紀』大宝二年四月庚戌条にある「国造記」で、この段階での国造が物部直で、自らの出自(「胸刺国造」)と最初の国造であった「无邪志国造」の両方を記したと考えられる。

(39) 氏族は本来複数の仕奉関係を持ち、庚午年籍における定姓の段階で各氏族がそれらの中から一つの仕奉に基づく氏姓を選択したことが指摘されている(須原祥二「「仕奉」と姓」(『古代地方制度形成過程の研究』吉川弘文館、二〇一一年、初出は二〇〇三年))。

(40) 推測に過ぎないが、物部直が北武蔵に本拠を有した小杵一族の後裔で武蔵国造だったからこそ、武蔵国は当初東山道に属していたと考えることもできる。

(41) 仁藤前掲註(4)論文によれば、依網屯倉は儀式的な空間をもつことが確認でき(『日本書紀』皇極天皇元年五月己未条)、深草屯倉では馬が常備され、交通の要衝であったことが確認できる(『日本書紀』皇極天皇二年十一月丙子条)。加えてミヤケ自体に駅家や郡家のような交通機能が備わっていたことは、松原弘宣「令制駅家の成立過程について」(『日本古代の交通と情報伝達』汲古書院、二〇〇九年、初出は一九八八年)をはじめ、近年では中大輔「日本古代国家形成期の交通と国司」(『歴史学研究』九六三、二〇一七年)も指摘しており、首肯すべき見解と考えられる。

(42) 仁藤前掲註(4)論文。

(43) 本書第Ⅱ部第二章。

(44) 仁藤敦史「貴族・地方豪族のイエとヤケ」(仁藤前掲註(4)著書、初出は二〇〇七年)。

(45) 本書第Ⅲ部第一章。

(46) 本書第Ⅲ部第一章。『皇大神宮儀式帳』において立評に伴ってミヤケがおかれていることからも、ミヤケそのものを中心として評制が施行されたわけではないことがわかる。

(47) この場合の廃止は倭王権と民衆の貢納奉仕関係にさまざまな階層が介在する、言い換えれば天皇以外が部民・ミヤケを所有することを廃止することを意味すると考えられる。この直後に中大兄がミヤケ一八一か所を献上しているが(『日本書紀』大化二年三月壬午条)、孝徳に対して「献上」したのであって、ミヤケそれ自体は「廃止」となっていないことが留意される。

(48) 山中敏史「古代地方官衙の成立と展開」(『古代地方官衙遺跡の研究』塙書房、一九九四年)、同「評制の成立過程と領域区分」(『考古学の学際的研究』岸和田市、二〇〇一年)。

(49) 篠川賢「評制の成立と国造」(篠川前掲註(5)著書)。この中で篠川は豪族層はもとより、実質的には国造の「私家」をさすとする。国造の「私家」かどうかという点については、評制下の国造をどのように捉えるかという点の検討を要し、またその問題点は本章の課題とは離れるためここでは問題にしない。しかし豪族層の「私家」とする部分においては認められる所であろう。

(50) 山中前掲註(48)論文。

(51) なお、このようにオフィスが自宅から切り離されることは評官人が地域首長的性格を持つものから、律令官人的性格に変化することリンクすると考えられる（本書第Ⅲ部第二章）。

(52) なお、『皇大神宮儀式帳』には「而難波朝廷天下立レ評給時仁、以十郷分弖、度会乃山田原立二屯倉一、新家連阿久多督領、磯連牟良助督仕奉支。」とあるように、ミヤケが評家として扱われる場合もあるようだが、これは立評に伴ってミヤケがたてられていることから、後期評家のように私家とは異なるものと想定可能で、評制施行段階では一般的に私家が評家であったことを踏まえれば例外的なものとして捉えておきたい。また、『出雲国風土記』神門郡日置郷条では「日置郷、郡家正東四里、志紀嶋宮御宇天皇之世、日置伴部等所レ遣来、宿停而、為レ政之所也。故云二日置一」とあり、「宿停而、為レ政之所」がミヤケと考えられる。この地には三田谷Ⅰ遺跡が存在するが、これはミヤケが「郡家の機能の一部を分掌するような施設に発展した可能性がある」と考えられること（武廣亮平「日置氏と六世紀の出雲」〈『古代出雲の氏族と社会』同成社、二〇二四年、初出二〇一五年〉）、神門郡（「神門評」の存在も藤原宮出土木簡から確認できており、神門郡は神門評へ遡るとみられる）の郡家は古志本郷遺跡とみられていることから評家として展開したとはいえない。

(53) 藤原宮出土木簡に「久良解郡」と判読できる木簡があり（『藤原宮木簡』三―一三七一）、これは前掲註(14)で述べた和銅六年の地名の修正以前の表記とみられる。そのため評制段階でもこの表記がとられていたと考えられる。

(54) 平川南「古代の郡家と所在郷」（『律令国郡里制の実像』上、吉川弘文館、二〇一四年、初出二〇一三年）によれば、郡家所在郷は「郡家郷」、郡名郷、「大家郷」または「大宅郷」などがあり、「郡家郷は大家郷・〝郡名〟郷に代わってもうけられた郡家所在郷と考えられ、郡家郷の成立時期は両郷に比して新しいと想定できる」とする。

(55) 駅家郷は小高駅家があったために付された名称と考えられる。しかし、中村太一「東国駅路網の変遷課程」（『日本古代国家と計画道路』吉川弘文館、一九九六年）によれば、東海道の店屋、小高、大井、豊島の各駅家を通るルートは十世紀代に駅路として使用されており、それ以前は相模国から海路を経て房総半島へ続くルートや夷参駅、国府、乗潴、豊島の各駅を通るルートなどが駅路として使用されていたことは明らかである。なお、駅路の変遷については、荒井秀規「武蔵国橘樹郡家と南武蔵の交通」（『史叢』九五、二〇一六年）にも詳しく、十世紀代の駅路はもとは伝路であったことを示す。すなわち橘樹郡に駅路が通っていたのは十世紀代のルートとなるため駅家郷はかなり遅く成立したと考えられ、橘花屯倉が駅家的な役割を担っていたとは考えがたい。

(56) 郡家正倉群とみられる千年伊勢山台北遺跡や郡家周辺寺院の影向寺遺跡は七世紀第4四半期に遡ると考えられている。すなわち橘樹郡家はこの時期に建てられたものと考えられ、橘花屯倉がそのまま郡家あるいは正倉に継承されていないことは明らかであろう。

(57) 平川前掲註(54)論文。

(58) 望月一樹「律令制下における橘樹郡の様相」(『史叢』九五、二〇一六年)では、『倭名類聚抄』における郷名の記載順に着目し、郡名郷と三宅郷が併存している場合、郡名郷が先に記載されている場合は新たに郡名郷が設定され郡家が置かれ、三宅郷が先に記載されている場合は三宅郷にまず郡家が置かれ、のちに新たに郡名郷が置かれ、郡家が移転したと推定しているが、『倭名類聚抄』が記された段階で全国的に、各地域の郡家の変遷を落とし込むことができたかは疑問である。望月の見解はミヤケを地域支配の拠点と捉える前提によるものとみられ、慎重に検討すべきであろう。

(59) 中前掲註(41)論文では伴造―部民の関係性のもとに派遣されてきたとするが、それが一般化できるかは慎重に検討する必要がある。国造のもとに派遣されてきた可能性も十分に考えられる。

(60) 東山道武蔵路が七世紀第3四半期末から七世紀第4四半期前半ごろに、東海道も同様の時期に整備されたとすれば、それ以前から東山道武蔵路が使用されていた可能性もあり、武蔵国造が東海道を通じて倭王権とつながりを持っていたことと関連する。また、初代武蔵国造は先述のとおり七世紀前半には勢力が衰えるが、評制がミヤケを治めた人間を中心として施行されたこと、多磨郡の領域が他に比して大きいことを踏まえると、勢力は衰えたもののそれなりに大きな領域を支配する首長層だったとみられる。

第五章　稲置考

はじめに

日本古代、とりわけ七世紀以前において、稲置という名称やそれを冠する者、あるいは一族が知られている。稲置は『古事記』や『日本書紀』を主として、史料上地域支配に関する文脈の中で記載されることが多く、これまで七世紀以前の地域支配の在り方を検討する素材の一つとして取り上げられてきた。詳細は後述するが、とりわけ『隋書倭国伝』の「伊尼翼〔冀〕」や、『日本書紀』大化元年八月庚子条の「県稲置」の解釈が主要な論点となり、その具体像や位置づけについて議論が蓄積されてきた。しかし近年でも稲置に関する議論は行われているものの、県・県主制や国造制、評制などの議論の中で補足的に触れられるに過ぎず、他の地域支配に関する議論が深まる一方で稲置に焦点をあわせた議論は低調であると言わざるを得ない。それは単純に関連史料の少なさに起因することは想像にかたくない。しかし稲置の議論を深めることは七世紀以前の地域支配に関する議論を深めることにもつながるため、重要な論点であることも言を俟たない。そこで本章では稲置に焦点をあわせて検討し、改めて具体像や位置づけを析出することを課題として設定する。稲置の検討をはじめる前に、まずは稲置に関する基本史料と研究史を確認する。そして本章の課題にこたえるための分析視角を示すこととする。

第一節　稲置に関する基本史料と先行研究

稲置については、先述した通り史料数が非常に少ない。本章で対象としている大化以前の稲置に関する史料は次の通りである。

史料一　『古事記』神代段

（前略）天津日子根命者、〈凡川内国造、額田部湯坐連、茨木国造、倭田中直、山代国造、馬来田国造、道尻岐閇国造、周芳国造、倭淹知造、高市県主、蒲生稲寸、三枝部造等之祖也。〉（後略）

史料二　『古事記』安寧天皇段

（前略）師木津日子命之子、二王坐。一子、孫者、〈伊賀須知之稲置、那婆理之稲置。三野之稲置之祖。〉（後略）

史料三　『古事記』懿徳天皇段

（前略）当芸志比古命者、〈血沼之別、多遅麻之竹別、葦井之稲置之祖。〉（後略）

史料四　『古事記』景行天皇段

（前略）凡、此大帯日子天皇之御子等、所録廿一王、不二入記一五十九王、幷八十王之中、若帯日子命与二倭建命一亦二五百木之入日子命一、此三王、負二太子之名一。自レ其余七十七王者、悉別下賜国国之国造亦二和気一、及中稲置県主上也。（後略）

史料五　『日本書紀』景行天皇二十七年十月己酉条

（前略）於是、日本武尊、遣二葛城人宮戸彦一、喚二弟彦公一。故弟彦公、便率二石占横立及尾張田子之稲置・乳近之稲置㆒而来。則従㆓日本武尊㆒而行之。

史料六　『日本書紀』成務天皇五年九月条

令㆓諸国㆒、以国郡立㆓造長㆒、県邑置㆓稲置㆒。並賜㆓盾矛㆒以為㆑表。則隔㆓山河㆒而分㆓国県㆒、随㆓阡陌㆒以定㆓邑里㆒。因以東西為㆓日縦㆒、南北為㆓日横㆒。山陽曰㆓影面㆒。山陰曰㆓背面㆒。是以、百姓安㆑居。天下無㆑事焉。

史料七　『日本書紀』仁徳天皇六十二年是歳条

額田大中彦皇子、猟㆓于闘鶏㆒。時皇子自㆓山上㆒望之、瞻㆓野中㆒有㆑物。其形如㆑廬。乃遣㆓使者㆒令㆑視。還来之曰、窟也。因喚㆓闘鶏稲置大山主㆒、問之曰、有㆓其野中㆒者何窨矣。啓之曰、氷室也。皇子曰、其蔵如何。亦奚用焉。曰、掘㆑土丈余。以㆑草蓋㆓其上㆒。敦敷㆓茅荻㆒、取㆑氷以置㆓其上㆒。既経㆓夏月㆒而不㆑泮。其用之、即当㆓熱月㆒、漬㆓水酒㆒以用也。皇子則将㆓来其氷㆒、献㆓于御所㆒。天皇歓之。自㆑是以後、毎㆑当㆓季冬㆒必蔵㆑氷。至㆓于春分㆒、始散㆑氷也。

史料八　『日本書紀』允恭天皇二年二月己酉条

（前略）初皇后随㆑母在㆑家。独遊㆓苑中㆒。時闘鶏国造、従㆓傍径㆒行之。乗㆑馬而莅㆑籬、謂㆓皇后㆒、嘲之曰、能作㆑園乎。汝者也。〈汝此云㆓那鼻苔㆒也。〉且曰。圧乞、戸母、其蘭一茎焉。〈圧乞、此云㆓異提㆒。戸母、此云㆓覩自㆒。〉皇后則採㆓一根蘭㆒、与㆓於乗㆑馬者㆒。因以、問曰、何用求㆑蘭耶。乗㆑馬者対曰、行㆑山撥㆑蠛也。〈蠛、此云㆓摩愚那岐㆒。〉時皇后結㆓之意裏㆒、乗㆑馬者辞无㆒㆑礼、即謂之曰、首也、余不㆑忘矣。是後、皇后登祚之年、覓㆓乗㆑馬乞㆑蘭者㆒、而数㆓昔日之罪㆒以欲㆑殺。爰乞㆑蘭者、顙搶㆑地叩頭曰、臣之罪実当㆓万死㆒。然当㆓其日㆒、不㆑知㆓貴者㆒。於是、皇后赦㆓死刑㆒、貶㆓其姓㆒謂㆓稲置㆒。

史料九　『日本書紀』大化元年八月庚子条

（前略）若有㆓求㆑名之人㆒、元非㆓国造・伴造・県稲置㆒、而輙詐訴言、自㆓我祖時㆒、領㆓此官家㆒、治㆓是郡県㆒。汝等国

司、不レ得三随レ詐便牒二於朝一。審得二実状一而後可レ申。（後略）

史料十　『隋書倭国伝』

有二軍尼一百二十人一。猶二中国牧宰一。八十戸置二一伊尼翼〔冀〕一。如二今里長一也。十伊尼翼〔冀〕属二一軍尼一。

史料十一　『釈日本紀』巻十　述六　景行

公望私記曰、案、今税長也。

上記の史料に関する検討は節を改めて行うこととし、続いてこれらの史料をもとにどのような議論がなされてきたのか、研究史を確認する。

稲置に関しては古くは曽我部静雄の研究がある[1]。曽我部は稲置を「最下の行政単位」である邑の行政官・徴税官・支配者と表現し、邑の治安維持や租税の徴収にあたるとする。しかしその理解は抽象的で、また『古事記』『日本書紀』の記述を全面的に歴史的事実としたうえでの立論という点でも多くの問題点を残した。その後、井上光貞・上田正昭のいわゆる国県制論争のなかで取り上げられて以降[2]、議論が進むことになる。

井上は、『隋書倭国伝』にみえるような国造—稲置の二段階の地方組織を想定し、当初は県主のカバネを稲置として想定した。しかしこれに対して上田は『隋書倭国伝』の記載は文飾豊かなもので、隋の百家一里制を念頭においたものなので疑う必要があるとし、また、稲置がカバネ化するのは大化以降であることなどを理由に井上の見解を批判した。その後井上は上田の批判をうけて、県は「アガタ」と「コホリ」に分類可能で、後者は稲置が設置され、こちらが国の下級機関としてたてられた制度である、と一部見解を修正している。なお、一方の上田は稲置はヤマト朝廷初期から皇室領の経営に参加した徴税官で、それが中国文献に表れたものと指摘している。

両者の議論は国県制が中心で、稲置の議論は国県制の是非を問うための梃子の一つにすぎなかった。そのためにこの論争において稲置に関する議論はそれ以上深まることはなかった。しかしこの論争の中で稲置が取り上げられた意義は大きく、この後地域支配制度・構造の中に稲置をどのように位置づけるかという手法が主流になっていく。

その後、原島礼二による稲置の専論が発表される。(3) 原島は中田薫が「県稲置」の古訓がコホリノイナギであるため稲置の県をコホリとしてアガタと区別する見解に着目し、(4) 稲置が関係する組織をコホリ、県主が関係する組織をアガタと分類した。コホリは評・郡の前身ではなく、八世紀以降の皇太子や中宮らの直領地である湯沐の前身で、稲置は主稲の前身で「皇室（この場合皇太子や中宮らの〈筆者注〉）直領地派遣の官職」と捉える一方で、アガタは皇室の料地で県主はその君主にあたるとする。すなわち「コホリとイナギは国と国造の下部組織やその官職名ではなく、また県や県主の制度とも性質を異にする」と捉えている。そして『隋書』の記載は国造と稲置を隋・唐の人々の先入観で上下関係に捉えたのみであるとしており、稲置を地域支配に関する存在とした国県制論争とは異なる位置づけを与えている。

原島は国県制論争とは異なる視角から検討し、稲置を地域支配に関わらない存在という新たな位置づけを析出した。しかし小林敏男が原島の理解について、「稲置を主稲の前身と考えることは、稲置のイネが主稲のイネと関連するということが最大の論拠」で、「それ以外の論拠は状況証拠にしかすぎない」と批判し、(5) 共通理解とはならなかった。結果として、この後基本的には国県制論争の流れを受け、地域支配制度・構造の検討の中で補足的に検討し、位置づけていく手法が継承されていくことになる。これは見方を変えれば、地域支配制度・構造の理解が稲置の理解に直結するといってもよく、稲置に関する史料が少ないことを踏まえれば、その手法がとられることは必然でもあった。

なお、原島以降の主要な稲置に関する理解は、次に掲げるとおりである。小林は屯田との関係性を説く。すなわち屯田は後期ミヤケを生み出すきっかけとなった「王権の先進的経営田」と捉え、これを管掌したものが稲置で、のちに県（コホリ）を管掌するようになったものが県稲置と理解する。山尾幸久は、ミヤケ支配の及ぶ領域が行政的軍事的拠点として地域区分的意味を持ち始めた時がコホリの成立で、ミヤケの稲置からコホリの稲置へと発展したと捉える。(6) 篠川賢は稲置を国造の下に位置する地方官と捉える。(7) 具体的には前期ミヤケの管掌者から国造の下位の地方官に転化したとする。そして後期ミヤケこそ大化以前のコホリとする。篠川の理解は山尾の理解を発展させたものといえよう。大川原竜一は、倭王権によって編成された諸階層のなかにおいて、「「此の官家を領り是の郡県を治」める職務を基調としていた階層が、伴造・国造・県稲置」とし、倭王権は国造・伴造・県稲置を通じて人的集団（郡県）を治めていたとする。(8) そして国造―稲置の統属関係を、「当該期における倭王権の地域支配制度の基幹であったことは間違いない」とし、さらにはミヤケとの関係も必要で、国造の下位に位置づけられるとする。仁藤敦史は県（アガタ）が国造制導入後国県制すなわち国造の下部に位置し、県主ではなく稲置の称号が用いられるようになる七世紀後半以降は行政区画として転換されたとする。(9)『播磨国風土記』には里レベルのミヤケが見え、それが（県）稲置の実態と推定する。最近では中村順昭が言及しており、郡県とされる国より小さな地域を支配したり屯倉の管理にあたっていた人々が県稲置であると理解する。(10) 近年の理解でも、ミヤケとの関連という新たな論点が提示されたものの、その手法は国県制論争以来大きく変わらない。

これらの先行研究から、最大公約数的に近年得られている共通理解を示せば次のようになる。①史料十の記載を主な根拠として、国造と上下関係にある存在であること、②史料九の記載を主な根拠として、地域支配に関わる存在であること、③「県稲置」という表記や、稲置が冠する地名がのちの郷が冠する地名と重なることが多いことから、稲置が支配する範囲はのちの郷程度であるということ、の三点である。これらの点はおおよそ認められ、従うべき理解と思われる。これらの共通理解は、一見地域支配の構造に関する議論も巻き込んで具体像を提示できているようにみえるが、多くの研究では稲置は補足的に扱われており、十分な検討がなされたうえでの結論とはいいがたい。その意味で議論が煮詰まっておらず、現在得られている共通理解をさらに掘り下げて検討する必要があり、またその余地がある。

近年の共通理解がある程度認められることから、本章では冒頭で提示した課題にこたえるため、共通理解を起点として稲置関係史料の再検討を行う。最近、毛利憲一が「地方豪族（在地首長）層の社会的な支配力と国家制度は、まずは分けて考えることが穏当である」と指摘しているように[11]、稲置についても実態面（社会的な支配力）と制度面（国家制度）を分けて検討することで共通理解を掘り下げることが可能になると考えられる。その意味でこれまでの先行研究では両面を弁別せずに理解してきたために抽象的で不十分な理解であったと言わざるを得ない。こういった視角から稲置の具体像を明らかにすることは、その位置づけのみでなく、当時の地域支配構造についても再検討を加えることにもなろう。そこでここでは稲置について実態面と制度面を弁別しながら再検討する視角をとる。まずは先行研究同様、史料九の「県稲置」を梃子として検討を加えていくが、その視角から捉え直してみたい。

第二節　『日本書紀』大化元年八月庚子条の解釈

史料九『日本書紀』大化元年八月庚子条は評官人の選定に関する記述であるが、ここでは国造・伴造とともに「県稲置」も評官人の候補にあげられている。そのため先行研究でも地域支配に関わる存在として位置づけられてきたが、より具体的にみるために、評制の成立から「県稲置」の性格を検討する。

孝徳朝において問題となっているのは人間集団の錯綜化と貢納奉仕関係の多元化と考えられる[12]。前者（人間集団の錯綜化）は、それまで社会編成原理が異なる二つの制度（国造制と部民制）が併存していたが、部民制の社会が族制的原理によって編成された社会という特質を持つがゆえに拡大することで地域社会が混乱し（史料十二）、「遂使二父子易レ姓、兄弟異レ宗、夫婦更互殊レ名。一家五分六割」という状況を生み出していたことを示す。評制はこの問題への対策として施行されたと考えられる。実際に史料十三からは、それまで混乱していた地域社会を、実態に合わせて人間集団をベースに再編するかたちで評制が施行されていることがわかる。

史料十二　『日本書紀』大化二年八月癸酉条

（前略）而始二王之名々一、臣連伴造国造、分二其品部一、別二彼名々一。復、以二其民品部一、交雑使レ居二国県一。遂使二父子易レ姓、兄弟異レ宗、夫婦更互殊レ名。一家五分六割。由レ是、争競之訟、盈レ国充レ朝。終不レ見レ治、相乱弥盛。

（後略）

史料十三　『常陸国風土記』行方郡条抜粋

古老曰、難波長柄豊前大宮馭宇天皇之世、癸丑年、茨城国造小乙下壬生連磨・那珂国造大建壬生直夫子等、請二惣領高向大夫・中臣幡織田大夫等一、割二茨城地八里・那珂地七里合七百戸一、別置二郡家一。

一方後者（貢納奉仕関係の多元化）については貢納奉仕関係において中央の首長層と地域首長層の関係が存在し、多元化している様子がうかがえる（史料十四）。このことはミヤケへの命令系統が記される史料十五とも対応する。こういった状況を改めるために史料十六に始まる部民・ミヤケ(13)の廃止が進められたと考えられる。

史料十四　『日本書紀』大化元年九月甲申条

（前略）其臣連等・伴造国造、各置二己民一、恣レ情駆使。又割二国県山海・林野・池田一、以為二己財一、争戦不レ已。或者兼二幷数万頃田一。或者全無二容針少地一。進二調賦一時、其臣連伴造等、先自収斂、然後分進。修二治宮殿一、築二造園

陵一、各率二己民一、随レ事而作。易曰、損レ上益レ下。節以二制度一、不レ傷レ財。不レ害レ民。方今、百姓猶乏。而有レ勢者、分二割水陸一、以為二私地一、売二与百姓一、年索二其価一。従レ今以後、不レ得レ売レ地。勿三妄作レ主、兼二并劣弱一。百姓大悦。

史料十五　『日本書紀』宣化天皇元年五月辛丑朔条

（前略）故、朕遣二阿蘇仍君一。〈未レ詳也。〉加運二河内国茨田郡屯倉之穀一。蘇我大臣稲目宿禰、宜下遣二尾張連一、運中尾張国屯倉之穀上。物部大連麁鹿火、宜下遣二新家連一、運中新家屯倉之穀上。阿倍臣、宜下遣二伊賀臣一、運中伊賀国屯倉之穀上。修二造官家、那津之口一。（後略）

史料十六　『日本書紀』大化二年正月甲子朔条

賀正礼畢、即宣二改新之詔一曰、其一曰、罷二昔在天皇等所立子代之民・処々屯倉、及別臣連伴造国造村首所有部曲之民、処々田荘一。仍賜二食封大夫以上一、各有レ差。降以二布帛一、賜二官人百姓一、有レ差。（後略）

これらをみれば、評制の施行は人間集団の錯綜化という社会の混乱の解消を目的としたものといえる。そのため史料九にある「自二我祖時一、領二此官家一、治二是郡県一」という状況下にあるものが評官人候補者となることも、制度的なものではなく実態レベルの現状を踏まえたものと考えられる。すなわち史料九の文脈からは、「県稲置」は制度上ではなく実態として地域支配に関わっていた人物をさす呼称として使用されていたと考えることができる。このことは中村が、評官人選定の際に、「国造・伴造・県稲置」でないのに「而輙詐訴言、自二我祖時一、領二此官家一、治二是郡県一」とする状況について、その「主張の虚実を調べることを国司に命じているのだから、中央政府はそのような立場の人を必ずしも掌握していなかった」、とりわけ「国造・伴造・県稲置」のうち「国造・伴造」は倭王権により掌握されていなかったとは考えがたく、「県稲置」こそ掌握されていなかったと指摘するのはそのとおりであろう。(14)

ここで視点をかえて「県稲置」の「県」について検討する。先行研究ではアガタ（県主の某県）からコホリ（県稲置の県）へと変質したとする理解もあり、二つの県（アガタとコホリ）をどのように理解するかということが問題になる。県をアガタとコホリの二つに分類する議論の背景には、県主と稲置の関係という論点の存在があげられる。とりわけ地域支配制度・構造の中に稲置を位置づける先行研究において県主と稲置の弁別を企図すれば、制度的にアガタとコホリの二類型の存在を指摘することに行きつくのは必然であった(15)。その議論のなか、この二つの県について須原祥二が検討を加えており、参考になる(16)。『日本書紀』において「県」と「郡」が混用されていることはこれまでも指摘されてきたところである。これを踏まえて須原は、七世紀から八世紀の人々の間で「県」と「郡」に関する意識が希薄だったことが背景としてあり、そのために「県」と「郡」の用字やアガタとコホリの古訓がある程度通用していると指摘した。そしてそのため県字に二種類の制度呼称があったのではなく、「一種類の制度呼称の他に、行政諸単位の総称であったり地方の一定地域を漠然と指したりするような、さまざまな意味を持っていた」とした。すなわち二つの制度面が指摘されてきた議論から、片方を実態面へと切り離して理解したといえる。そこで「県稲置」の他に県と稲置が関係する史料六をみると、須原が指摘するように、稲置のおかれる「「県邑」は「国郡」より規模の小さな支配地域を漠然と指す用法」であることがわかり、それを踏まえれば「県稲置」の「県」もやはり、県主の県とは異なるもので「稲置の職務を遂行する対象地域を漠然と指しているだけ」という可能性が指摘できることになる(17)。すなわち、「県」という国の下位に位置づけられる地域社会が想定できるものの、その存在は倭王権によっておぼろげながら認識されていたもので、正確に把握されていた、あるいは定められていたわけではない、さらに換言すれば制度的に地域支配構造の一部として組織されたものではないと考えられる(18)。そしてそれはまた、「県」が県とは異なる論理のなかで使用される名称であることもおのずと明らかにするだろう。

なお、「県」が規模の小さな地域をさす一般名詞の一つになった背景には、県主の県の存在が考えられる。拙稿では、県は地域支配を念頭においた地域社会の単位ではなく、倭王権の運営にかかる生産物の貢納がなされるべき土地、すなわち倭王権の直轄地として捉えた(19)。それらの県が冠する地名は、すべて国よりも小さな範囲をさすもので、この県の記憶が国より下位に位置づけられる地域社会に割り当てられ、また律令制下の国郡里制のイメージと結びつく、あるいはそれを遡らせることで県字がコホリ（「県」）として一般名詞化していったのではないかと考えられる。

県は倭王権の直轄地である一方で、倭王権に制度的に把握されていないものの、国の下位に位置づけられる地域社会をさす一般名詞としても使用された（「県」）と理解できる。この一般名詞化した「県」の理解を踏まえれば、「県稲置」は、倭王権に制度的に把握・組織されたわけではない、国より下位の地域社会（「県」）を支配していた存在で、倭王権に認識されてはいたものの、あくまで実態レベルにのみ存在していた可能性が指摘できる。なお、なぜ史料九において稲置ではなく「県稲置」とされたのか、という点については後述する。

第三節　稲置の二つのタイプ

前節で指摘した「県稲置」の理解は、稲置一般にも適用できるのだろうか。本節ではこの点を検討する。史料四・六・十をみれば稲置一般も「県稲置」と同様に考えられるため、ひとまず稲置も「県稲置」と同様に国より下位の地域社会における支配者層で、実態レベルでのみ認められる存在という仮説をたてて検討を進めていく。

『日本書紀』には倭王権を構成する諸層の表現として、複数箇所に「臣連伴造国造」あるいは「臣連国造伴造」の連称が使用されている。なお、大川原はこの点について、編纂時の述改作の可能性が高く、異同もみられることから、史料十七にある日羅の表現「臣連二造」が当時の実態を反映したものであるとする(20)。

史料十七　『日本書紀』敏達天皇十二年是歳条

（前略）日羅対言、天皇所㆔以治㆓天下政㆒、要須護㆓養黎民㆒。何遽興㆑兵、翻将失滅。故今合㆘議者仕㆓奉朝列㆒、臣連二造、〈二造者、国造伴造也。〉下及㆓百姓㆒、悉皆饒富、令㆖無㆑所㆑乏。（後略）

「臣連伴造国造」や「臣連国造伴造」、より実態を反映した「臣連二造」、いずれにしても倭王権が把握していた地域支配の構造の中に稲置の存在をみることはできない。すなわち倭王権が地域支配の根幹として把握していたのは国造や伴造および彼らが支配する組織（国や部）であって、それより下位の首長層および組織に関しては倭王権の把握の埒外にあったということができよう。その意味では大川原がいうように、稲置は「造」の主体ではないため直接的に倭王権との関係を有していないといえる。そうすると「王権は国造・伴造・県稲置を通じて地域における一定の人的な集団（郡県）を治めていた」というのは実態面においてのみ認めることができよう。

それに関連して、稲置の任命記事が史料上みえないことも、稲置が倭王権によって把握されていたわけではないことを裏付けることができよう。史料十八においては、「国郡立㆑長」が国造のこととみられ、「取㆓当国之幹了者㆒、任㆓其国郡之首長㆒」とあることから、国造の任命については基準が設けられているものの、「県邑置㆑首」については一切の記述がなされていない。

史料十八　『日本書紀』成務天皇四年二月丙寅朔条

（前略）是国郡無㆓君長㆒、県邑無㆓首渠㆒者焉。自㆑今以後、国郡立㆑長、県邑置㆑首。即取㆓当国之幹了者㆒、任㆓其国郡之首長㆒。是為㆓中区之蕃屏㆒也。

厳密にいえば史料四と史料八において稲置の任命が行われているようにみえる。しかし前者においては個別事例でないことからも、国の下位に位置づけられる地域社会が制度的に存在するようにイメージされていた八世紀の認識が反映されていると考えられる。後者についてはその本質は闘鶏国造に対する罰で国造を解かれたことであり、積極的な稲置の任命という性格をもつものではない。これも前者のような八世紀の認識が反映されたもの、あるいは闘鶏国造に伝えられた伝承で、自らが稲置的存在だった理由として倭王権に任命されたと主張したものと捉えたい。仮に史料十にみえるように、「十伊尼翼〔冀〕属二一軍尼一」という構造があるとすれば、任命記事が多く残されていてもよさそうだが、ほとんど残されていないということは稲置は倭王権によって任命・把握されるものではなかったと考えられる。

他にも稲置関係史料において、稲置の下にある人間集団の姿がみえないことも仮説を裏付けるものとなろう。拙稿において県主について検討したが、そこでは三嶋竹村屯倉設置説話をもとに、倭王権は国造に対してミヤケ運営にかかる労働力の徴発や部民を設置しているのに対して、県主に対しては労働力の徴発が行われていないことから、県主は国造とは異なり地域支配（人間に対する支配）は制度上実施されていない、換言すれば倭王権は県主を通じた人間集団に対する間接的支配を企図していないとした。すなわち県主による人間集団に対する支配の実態は倭王権の制度的裏付けによるものではなく、県主対人間集団の関係性においておこなわれていたことを示した。稲置も同様に個別事例を確認すれば、倭王権が稲置を通じて地域社会の人間に対して働きかけている様子をみることができない。そのため支配関係があるとすれば、それは稲置対人間集団の関係性においてのものであって、制度的裏付けによるものではないと考えることができる。

ここまで、仮説を裏付けるためいくつかの視点から述べてきたが、史料十一の「税長」については仮説と異なる理解が導き出される。それは、地域支配には関わらない徴税にあたっていた実務官のようなイメージである。さらに史料十からすれば、国造のもとでその職務にあたっていたと考えられる。ここまでの分析で、仮説がある程度否定されるものではないことを踏まえたうえで史料十一をみれば、どちらかがどちらかに変質した、あるいは仮説で提示した稲置と異なる性格（実務官）の稲置も並行して存在したという二つの可能性を考えることができる。この点は前節で述べた「県稲置」および稲置の名称の理解から考えてみたい。

「県稲置」は実態として支配者層であったからこそ評官人候補者たりえたことは述べたとおりである。問題なのはここで単に稲置と記されたのではなく、「県」と稲置が結合した「県稲置」と記されていることである。これは結論からいえば、稲置だけでは国より下位の地域社会における支配者層をさす名称として適切ではないと判断されたのではないだろうか。すなわち、稲置には国造のもとで徴税にあたっていた実務官としての稲置と、国より下位の地域社会における支配者層としての稲置の二つのタイプが存在していたが、稲置に「県」を付すことによって、二つのタイプのうち後者の稲置に限定し、それこそが評官人候補者であることを示したということが考えられる。「県稲置」という名称はおのずと稲置が複数の性質をもちうる存在であると同時に、大化ごろにはそれらが併存していたことを示す名称でもあったのである。

同時に「県稲置」の名称は、稲置の名称が一次的であったことも示す。すなわち「県稲置」の名称が稲置を踏まえて後次的につくられた名称ということである。そして稲置が「稲を置く」という意味を持つとすれば、支配者層ではなく国造のもとで徴税にあたっていた実務官としてのイメージを持たせる。それらを踏まえれば、当初倭王権は稲置を支配者層ではなく実務官として認識していた可能性が考えられる。そして大化ごろの地域社会の混乱を踏まえれば、当初は認識と実態が大きく乖離していなかった稲置が、のちに認識から実態が乖離し、支配者層に転じた者もいたと考えられる。だからこそ彼らをも倭王権のもとに一元化する必要性があり、稲置ではなく「県稲置」と限定して評官人候補者としていたとも考えられる。すなわち倭王権の認識上は、稲置は国造のもとで徴税にあたる実務官で、のちに支配者層に転じたものも出てきたために「県稲置」という認識が派生したといえる。認識上このような先後関係をみることができるが、実態は当初から両タイプが併存していた可能性も否定しきれない。しかし大化ごろになって地域社会の混乱が生まれてきたことを考えれば、実態も認識と大きくは変わらない（実務官から支配者層がうまれてくる）と考えられる。ただし注意すべきは、稲置が倭王権から制度的に把握されていないという性質上、すべてが実務官から支配者層への道をたどったとは言えず（変質しないケースもあったために史料九において「県稲置」と限定し、稲置と別にする必要があった）、一般化することはできないことである。おそらく稲置は倭王権による地域支配構造に位置づけられていないためにさまざまな役割を担っていたとみられる。

なお、この二つのタイプは、完全に分類できるものではなく、またそれぞれ排他的な性質をもつものではないと考えられる。どちらかに振り分けられる場合もあれば、両方の性質を持ち合わせることも十分にあり得ることは注意しておく必要がある。「県稲置」が示したものは、国より下位の地域社会における支配者層である稲置とともに、実務官の性質ももつが、前者の性質を強く持つ稲置をも含む名称だったと考えられる。そのあたりが不明瞭だからこそ国司に主張の虚実を調べさせたともいえよう。

このように考える場合、必然的に先行研究でも指摘されているミヤケとの関係も明確に規定できないことになる。すなわち稲置が倭王権に制度的に定められていない以上、ミヤケの管理は承認も否定もされることはない。そのためこれまで指摘されてきた、稲置がミヤケを管理していたという点については、あらゆる可能性を想定することができるため、その是非は不明とせざるを得ない。これは、ミヤケを梃子として稲置を検討するのは、その手法においてすでに限界であることを意味する。

ここまで稲置を倭王権の地域支配構造の埒外にある存在としてきた。しかし、それは全く認識されていないということを意味するのではない。稲置という名称が史料上記されていることから、倭王権がそういった立場の存在を認識していたことは事実であろう（当然すべてではなく一部であったと思われるが）。そこで、ここまでの検討を踏まえて稲置が認識され始めた時期についても触れておきたい。拙稿でも示したように、五世紀段階では倭王権による地域首長層を通じた人間集団に対する間接的な支配は想定できない、換言すれば倭王権は地域首長層の下位に位置する人間集団を認識していたとは想定できない(21)。もちろんその段階から地域社会において実態として重層的な支配がなされていた可能性は否定できない。おそらくは稲置は間接的ではあるものの倭王権が地域社会に対して介入することが可能になる国造制段階になって実務官として、あるいは国より下位の地域社会における支配者層としてその存在が認識されはじめたと考えることが自然であろう。

なお、稲置が倭王権の地域支配構造の埒外にあった背景には、史料十にて示された数量の問題が考えられる。数量が膨大であったことと(22)、国造の下位まで把握することが及ばなかった当時の倭王権の限界によるものだろう。すなわち把握が進まず、規定できなかったために存在の認識にとどまり、そのため史料数が少なく、また稲置が多様な意味をもつ存在にならざるを得なかったといえる。

最後に県主と稲置の関係について触れておきたい。たとえば仁藤は県（アガタ）が国造制導入後、国県制すなわち国造の下部に位置し、県主ではなく稲置の称号が用いられるようになる七世紀後半以降は行政区画として転換されたとする(23)。先に述べたとおり、県主による人間集団に対する支配が行われているとすれば、制度的裏付けによるものではなく県主対人間集団の関係性に由来する。稲置もまた、地域支配に関わる制度的に定められた立場でない以上、支配が行われていたとしてもその支配の性質は制度的裏付けによるものではなく稲置対人間集団の関係性に由来するものとみられる。県主と稲置の類似性は史料四で並列的に記載されていることや、史料十九にみえる県主が史料六の稲置と対応するとみられることから、国県制論争以来指摘されてきたが、本章の立場に立てば、基本的には県主と稲置には関係性はないものとみられる。全く異なる論理のなかで生まれてきた名称・存在で、各史料において、あたかも両者が関係するかのように記載されているのは、おそらくは稲置や県主が地域支配に関連すると考えてきた八世紀の認識が反映されている可能性が高い。

史料十九　『古事記』成務天皇段

若帯日子天皇、坐二近淡海之志賀高穴穂宮一、治二天下一也。此天皇、娶二穂積臣等之祖、建忍山垂根之女、名弟財郎女一、生御子、和訶奴気王。〈一柱。〉故、建内宿禰為二大臣一、定二賜大国・小国之国造一、亦定二賜国国之堺及大県・小県之県主一也。

また、これも先述したとおり、県と「県」は異なる論理で使用されたものと考える。県を直轄地的位置づけとみるならば、その役割の一部（土地支配ではなく、そこから物的貢納がおこなわれるなど）はミヤケの原初的形態にも継承されたと考えてよいだろう[24]。その一方で、国より下位の地域社会をさす一般名詞として「県」が使用されるようになるのではないだろうか。先行研究ではこれらが先後関係かつ因果関係にあると誤認し、あたかも県から「県」（アガタからコホリ）へと転じたように理解されてきたと考えられる[25]。

それを踏まえると、やはり県主と稲置に完全なる因果関係は存在しえないといえる。県主が稲置に「結果的に」転じた可能性があることは稲置の多様性ゆえに否定しきれないが、それは県主だから稲置になったというようなものではなく、その地域における人間集団との関係性において稲置になったと考えられる。県主であることが必要条件であるわけではない。史料十に記載された数量をみれば、それが実数でないにしても、県主ではない人物が稲置になることが多かった可能性が高い。

あらためて本節冒頭でかかげた、稲置も「県稲置」と同様に国より下位の地域社会における支配者層で、実態レベルでのみ認められる存在という仮説に立ち返れば、若干修正する必要がある。稲置には仮説のようなタイプに加えて、国造のもとにあって支配には深く関わらない実務官のようなタイプも並行して存在したとみられる。その先後関係は、一応実務官から支配者層へと想定したが、稲置は両タイプの性質を併せ持つ場合もあると考えられるため、すべてがそのように言えるものではない。その背景には、仮説でかかげたように制度的なものではなく、あくまで実態レベルでのみ存在しうるものだったために、多様性を含む存在であり、一概に定義しきれないという稲置の特徴があると考えられる。

おわりに

ここまでの検討結果をまとめて結びとしたい。これまで稲置は、国造の下位に位置づけられる地方官として、地域支配に関わっていた存在と理解されてきた。その場合、地域支配制度と合わせて論じられたために重層的な地域支配制度の存在を想定することになる。しかしそれは他の論点に対して補足的に論じられた結果であって、十分な論証を経たものではなかった。稲置についてはその意味で議論が煮詰まっておらず、さらに掘り下げて検討する必要性があった。そこで本章ではこれまで得られている共通理解をもとに稲置について再検討し、その具体像や位置づけを析出することを課題とした。そして課題にこたえるために制度面と実態面を弁別して稲置を再検討するという視角を設定した。

評制が施行される前提をみれば、史料九は社会の実態の混乱を示したものであることから、評官人候補者も実態のなかから選定されるものと考えた。すなわち「県稲置」は制度的に把握・規定されていたわけではなく、倭王権に制度的に把握されていない国より下位の地域社会において、稲置対人間集団という関係性のもとで支配に関わっていた存在で、あくまで実態レベルにおいてのみ倭王権に認識されていた存在と考えた。そして「臣連伴造国造」や「臣連国造伴造」、「臣連二造」という倭王権の認識や、稲置の任命記事が見られないこと、倭王権が稲置を通じてその配下にいる人間集団に対する支配を行った形跡がないことなどから、「県稲置」の理解は稲置一般にも適用できる場合があることを推定した。しかしその一方で史料十一の「税長」の記載や、「県稲置」が稲置に対して後次的で稲置と区別される名称と考えられることから、国造の下で徴税にあたっていた実務官としての性格をもっていたタイプの存在も考えられる。そして稲置のなかにはのちに支配者層に転じたものもいたために「県稲置」という認識が派生したと考えた。すなわち稲置の語それ自体は倭王権との直接的関係を有しない、国造より下位の首長層あるいは実務官をさす一般名詞であった。そしておおよその流れとして、実務官から支配者層へ転じたものがいたことは十分考えられよう。なお、両タイプは決して排他的な性質をもつものではなく、併せ持つ場合もあったと考えられる。稲置がこのように多様性をもって理解されるべき存在であることは、制度的に定められた立場でなく実態レベルでのみ認識されるにとどまっていたためといえる。

県は倭王権の直轄地である一方で、国の下位に位置づけられる地域社会の一般名詞（「県」）としても使用されたと考えられる。この両者が判然としないまま『古事記』『日本書紀』において使用されてきたことが県字の理解の混乱の原因と考えられる。「県」は、おそらくは五世紀以前の県主の県のイメージと、八世紀以降の国郡里制のイメージが結びつくことでそのような用法が発生したと考えられる。すなわち県と「県」は異なる論理から発生したものであって、関係性はほとんどないと考えられる。

これまでの先行研究では制度面と実態面が弁別されずに議論されてきたために表面的・抽象的な理解にとどまって

いた。しかし稲置を制度的には認められず、実態レベルにおいて存在が認められるというように、制度と実態を弁別して理解することによって、稲置の理解が深まるとともに、七世紀以前の地域支配の構造の一側面をみることを可能にする。すなわちこれまでの先行研究で議論されてきた重層的な地域支配構造については、制度面からは否定的に捉えざるをえない一方で、実態としては重層的な地域支配が存在していたとみることができる。

このことを本章の課題に対するこたえとしたい。本来ならばここでの検討結果を踏まえていわゆる八色の姓についても言及する必要がある。しかし八色の姓はそれ自体の検討に加え、姓も併せて考える必要があり、また別の機会に論じることとしたい。

註

（1）曽我部静雄「日本古代の邑制と稲置」（『古代学』一―二、一九五二年）。
（2）井上光貞「国造制の成立」（『井上光貞著作集　三』岩波書店、一九八五年、初出一九五一年）、同「国県制の存否について」（『井上光貞著作集　一』岩波書店、一九八五年、初出一九六〇年）、上田正昭「県主と祭祀団」（『日本古代国家成立史の研究』青木書店、一九五九年、初出一九五三年）、同「国県制の実態とその本質」（『上田正昭著作集　一』青木書店、一九九八年、初出一九五九年）。
（3）原島礼二「県主と稲置」（『日本古代王権の形成』校倉書房、一九七九年、初出一九七〇年）。
（4）中田薫「我古典の「部」及び「県」に就て」（『法制史論集　三』、一九四三年）。
（5）小林敏男「稲置・屯田の一考察」（『古代王権と県・県主制の研究』吉川弘文館、一九九四年、初出一九七六年）。
（6）山尾幸久「大化改新論序説」下（『思想』五三一、一九六八年）。
（7）篠川賢「国造制の内部構造」（『日本古代国造制の研究』吉川弘文館、一九九六年）。
（8）大川原竜一「大化以前の国造制の構造とその本質」（『歴史学研究』八二九、二〇〇七年）。

（9）仁藤敦史「六・七世紀の支配構造」（『古代王権と支配構造』吉川弘文館、二〇一二年）。
（10）中村順昭「律令制成立期の国造と国司」（佐藤信編『史料・史跡と古代社会』吉川弘文館、二〇一八年）。
（11）毛利憲一ａ「倭国における地域社会の編成」（『歴史評論』八〇九、二〇一七年）。なお、この分析視角は同ｂ「六・七世紀の地方支配―「国」の歴史的位置―」（『日本史研究』五二三、二〇〇六年）でも指摘されている。
（12）本書第Ⅲ部第一章。
（13）この場合の廃止は倭王権と民衆の貢納奉仕関係にさまざまな階層が介在している、言い換えれば大王以外が部民・ミヤケを所有することを廃止することを意味すると考えられる。この直後に中大兄が「屯倉一百八十一所」を献上しているが（『日本書紀』大化二年三月壬午条）、孝徳に対して「献上」したのであって、「廃止」とはなっていないことが留意される。
（14）中村前掲註（10）論文。
（15）須原祥二「部民制の解体過程」（『古代地方制度形成過程の研究』吉川弘文館、二〇一一年）。
（16）須原前掲註（15）論文。
（17）以降、国の下位に位置づけられる地域社会の一般名詞（実態）としての県は「県」として表現する。
（18）なお、「県稲置」の他にも史料十六において「村首」という名称が使用されており、国造より下位に位置づけられるとみられる地域首長に対しても定まった名称が使用されていなかったとみられ、地域社会の単位と首長、ともに正確に把握されていなかったことを示すものであろう。
（19）本書第Ⅰ部第二章。以下拙稿とする場合はこれをさす。
（20）大川原前掲註（8）論文。
（21）本書第Ⅰ部第一章、第Ⅰ部第二章。
（22）史料十はもちろん実数を記録したとは言えないだろうが、国造の下位には複数の実務官のような存在があったとみられる。なお、史料十にみえる国造や稲置の関係性は隋の使者が見た実態部分を公的な地域支配制度と誤認したことによる記述と考えられる。
（23）仁藤前掲註（9）論文。
（24）本書第Ⅱ部第三章。ただ、すべてが継承されたわけではなく、県の一部はそのままの性格で維持された場合もあると考えられる。なお、本書第Ⅰ部第二章では県は国造制とは次元を異にして併存したとしている。

(25)　ただし、それは仁藤らの理解を完全に否定するものではなく、「結果的に」県から「県」へと転じた例も可能性としては存在するだろう。本章の立場でいえば、両者に因果関係はないと考えられる。

第Ⅲ部　七世紀半ば以降の地域支配制度

第一章　評制の史的前提と史的意義

はじめに

これまで、評制に関する研究はさまざまな視点から行われてきた。諸研究により、評制は日本古代の、特に律令制以前の地域支配制度という大局的な視点から位置づけられ、さまざまな評価がなされてきた。その結果、評制は七世紀半ばから八世紀に郡と変わるまでに施行されていたもので、当時の地域支配の根幹をなしていたとする見解はおよそ共通理解として得られているだろう。しかし、成立時期や展開過程などの具体像についてはいまだ通説的理解を得ておらず、評制がいかなる社会状況を前提として成立してきたのかという点や評制の史的意義などの評価についても定まっていない。評制の史的意義についてはこれまで多くの論考が提出されてきたが、論者の大化以前の地域社会像によって異なる部分も多い。そこで本章ではこれまでの先行研究をまとめ、評制の史的意義について私案を示すこととする。次節にてまずは評制施行の史的意義およびその評価に関する先行研究を概観し、本章の課題と分析視角を示したい。

第一節　先行研究と分析視角

本節では、評制の史的意義・評価についてこれまでの諸論考を整理し、具体的な論点を導き出すことを目的とする。

評制の評価について、早川庄八は、「旧国造部内の著しい分割・統合」は「事実上国造制の破壊に等しい」とし、「首長・豪族相互の支配・従属関係の分断ないし調整を意味する」とした(1)。これらは倭王権の権力拡大を意味し、それを可能にした背景に大化ごろの地域社会秩序の動揺があったとする。早川は社会編成を論点とし、部民制の展開よりも国造制の破壊という点に軸を置いている。

狩野久は、評官人は旧国造が優先的に任命された一方で、国が分割・統合されることから、国造の支配秩序が崩壊しつつあるとした。評制の特徴として、「国造にかわる新興豪族の支配秩序が形成され、その在地支配構造もまた国造のそれと本質的には異なるものではな」く、一人もしくは一族に代表される性質の共同体的秩序であるとした(2)。また「評造」の名称を持つことは、国造・県造・伴造との同質性を示すとした。これは評制の支配原理においては大化以前のものと相違ない一方で、社会編成については国造制の崩壊を念頭に置いていることから、地域社会秩序の崩壊が倭王権による評制施行を生んだと評価しているといえよう。上記の早川は倭王権の主体性を重視するのに対し、狩野は地域社会の主体性を重視しているといえる。この点で狩野の見解は早川の見解と相違するが、両者ともに大化以前の地域支配の根幹を国造制と捉え、国造の支配秩序の動揺が評制施行の根底にあったと考え、評制を国造制に変わるものと捉えるなど、評制施行前における地域社会についての認識は一致している。ただし、両者は通史的な論文であるゆえに史料的根拠や具体像の析出という点で課題を残した。

鎌田元一は、五十戸への編成が旧部民に対して行われていたと考えることから、評制施行の意義を「部民制の廃止に対応する体制」と評価する。(3) 評制はタテ割りの収奪体系が揚棄され、倭王権のもとに一元化させ、「定量化を伴う統一的な収奪の体制」の実現であるとした。そして国造と評は次元を異にして重なりあうとした。鎌田はこれまでとは異なり、部民制の解体過程と評制施行を結び付け、部民制の変化を高く評価した。鎌田が社会編成のみでなく、それに基づく収奪体系についても言及していることは、これ以降継承されていくことになる。

森公章は、評制以前の地域支配の根幹は国造制であったこと、国造が評制下においても実質的な役割を担っていることを踏まえ、評制と国造制的支配秩序との連続性を認める立場に立つ。(4)「国造制的秩序を継承し、クニ内部のより細かな把握」を目指したものであり、「地方豪族への依存という地方支配の構想自体には、評制施行以前と比べて大きな進展は見られず、評制成立の意義は、正に新しい区画たる評を作った点にある」と評価する。つまり国内部の社会を再編し、国造に匹敵する豪族に対する把握を強めようとしたものとした。

篠川賢もそれまでの地域支配の根幹を国造制と捉え、評制を国造制の再編とする。(5) 国内部の自立的在地首長層とそれぞれが持つ秩序を、評という統一的な組織に編成しようとしたとし、それを「支配の均一化」とする。この見解は評制を国造制にとってかわる制度として捉える早川・狩野とは異なり、国造制的支配秩序の連続性を認める点で森の見解と同様である。そして篠川の視角も社会編成の変化として捉えようとしているといえよう。その中で、森・篠川は国造制が残存した状況で地域社会を捉えることで、先の早川・狩野とは異なる地域社会像を示した点で評価されよう。

井内誠司は、国造・伴造・県稲置など多様な貢納奉仕関係の一元化として捉える。(6) これまでと異なるのは、国造制にとどまらない貢納奉仕関係の再編としたことだろう。社会編成の多元化だけではなく、それに基づく貢納奉仕関係も多元化していたことを重視する。国造の支配秩序内部の中小首長層の成長を高く評価し、単純に国造制の発展・展開として評制を捉えない見解といえる。井内は、社会編成と同時に貢納奉仕関係の一元化というところに重きを置く。井内の多様な貢納奉仕関係の存在のイメージと共通するイメージを持つのが相沢央である。[7] 相沢は、評制の史的前提として、地域社会の支配秩序が国造に収斂されるものではないとし、部民制に対して一定の評価を与えた。つまり、国造の一元的支配を否定し、大化以前の地域社会の構造を多元的で族制的秩序が複数存在していると捉え、単純に国造制を評制の史的前提とはできないとする。複数の族制的原理による支配秩序が混在しており、評制の意義は「評の支配下に置かれるべき人間集団の確定」とした。

近年では吉野秋二がこの問題に言及している。[8] 吉野も評制の意義を「人的集団（部）単位の統治と領域単位の統治（国造制）の併存を否定し、領域（評）単位の統治への一元化」として捉える。ただし国造制の温存を意味しないものであるとし、国内部に重層していた国造・伴造の職権などを国の分割により再分配したものし、社会編成の側面において評価した。

これらを踏まえると、現在ではおおよそ以下の見解が得られている。評制は支配方式としてはそれまでと変わらず旧国造に代表される在地首長層に依存する形がとられ、その点でそれまでの支配原理を大きく変えるものではないこと、その意義は社会編成および貢納奉仕関係（支配関係・所有関係と言い換えてもいいか）の再編において評価されるべきであるということ、そしてそれは地域社会の変化・動揺に規定された倭王権の施策であること、である。これまで国造制が地域支配の根幹に据えられることが多かったが、近年では井内・相沢のように国造制の一元的支配を否定的に捉え、多元的な秩序の存在が高く評価されることもある。それらを考えると、問題点の一つとして、評制の史的前提たる評制以前の地域社会構造について明らかにする必要がある。その具体像を明らかにすること抜きに、評制について評価を下すことは不可能といえるだろう。また、先行研究から導かれるもう一つの問題点として、評制をそれまでの状況の一元化と捉えることがあげられる。一つ目の問題点とも関連するが、一元化という言葉で表されることが多いものの、その具体像はいまだ明らかではなく、社会編成原理および貢納奉仕関係の一元化の具体像について検討する必要がある。そこで、まずは評制以前の地域社会の構造から評制の史的前提を検討し、それを踏まえて評制の一元化の具体像およびその史的意義について若干の私案を示したい。なお、評制の成立については成立時期が大きな問題としてこれまでも議論されてきたところではあるが、本章では評制の成立時期についてはおおよそ孝徳朝に施行されたという現在の共通見解を支持するが、一斉成立か段階的成立かは言及しない。それは本章の課題を検討するうえで必要不可欠な議論ではないと判断したためである。

第二節　評制の史的前提（一）――国造制――

評制の史的意義を考えるうえで重要なのは、評制以前において、地域社会にはいかなる編成・秩序および貢納奉仕関係が存在していたのか、そしてそれらはいかなる特質を持っていたのかという点である。その点を明らかにする場合、国造制と部民制がその対象となろう。それらが同時代的に存在・機能していたことは周知の事実であるが、これらはいかにして併存しえたのかが問題となる。評制の史的前提として、両者の基本属性および関係性を確認したうえで評制の史的意義を検討する。本節では国造制について検討する。

以前、筆者は国造制の成立に関する論考を発表した(9)。その中で、国造制成立の指標となるのは国の成立であることを示した。これまでは地域区画の性格に対する概念が抽象的だったために混乱を招いていたと考え、以下のように領域の持つ性格を定義した。一つ目は共同体的領域性とするもので、地域社会側で設定された領域に対し、倭王権側が全く関知しないものとした。これは鎌田が「人間生活の投影された土地」としたもので[10]、必然的に存在する領域の性格といえよう。二つ目は制度的・共同体的領域性とするもので、地域社会側によって設定された領域において、倭王権から何らかの力が加わるもの、または承認された性格を持つもの。三つ目は制度的領域性とするもので、倭王権によって区画された領域という性格を持つものとした。これらは領域に対する倭王権の主体性の程度の問題となる。この中で、二つ目の制度的・共同体的領域性こそが国造制の成立の指標であり、特質の一つであると考える。そして評制に移行する中で、その領域の性格は共同体的領域性に変化する、つまり倭王権による明確な区画を伴った地域社会構造ではなくなるとした。このことを本章の言葉に置き換えれば、国造制と評制の差異は社会編成原理となる。国造制の場合は在地首長による一元的秩序を想定し、倭王権によってそれに基づく領域が設定される。評制においてはその領域は放棄され、国造よりも小さなレベルでの一元的秩序を定めていくことになると考える。言い換えれば国造領域内に多元的な秩序が形成されはじめており、倭王権はその地域社会に対する認識に合せて社会編成のあり方を変更したともいえる。

国造制は磐井の乱後に主に西国に成立し、のちに東国に施行されたと考えられる。先に論じたところではあるが、このことを具体的に史料をあげながら確認しておく。

史料一　『播磨国風土記』託賀郡法太里条

所三以号二法太一者、讃岐日子与二建石命一相闘之時、讃岐日子、負而逃去、以レ手匐去。故曰二匐田一。甕坂者、讃岐日子、逃去之時、建石命、逐二此坂一云、自レ今以後、更不レ得レ入二此界一。即御冠置二此坂一。一家云、昔、丹波与二播磨一、堺レ国之時、大甕堀二埋於此上一、以為二国境一。故曰二甕坂一。

国造制以前においては、史料一のように、地域社会相互の関係において境界は定められた。境界を定めることで自他の区別をつけていたといえる。この領域性は上記の性格でいえば一つ目の共同体的領域性となる。つまり倭王権が一切介入せず首長相互による社会編成、それに基づく境界設定がなされ、首長による一元的支配が行われていたといえよう。ただし境界については、史料一のように争いがおこることで設定されることが多いと考えられる。特に争いがない場合などは取り立てて設定されないこともあるだろう。一方で社会編成については自然発生的に成立し、境界を持たずとも一元的支配が行われていたことは推定できよう。そのため、境界設定はあくまで二次的なものと考えられる。

このような社会編成と共に境界は設定されていたと考えるが、磐井の乱を契機として首長相互の関係性によって生まれた社会編成および領域区画に倭王権の介入があった（史料二）。これは少し遅れて東国にも波及し（史料三）、六世紀後半には全国的に倭王権が介入する形で領域区画が生まれ、社会が編成されたことで国造制が成立したと考えられる。

史料二　『日本書紀』継体天皇二十二年十一月甲子条

（前略）遂斬二磐井一、果定二疆場一。

史料三　『日本書紀』崇峻天皇二年七月壬辰朔条

遣二近江臣満於東山道使一、観二蝦夷国境一。遣二宍人臣鴈於東海道使一、観二東方浜レ海諸国境一。遣二阿倍臣於北陸道使一、観二越等諸国境一。

この領域区画の持つ意義の一つには、前田晴人が言うように「地方有力首長層相互の間の利害関係と既存の秩序を調整しつつ諸領域の再編統合」があったと考えられる(11)。

国造制において、倭王権側が追認する形で社会編成および領域区画がなされ、またそれに基づく秩序を統率することが国造の職務であったと考えられる（史料四〜八）。

史料四『常陸国風土記』多珂郡条

古老曰、斯我高穴穂宮大八洲照臨天皇之世、以二建御狭日命一、任二多珂国造一。（中略）建御狭日命、当二所レ遣時一、以二久慈堺之助河一為二道前一、（中略）陸奥国石城郡苦麻之村為二道後一。（後略）

史料五『古事記』成務天皇段

（前略）定二賜大国・小国之国造一、亦定二賜国国之堺及大県・小県之県主一也。

史料六『日本書紀』成務天皇五年九月条

令二諸国一、以国郡立二造長一、県邑置二稲置一。並賜二盾矛一以為レ表。則隔二山河一而分二国県一、随二阡陌一以定二邑里一。（後略）

史料七『続日本紀』延暦十年九月丙子条

讃岐国寒川郡人正六位上凡直千継等言、千継等先、皇直。訳語田朝庭御世、継二国造之葉一、管二所部之堺一。於レ是、因レ官命二令氏一、賜二紗抜大押直之姓一。（後略）

史料八『隋書倭国伝』

有二軍尼一百二十人一。猶二中国牧宰一。八十戸置二一伊尼翼〔冀〕一。如二今里長一也。十伊尼翼〔冀〕属二一軍尼一。

倭王権の論理の上では上記のように捉えられる。これに加え下記史料九では国造が班田を行い、「男身之調」を納めさせていたこと、仕丁の差発をおこなっていたこと、国の境界の記録と報告を行うこと、力役の負担を均等にすることなどがあげられている。(12) 史料十については「進二調賦一時」以下に国造が見えないことから、本来は調賦の貢進主体は国造であって、国造が貢進したものから「臣連伴造」が自分の部民の分をとり、大王に貢進していたとする理解がある[13]。当時の貢納関係について首肯すべき見解であろう。つまり物的貢納については国造がセンター的役割を担っていたと考えることができる。これらを考えると、倭王権は国造を在地首長として地域支配の根幹に据えていたこと、そしてそれは実態とそれほど大きくかけ離れていなかったことは想定できよう。加えて国造はそれまでの在地首長的性格と大きく変化することはなかったと思われる。国造に任じられることで在地首長としての役割を倭王権側に承認され、その権力を領域区画、いわば国として編成された社会において発揮することが求められたといえよう。言い換えれば一種の領域支配が行われていたといえる。

史料九　『日本書紀』大化二年八月癸酉条

（前略）今発遣国司、幷彼国造、可㆓以奉聞㆒。去年付㆓於朝集㆒之政者、随㆓前処分㆒。以㆓収数田㆒、均給㆓於民㆒。勿㆑生㆓彼我㆒。凡給㆑田者、其百姓家、近接㆓於田㆒、必先㆓於近㆒。如㆑此奉㆑宣。凡調賦者、可㆑収㆓男身之調㆒。凡仕丁者、毎㆓五十戸㆒一人。宜観㆓国々壃堺㆒、或書或図、持来奉㆑示。国県之名、来時将定。国々可㆑築㆑堤地、可㆑穿㆑溝所、可㆑墾㆑田間、均給使㆑造。当㆔聞㆓解此所㆒宣。

史料十　『日本書紀』大化元年九月甲申条

（前略）其臣連等・伴造国造、各置㆓己民㆒、恣㆑情駆使。又割㆓国県山海・林野・池田㆒、以為㆓己財㆒、争戦不㆑已。或者兼㆓幷数万頃田㆒。或者全無㆓容針少地㆒。進㆓調賦㆒時、其臣連伴造等、先自収斂、然後分進。修㆓治宮殿㆒、築㆓造園陵㆒、各率㆓己民㆒、随㆑事而作。易曰、損㆑上益㆑下。節以㆓制度㆒、不㆑傷㆑財。不㆑害㆑民。方今、百姓猶乏。而有㆑勢者、分㆓割水陸㆒、以為㆓私地㆒、売㆓与百姓㆒、年索㆓其価㆒。従㆑今以後、不㆑得㆑売㆑地。勿㆔妄作㆑主、兼㆓幷劣弱㆒。百姓大悦。

倭王権は地域社会の首長を国造として捉えることで間接的に地域社会と関係を持つことになり、石母田正が言うように、国造は地域社会と国家の結節点として作用することになる。(14) ここまでのことから、地域社会が主体的に設定し倭王権側が承認した国という秩序およびそれに基づく領域を国造が治める、国造を頂点とした地域社会の編成と国造を介しての地域社会の支配を目指したものとして国造制を捉えることができる。

きわめて概説的な行論であるが、先行研究においても多くの見解が出されているように、国造制は大化以前における地域支配の根幹に据えられていたということを確認しておきたい。

第三節　評制の史的前提（二）――部民制――

大化以前において国造制と同時期に施行されていたものに部民制がある。部民制の位置づけについては、狩野・鎌田が代表的論者としてあげられよう。(15) ここでは両者の見解を継承する。以下両者の理解を確認しておく。

狩野は名代・子代を中心に検討した。そして部民制は王民の中核部分の形成として位置づけることが可能で、人格的隷属関係としては最も本源的であるとした。王宮と隷属関係を持つことで部として王民とされ、王と地方の人民の間に人格的隷属関係が積み重ねられたと捉えるべきとして、部民制の本質は王民化にあるとしている。一方で鎌田は狩野の王民思想に基づいた部民制論を、倭王権側からのイデオロギーに他ならないとした。狩野の言うように王民化としての性格を認める一方で、部曲などの倭王権の所有、首長の所有という表裏一体的な性格を認めていくべきであるとした。また一方で部民制を職務分掌組織として矮小化してはならず、狩野のように人格的所有隷属関係として捉え、一義的には倭王権の全国的な人民支配の体制として捉えるべきであると位置づけた。王民化と倭王権・首長の所有という両側面は、倭王権側から照射したものと地域社会側から照射した視点の差異によるものといえ、鎌田の言うように表裏一体的に把握する必要がある。

狩野が言うように部民制は「人間（集団）の人間（集団）による人格的な所有（隷属関係）をあらわす用語」であり、伴造氏族はその頂点に立つものと考えられる（前掲史料十および史料十一、十二）。

史料十一　『日本書紀』雄略天皇十六年十月条

詔、聚二漢部一、定二其伴造者一。賜レ姓曰レ直。〈一云、賜、漢使主等、賜レ姓曰レ直。〉

史料十二　『日本書紀』皇極天皇二年九月丙午条

罷下造二皇祖母命墓一役上。仍賜二臣連伴造帛布一、各有レ差。

前掲の史料十からは、中央伴造の例ではあるが「己民」「己財」「私地」とあることから、私有民や私有地を持つことがあり、さらには中間搾取が可能な人間として記述されており、根底には独自の支配（所有）関係を持っていたと考えられる。後掲史料二十二の東国国司詔には評官人の銓擬の様子が記載されているが、この中に「国造・伴造・県稲置」と伴造が記載されていることから、地方伴造の存在が確認でき、彼らのような存在は中央伴造とつながっていたことが考えられる。部民制について松木俊暁は、「重層的な部民制の支配秩序は、個々の具体的な支配＝隷属関係の連鎖を辿っていけば最終的には大王という頂点に至る（数珠つなぎ的）構造を有してはいるが、各階層の従属者すべてが第一義的に「大王への奉仕者（＝王民）」として自己規定していたとは考えがたい」[16]とし、須原祥二も述べるように「伴造の「豪族私有民」的な性格をもつもの」もいると考えられることから[17]、地方伴造に率いられる部民は、それがはっきり自らの意識の中で区別できていたかは別として、国造と同様に地方伴造に対しても従属していたと考えられる。地方伴造は中央伴造と関係を持つことで、国造の一元的支配の中にあっても一定の秩序を維持していたことが考えられよう。

地方伴造は国よりも小さな秩序において首長的役割を担っていたと考えられる。ただし、史料十から判断できるように、本来物的貢納は国造を介すことを考えると、地方伴造は国内部の部集団のなかで、人的貢納の側面において統括し、なおかつ部集団の秩序維持を担い、中央伴造と結びつく、倭王権によって設定された人間といえよう。伴造の「造」は職掌集団（部）の統率者と考えられ、「伴（トモ）」とは統率対象である職掌集団の普通名詞的用法として捉えられる。このように考えれば伴造も、国造を「社会の下部構造と、国家という政治的上部構造とのあいだを結ぶ結節点」として捉えた石母田のように定義づけることは間違いではないであろう。

部民制は地方伴造を介して部民に編成された人間集団を支配することから、国造を国家と社会の結節点と位置づけて支配を貫徹させようとしていた国造制と支配原理の点で非常に似ている一方で、社会編成の原理としては全く異なるものとなる。国造制と比較すれば、個々の伴造による秩序は国のそれよりも小さな規模となる。また、領域にとらわれない、同族あるいは擬制的同族関係にあらわれるような族制的原理に基づく秩序であり、そこには所有関係をもつことから、国の結びつきよりも強固なものであったことは想像にかたくない。

部民制はこの後、その社会編成および強固な所有関係の特質ゆえに独自の運動を始める。史料十に見えるように、本来人的貢納において統括すべき中央伴造および地方伴造は、物的貢納の統括も行うようになっていたと考えられる。これは先に述べた松木の見解のように、下層の人間集団においては自らの帰属意識がはっきりしていない状況だからこそ生まれた可能性を考えることができる。

国造制の社会編成においては一定の区画が存在していたために抑制・調整がなされていたが、部民制においてはそういった抑制・調整がなされていないため、関係性の多様化を引き起こし、それによって大化ごろになると混乱が生じたと考えられる（史料十三）。

史料十三　『日本書紀』大化二年八月癸酉条

（前略）而始㆓王之名々㆒、臣連伴造国造、分㆓其品部㆒、別㆓彼名々㆒。復、以㆓其民品部㆒、交雑使㆑居㆓国県㆒。遂使㆓父子易㆑姓、兄弟異㆑宗、夫婦更互殊㆑名。一家五分六割。由㆑是、争競之訟、盈㆑国充㆑朝。終不㆑見㆑治、相乱弥盛。
（後略）

上記のような特徴を持つ部民制であるが、当時の列島内の人間がすべて部民に編入されていたとは考えがたい。七世紀後半のものと思われる出土木簡資料に記される人名は必ずしも部姓者がすべてではない。これらのことを踏まえれば、部民制はその支配原理においては国造制と同様ととらえられるが、社会編成としては国の規模よりは小さい強固な結びつき――この場合領域ではなく同族あるいは擬制的同族関係にあらわれるような族制的関係――を持つものとすることができる。ただし部民制に編成されない人間が存在することを考えると、それが大化以前の地域支配の根幹に据えられていたとは言いがたいのではないだろうか。

第四節　評制の史的前提（三）――国造制と部民制の関係性――

国造制と部民制について上記のように考えているが、評制の史的前提を考えるには、これらが評制施行前の段階でいかなる関係性にあったのかという点を明らかにする必要がある。このことは必然的に大化以前の社会構造を考える一助にもなろう。

これまで、国造制と部民制の関連についてはさまざまな議論がなされてきた。八木充は国造制支配の性質を「一定領域に対する一括管掌の原理」とする[18]。部民制の貢納は国造を経由するとして、国造制に大きなウェイトを置く。この結果、地方伴造を認めない立場に立つことになる。

森は常陸国、吉備国、出雲国の事例を検討した上で東国と西国の地域差を含めて多様な状況を想定している[19]。基本的に国造制が地域支配の根幹であることは八木と同じ見解で、地方からの貢納は国造が取り次ぐ構造になった場合もあれば仕奉が必要なときは中央伴造との関係性が必要であった場合もあるとする。この関係性は国造の支配力の及ぼし方に左右されるとする。

篠川も国造制を地域支配の根幹と捉えるが、国造制成立後は国造を通じて部が設置され、部に編入されるのは在地首長の支配下の集団のすべてではなく一部とした[20]。それが結果として史料十三のような状況を生むとする。また、国造の行政権は国内部のすべてに及ぶとするが、部の貢納は国造を介したわけではないとして八木とは異なる見解を出し、部民制のタテ割り系統を想定する。

相沢は吉田晶や武廣亮平の吉備・出雲における部民制の理解を踏まえて[21]、国造の領域支配は認められないとし、部民制の族制的秩序と国造の秩序は相いれないとする[22]。大化以前の地域社会の秩序は国造制に収斂されるものではないとして部民制を高く評価する。

須原は八木説の批判を通じて自説を展開し、部民としての貢納・力役に国造は関与しないが、調賦は集めていたとした[23]。部民の収取構造は二系統からなっており、国造役・部民役として仮定した。

問題の一つは地域支配の根幹に国造制を据えるか否か、となるが、本章では前者の立場に立つことは先に述べたとおりである。地域支配の根幹に国造制を据える場合、部民制の貢納構造および社会編成の特質を国造制の中でいかに捉えるかが問題になる。さらに言えば部民に編成された人間集団に国造制秩序から切り離されるのか否かという点になろう。この点を検討する上でまず吉備の事例を検討する。

史料十四　『日本書紀』雄略天皇七年八月条

官者吉備弓削部虚空、取急帰レ家。吉備下道臣前津屋、〈或本云、国造吉備臣山。〉留二使虚空一。経レ月不レ肯レ聴二上京都一。天皇遣二身毛君大夫一召焉。虚空被レ召来言、前津屋、以二小女一為二天皇人一、以二大女一為二己人一。競令二相闘一。見二幼女勝一、即抜レ刀而殺。復以二小雄鶏一、呼為二天皇鶏一、抜レ毛剪レ翼、以二大雄鶏一、呼為二己鶏一、著二鈴・金距一、競令レ闘之。見二禿鶏勝一、亦抜レ刀而殺。天皇聞二是語一、遣二物部兵士卅人一、誅二殺前津屋幷族七十人一。

内容は、「官者（トネリ）」の吉備弓削部虚空（以下虚空）が家に帰るが、吉備下道臣前津屋（国造吉備臣山）（以下前津屋）は虚空を「留使」し、「上京都」を「不レ肯レ聴」、つまり許さなかった。その結果、雄略は身毛君を遣わして召喚した。虚空は雄略に前津屋の不敬行為を報告し、雄略は前津屋および「族七十人」を「誅殺」したというものである。これについては従来からさまざまな見解が出されてきた。吉田は吉備一族の無制限の恣意的収奪から自立化を求めたもので、畿内勢力と結合したものと捉えた。国造と中小首長層の対立を発端として、その結果部民制に取り込まれたものとする(24)。森はトモになった者は国造から切り離されたわけではなく、国造とのつながりは有したままで両属的な二重身分として存在していたとする(25)。大川原竜一は前津屋は虚空に対する上番の許諾権、強制的拘束力、使役権を有しており、上番の許諾権は国造としての権力、あとの二つは倭王権の利潤と相反するもので国造としての権限ではなく前津屋の意志（首長としての権限）として理解した(26)。そしてこの史料から、共同体の労働力の供出、再生産は国造制の地域支配を介して実行されていくとした。

国造と部民の関係性に焦点を絞れば、森の言うように虚空は二重身分として捉えるべきであろう。問題となるのは大川原の示した三つの権力である。小学館『新編日本古典文学全集』の頭注によれば、虚空が家に帰ったのは休暇を取ったためであって(27)、休暇終了後再び上番することが自然であったと考えられる。そこで前津屋は虚空の上番を妨げて使役している。大川原は強制的拘束力・使役権を倭王権の利潤に反する行為であるために国造としての権限ではなく地域の首長としての権限とする。しかしここで虚空が倭王権への仕奉に戻れなかったことを踏まえると、前津屋が国造として使役し、倭王権が部民として使役するということが同時に発生し、どちらにも正当性があるために引き起こされた状況ではないかと考えられる。国造ではなく首長としての権限で使役されたとするならば、倭王権の組織のなかでの仕奉よりも首長への従属のほうが強くなってしまい、後者を優先させるのは賛同できない。そうすると、ここでは休暇を取って家に帰った虚空を、休暇が明けて「官者」として上番するにも関わらず、前津屋が国造としての権力により使役したという理解になる。

これは対象者（この場合は虚空）に対して国造より上位の、言い換えればより大王に近いものが部民としての使役を行う場合と、国造が国の民として使役する場合、どちらが優先されるかということである。この史料の結末を見ればわかるように、基本的には使役権を行使する主体が上位の方が優先されると考えられる。つまり国造より上位の者が使役の主体となる部民としての使役に関しては、本来国造の埒外にあるにもかかわらず使役権を行使したために倭王権の介入を必要としたと考えられる。

これらを考えると、本来倭王権と部民の関係性の中に、使役の主体となる者が国造より上位の場合、国造は関与しない（できない）ことがわかる。その一方で、前津屋は虚空を国の民として使役しようとしているところを見ると、普段は国造による使役が行われていることを示唆しているといえる。確かに国造が部民を編成する史料は散見できる（史料十五〜十八）[28]。ただしあくまで編成であって必ずしも国造制の秩序から切り離されるわけではない。国造は人的支配を根底においた領域支配の原理（「制度的・共同体的領域性」）をもって国を支配するが、部民制の場合は族制的原理に基づくもので、この管理の主体は地方伴造、中央伴造を経て最終的には大王につながるため、国造とは別系統の社会編成原理と捉えるべきであろう。部民制的編成原理をもって使役する場合はその主体が中央伴造および大王につながるため、原則として国造はこれに干渉することができないと思われる。

国造制と部民制が別の原理で編成され、その主体が国造と大王で異なることは島根県松江市の岡田山一号墳出土の「各田卩臣」銘大刀からも確認できよう。この存在は倭王権と部民が国造を介さずつながっている場合もあったことを物語る[29]。

これらが吉田の言うように在地首長の恣意的収奪からの自立化を求めた結果なのかどうかという点については在地首長制論および村落首長制論の議論にも関連するためここでは言及しないが、国造制と部民制は異なる社会編成原理および支配系統によって運用されていたことを示すことができよう。

部民制が国造の支配下に打ち込まれた楔であり、国造の一元的支配が弱体化するという理解は、上記を踏まえれば一面では認められるが、それは必ずしも国造が部民と全く交わらない、国造の一元的支配の否定を意味しない。史料十四の吉備の例においても、部民が編成されても国造の一元的支配の側面を持つゆえに前津屋は虚空を使役しようとしたのであろう。部民設置に国造が関連する史料を見ると（史料十五〜十八）、国造は特に反対することなく倭王権に供出している。確かに史料十四においては反抗している様がみられるが、部民編成については史料十四以前の段階で行われたことは史料より読み取ることが可能で、その際には特に反抗しなかったと考えられる。国造を通じての部民編成は、国造との人格的紐帯が完全に断ち切られるわけではない、国造の一元的支配が否定されないことを意味している。

史料十五　『日本書紀』応神天皇五年八月壬寅条

令二諸国一、定二海人及山守部一。

史料十六　『日本書紀』允恭天皇十一年三月丙午条

（前略）則科二諸国造等一、為二衣通郎姫一、定二藤原部一。

史料十七　『日本書紀』清寧天皇二年二月条

天皇恨レ無レ子、乃遣二大伴室屋大連於諸国一、置二白髪部舎人・白髪部膳夫・白髪部靫負一。冀垂二遺跡一、令レ観二於後一。

史料十八　『日本書紀』安閑天皇二年八月乙亥朔条

詔置二国国犬養部一。

続いていわゆる十七条憲法の条文である下記史料十九には、「賦二斂百姓一」が改められるべきものとして記載されていることから、国造が「賦斂」を行っていた、つまり国造は国造として共同体から労働力の供出を行いうる存在であったことが確認できる。そしてその対象となるのは「百姓」であるといえる。その「百姓」の語であるが、これを国内部の部民を除いたものと解釈することは困難であろう。『日本書紀』には他に「天下百姓」の語も見えることから、列島内のすべての人間を意味すると考えられ、史料十九にみえる「百姓」とはその文脈からも基本的には国内部のすべての人間に当てはまるものと考えるべきであろう。その意味では国の民としての使役と部民としての使役は区別されていたと考えられる。物的貢納については国造が一元的に管理を行い、人的貢納については国造の一元的な管理ではなく、地方伴造を含む多元的な管理が行われていたと考えられよう。

史料十九　『日本書紀』推古天皇十二年（六〇四）四月戊辰条（いわゆる十七条憲法）

（前略）十二曰、国司国造、勿レ斂二百姓一。国非二二君一。民無二両主一。率土兆民、以レ王為レ主。所任官司、皆是王臣。何敢与レ公。賦二斂百姓一。（後略）

次の史料二十はいわゆる鍾匱の制に関する条文であるが、狩野・相沢は憂訴人の訴訟を尊長と伴造が介するとして、両者が併記されていることから国造と伴造は別系統で、伴造による国造制下の人間集団の分割支配の進行を指摘するが(30)、これも必ずしも人間集団の分割支配の進行と判断出来るものではない。当時の地域社会編成の混乱によるものであって、自らの帰属意識の問題である。すべての人間に対してどちらの系統でも訴えることが可能であるということを示したに過ぎないと考える。むしろ、両方の秩序が混在している状況で、どちらを優先すべきか判断がつかない状況にあったと考えられる。それゆえこのような記載となったのだろう。

史料二十　『日本書紀』大化元年八月庚子条

（前略）是日、設二鍾匱於朝一、而詔曰、若憂訴之人、有二伴造一者、其伴造、先勘当而奏。有二尊長一者、其尊長先勘当而奏。（後略）

国造としては国内部の人間集団に一元的支配が及んでいた一方で、部民については国造とは別系統の収取構造を持っていたと考えられる。部民へと編成された人間集団は伴造と国造両者の属する形になり、両属的な存在ということができるだろう。先にも述べたが、前掲史料十から判断すれば、物的貢納は基本的には国造を介していたものの、部民としての人的貢納は伴造を介していたと考えることができる。前掲史料十には、その状況が本来的在り方にもかかわらず、伴造が物的貢納も搾取しようとして問題となっていたと考えられる。

この社会編成原理が異なる二つの制度が併存していた段階から、部民制が族制的原理という特質を持つがゆえに社会編成および貢納奉仕関係が肥大化・錯綜化し、また国造制も領域支配ではあるが、その根底にある人格的関係（豪族私有民の存在）や小規模な秩序（前掲史料十および二十一）およびその貢納奉仕関係の肥大化・錯綜化が前掲史料十三に見える大化ごろの混乱を招くと考えられる。さらに言えば国の一元的秩序から多元的な秩序が生まれ、それに対応するように貢納奉仕関係も多元化していったのだろう。史料二十一においてもそれは確認できよう。史料二十一は評官人の銓擬を表す史料とされるが、伴造・県稲置（国内部の中小首長層ともいえるか）の自立性が高まっている結果、評官人の任用の際「而輙詐訴言、自二我祖時一、領二此官家一、治二是郡県一」ということが起きているといえる。つまり、ただ単に国内部の一元的秩序の多元化というだけではなく、それに対して部民制・国造制に基づく社会編成およびそれに基づく貢納奉仕関係では対応しきれず崩壊し始めていたと考えられる。

史料二十一　『日本書紀』大化元年八月庚子条

（前略）上レ京之時、不レ得三多従二百姓於己一。唯得レ使レ従二国造・郡領一。（中略）若有レ求レ名之人、元非二国造・伴造・県稲置一、而輙詐訴言、自二我祖時一、領二此官家一、治二是郡県一。汝等国司、不レ得三随レ詐便牒二於朝一。審得二実状一而後可レ申。（後略）

国造制と部民制が何とか併存していた段階から、両秩序の運動によってそれまで保っていた秩序および貢納奉仕関係が崩れ、多元化していったことにより地域社会において混乱が発生したと考えられる。部民制と国造制の限界が評制施行の史的前提として捉えられるだろう。

第五節　評制の史的意義

本節では評制が施行された意義について検討する。冒頭でみた近年の先行研究においては、大化ごろの混乱を一元化することで解消することにあると理解することが多い。大局的な視点でみれば、一元化とすることは間違いではないであろう。ただし、その具体像が先行研究では明らかになっていないように思う。いかにして族制的原理と領域支配に基づく社会編成および貢納奉仕関係が一元化されていったのか、ここではその具体像を検討してみたい。

まずは部民制がいかにして評制に収斂されていったかという点を検討する。部民制は周知のとおり、大化ごろから解体に向かう。解体過程についてはこれまで多くの論考が出されてきたが、ここでは言及しない。おおよそ大化ごろから解体が始まるという共通理解に基づいて論を進める。なお、部民制の場合は、評制との連続性というよりも、社会編成の特質を見る上では五十戸と比較検討するほうがわかりやすいと考えるため、五十戸と比較検討する。部民制が解体に向かうに前後する七世紀半ば、評制施行と同時期に五十戸制が施行されたと考えられる。

五十戸については、「白髪部五十戸」と記された木簡資料から、解体され始めていた部民制をもとにして成立したと考えられてきた。しかし「大山五十戸」と記された木簡など、地名を冠する五十戸が散見されることから、領域的編成を遡らせる説が吉川真司や市大樹から提出されている(31)。これについて荒井秀規は、地名＋五十戸は必ずしも領域的編成を示さない、その人間集団の集住地の名称を用いることは自然であるとする(32)。また、浅野啓介は五十戸について詳細に検討し、地名＋五十戸に部姓を持つものが存在していること、部姓を持つものが二つの五十戸に分かれて把握されていたことを明らかにし、部名＋五十戸も必ずしも五十戸に冠された部民のみを対象としたものではないとする(33)。荒井・浅野の論考は従うべき見解であろう。五十戸については、一定の関係にある五十戸を集め、その土地の名称またはその五十戸に多い部の名称などを名づけたと考えられることが妥当であろう。おそらくはその五十戸を区別するために最もわかりやすい名称を付けたと考えられる。吉川や市の言うような領域的編成を遡らせるのは適当ではない。また一方で必ずしも族制的原理に限って想定する必要もないだろう。亀谷弘明が言うように「部民制に基づく地域組織と国造制に基づく地域組織が併存し」、そこには部民制や国造制に緊縛されない人格的関係が存在したと柔軟に考えることで(34)、評制の背景とも整合的に捉えることが可能になる。

つまり、族制的原理に基づく社会編成が破綻を迎えたことと、部民制が解体に向かうことを合わせると、部民制の持つ族制的原理に基づく社会編成は基本的に放棄されたと考えられることから、継続性を見出すことはできない。新たな社会編成原理が生まれている可能性が考えられる。

続いて国造制のその後についてであるが、本書第Ⅱ部第一章でも述べたように、国という制度的・共同体的領域性を持つ領域を放棄することになると考えられる。

史料二十二 『常陸国風土記』行方郡条抜粋

古老曰、難波長柄豊前大宮馭宇天皇之世、癸丑年、茨城国造小乙下壬生連麿・那珂国造大建壬生直夫子等、請㆓惣領高向大夫・中臣幡織田大夫等㆒、割㆓茨城地八里・那珂地七里合七百戸㆒、別置㆓郡家㆒。(後略)

先述したように、五十戸が領域的編成を持たないことに加え、史料二十二に見えるように、評の構成が「七百戸」とあることから、評は基本的に人間集団によって構成されていたと考えられる。国造制下において、国が境界を持つものであったと考えられることから、評制になってその境界は放棄され、純粋な人間集団として把握し、共同体的領域性を持つ領域として性格づけることができる。国造制もその社会編成原理という側面から照射すれば、それは継続されることはない。評制下においては、社会編成原理として一定の区画を持った編成を認めることはできず、やはり新たな社会編成原理が生まれていると考えられよう。

このように、部民制・国造制ともにその社会編成原理の側面から言えば連続性を認めることは不可能で、これは評制を単純にどちらかと連続性を認めることは不可能であることを示している。しかしそれは必ずしも族制的原理・領域的原理を否定することとイコールではない。

評官人はその評において一元的支配を実施していたことはこれまでの研究でも明らかになってきたところである。つまり評は複数の五十戸を一元的に支配していたと考えられ、評の社会編成原理を求めるならば、評より五十戸から検討する必要がある。五十戸の人間集団がいかなる形で結びつき、単位として成立していたのかという点にある。

大化ごろにおける「戸」については、岩宮隆司が「令制下のように、生産・消費生活を共同に行っている集団内の構成員を、各郷戸に分割・編戸したのではなく、（渡来人などの）集団全体を「戸」として把握した」としている(35)。この見解は首肯すべきであろう。この「戸」が五〇集まることで五十戸となる。

五十戸の性格を考える場合、その名称から考えてみる。先にも少し述べたが、それらの史料を見ると五十戸の名称については、大きく二つに分類できよう。部の名称がつけられているものとその他（地名など）を表すものとなる。当然集団内の人間すべてが族制的原理に基づいているわけではないが、旧部民的人間集団が主となる場合は部名＋五十戸となるだろうし、そうではない場合はその集住地の名称＋五十戸や人名＋五十戸などさまざまな名称があったと考えて問題ないだろう(36)。

この点を踏まえると、五十戸としてまとめられる人間集団はさまざまな紐帯によって結びついていたとするべきであろう。一つの編成原理によって結びつけられた、という見解を一般化できるものではない。また、それは必ずしも評制施行に伴って結び付けられたものではないであろう。史料十三に見えるような混乱の中で生まれた秩序と言え、そうした倭王権の地域社会認識をもとに評制が施行されたと考えられる。

「戸」については族制的原理を基本とするが、五十戸となるとそれがすべてではない。それは浅野が明らかにしたように、五十戸においては部姓を持つもので占められているわけではないことからも言えるだろう。地縁的紐帯や人格的紐帯も十分考えることができる。さまざまな紐帯で結びついた五十戸はこれもまた複数集まり評となる。複数の五十戸は評官人のもとに結び付けられるわけだが、これも評官人と族制的関係がある場合もあれば地縁的関係、人格的関係も考えることができる。

大化ごろの部民制や国造制の運動によって地域社会の秩序は崩れたが、評制はそこに生まれていた秩序を一つの社会編成原理で編成したというものではない。評制の下部の五十戸が、さまざまな紐帯により結びついた人間集団であることを踏まえると、評制の一元化とは、具体的には部民制や国造制の破綻から生まれた秩序を否定せず、それらの多様性を包み込んで止揚する形で設定された地域社会の単位であると考えられる。

おわりに

本章では評制をいかに評価すべきか、という点を課題として検討した。評制を考える上でまずはその史的前提として大化以前の社会構造を検討し、それを踏まえて評制の史的意義について検討する必要があるという視点で論を進めた。評制の史的前提としてあるのは国造制と部民制で、基本的には国造制を評制施行以前の地域支配制度の根幹に据えるべきであるということを確認した。そして国造制は一定の領域区画によって編成されている一方、部民制は国の規模よりは小さい、領域にとらわれない、同族あるいは擬制的同族関係にあらわれるような族制的原理に基づいて編成されるという、社会編成原理の差異を示した。その結果、国造制と部民制は貢納関係などが別系統として扱われることとなる。しかし国造の一元的支配は否定されるものではなく、部民に編成された人間集団は国造と伴造に対して両属的な位置にあることを示した。地域社会は上記のような社会編成原理によって構成されていたが、地域社会内部の秩序は肥大化・錯綜化をおこし、大化ごろには国の一元的秩序を維持することは困難となり、多元的な秩序およびそれに基づく貢納奉仕関係が生まれ始めていた。そしてそれらを止揚する形で一元化を果たす評制が成立したものと考えた。評制の意義は社会編成および貢納奉仕関係において評価すべきである。さまざまな紐帯で結びついた人間集団を倭王権による一定の社会編成原理に基づいた単位でなく、むしろ実態の多様化を包み込んで止揚した社会編成の単位とする点でその意義を認めることができる。

本章では、国造制と部民制の関係性、そしてそれらが評制によって止揚されていく様子を論じたが、当然この問題を論じる場合はミヤケや県主、（県）稲置も論じ、多面的に捉える必要がある。国造制や部民制にとどまらず、それらの展開過程および具体像を論じて初めて、具体像を析出することができよう。また、評制の評価については、評制施行後の国造をいかに位置づけるかという点も問題となろう。律令制以前の地域支配制度を考えるうえで、国造制も含めた視点から評制の評価については論じるべきであったが、これらについては章を改めて検討することとする。

註

（1）早川庄八「律令制の形成」（『岩波講座　日本歴史　二　古代二』岩波書店、一九七五年）。
（2）狩野久「律令国家の形成」（歴史学研究会・日本史研究会編『講座日本歴史　一　原始・古代一』東京大学出版会、一九八四年）。なお、この論考はのちに同『日本古代の国家と都城』（東京大学出版会、一九九〇年）に若干の加筆・訂正のうえ収録されており、ここで引用する文章は収録に際して削除されていることを付しておく。
（3）鎌田元一「評の成立と国造」（『律令公民制の研究』塙書房、二〇〇一年、初出一九七七年）。
（4）森公章「評の成立と評造」（『古代郡司制度の研究』吉川弘文館、二〇〇〇年、初出一九八七年）。
（5）篠川賢「評制の成立と国造」（『日本古代国造制の研究』吉川弘文館、一九九六年）。
（6）井内誠司「国評制・国郡制支配の特質と倭王権・古代国家」（『歴史学研究』七一六、一九九八年）。
（7）相沢央「律令郡制の成立過程」（『新潟史学』四三、一九九九年）。
（8）吉野秋二「大化前代のエダチと国造」（『日本古代社会編成の研究』塙書房、二〇一〇年）。
（9）本書第Ⅱ部第一章。

(10) 鎌田元一「日本古代の「クニ」」(『律令公民制の研究』塙書房、二〇〇一年、初出一九八八年)。

(11) 前田晴人「「四方国」制の実態と性格」(『日本古代の道と衢』吉川弘文館、一九九六年、初出一九八三年)。前田は国造制における領域設定を、エンゲルスの国家成立の指標の一つ「地域による人民の区分」に引き付けて考えるが、現在では否定的な見方が強く、筆者も本書第Ⅱ部第一章で否定したところである。しかし前田の見解を「地域による人民の区分」と切り離した場合、前田のこの国造制下における領域設定のイメージは妥当だと考える。

(12) 史料九については当時のものとするかどうかという点で議論があるが、筆者は時期が大きくずれるものではなく、おおよそ当時のものとしてよいと考えており、本章では当時のものとして扱う。

(13) 大津透「律令国家と畿内」(『律令国家支配構造の研究』岩波書店、一九九三年、初出一九八五年)。

(14) 石母田正『日本の古代国家』(岩波文庫、二〇一七年、初出一九七一年)。

(15) 狩野久「部民制」(『日本古代の国家と都城』東京大学出版会、一九九〇年、初出一九七〇年)、鎌田元一「部民制の構造と展開」(『律令公民制の研究』塙書房、二〇〇一年、初出一九八四年)。

(16) 松木俊暁「「祖名」と部民制」(『言説空間としての大和政権』山川出版社、二〇〇六年、初出二〇〇二年)。

(17) 須原祥二「部民制の解体過程」(『古代地方制度形成過程の研究』吉川弘文館、二〇一一年)。

(18) 八木充「国造制の構造」(『日本古代政治組織の研究』塙書房、一九八六年)。

(19) 森公章「評司・国造の執務構造」(『地方木簡と郡家の機構』同成社、二〇〇九年、初出二〇〇五年)。

(20) 篠川賢「国造制の内部構造」(篠川前掲註(5)著書、一九九六年)。

(21) 吉田晶「吉備地方における国造制の成立」(『日本古代国家成立史論』東京大学出版会、一九七三年、初出一九七二年)、武廣亮平「額田部臣と出雲の部民制」(『古代出雲の氏族と社会』同成社、二〇二四年、初出一九九五年)。

(22) 相沢前掲註(7)論文。

(23) 須原前掲註(17)論文。

(24) 吉田前掲註(21)論文。

(25) 森前掲註(19)論文。

(26) 大川原竜一「大化以前の国造制の構造とその本質」(『歴史学研究』八二九、二〇〇七年)。

(27) 小学館『新編日本古典文学全集』の頭注には「「急」は急暇（休暇）の意。」とある。

(28) なお、この場合は国に命ずることとなっているが、これは史料十六に見えるように国造が関連していたとみるべきであろう。

(29) 武廣前掲註(21)論文では、意宇郡地域にイヅモ氏（のちの出雲臣）が台頭し、「その支配下に組み込まれた中小首長層のうちの一つが、ヤマト王権の額田部皇女の宮に奉仕する部である「額田部」の地方伴造となることで、在地における一定の地位を維持した」としている。

(30) 狩野前掲註(2)論文、相沢前掲註(7)論文。

(31) 吉川真司「律令体制の形成」（『律令体制史研究』岩波書店、二〇二二年、初出二〇〇四年）、市大樹「飛鳥藤原出土の評制下荷札木簡」（『飛鳥藤原木簡の研究』塙書房、二〇一〇年、初出二〇〇六年）。

(32) 荒井秀規「律令国家の地方支配と国土観」（『歴史学研究』八五九、二〇〇九年）。

(33) 浅野啓介「庚午年籍と五十戸制」（『日本歴史』六九八、二〇〇六年）。

(34) 亀谷弘明「乙丑年木簡と「五十戸」制について」（『古代木簡と地域社会の研究』校倉書房、二〇一一年、初出二〇〇四年）。

(35) 岩宮隆司「律令里制の歴史的前提」（『ヒストリア』一六九、二〇〇〇年）。

(36) 『播磨国風土記』宍禾郡比治里条に「難波長柄豊前天皇之世、分二揖保郡一作二宍禾郡一之時、山部比治任為二里長一。依二此人名一、故曰二比治里一」とあり、部名ではなく人の名前に基づいていることがあることが確認できる。これは必ずしも部民で構成された五十戸とは考えられないだろう。

第二章　評制の展開と国司・国造

はじめに

　これまで、古代の、とりわけ八世紀以前の地域支配制度に関する研究は、主として国造制や国郡制に焦点があわせられ研究が蓄積されてきた。それは主に国造制や国郡制が古代国家形成過程において重要な位置を占めると考えられてきたことによるもので、その重要性は誰しもが認めるところである。一方、時間軸上で国造制と国郡制の間に位置づけられる評制は、国造制や国郡制同様に古代国家形成過程において重要な位置を占めるものの、国郡制の前史としての視角あるいは国造制のその後としての視角から言及されることが多く、評制それ自体に焦点をあわせたものは比較的少ない。そしてそれは史料の制約によるものであることはおおよそ想像にかたくない。そのような研究状況の中で、これまで蓄積されてきた評制研究の成果は、主に次の四つの論点から導き出されてきた。

　一点目は成立時期およびその意義・背景である。『常陸国風土記』に代表される立評記事を中心に検討し、成立時期やその意義・背景について論じられてきた。しかしそれらの論点については議論が蓄積されてきたもの(1)の、史料の制約から現在では停滞気味といえる。その結果、成立時期については残された史料をいかに理解するか、いかなる立場をとるか、という点に終始せざるをえない状況にある。依然一斉成立説と段階成立説があり、決定打を欠く状態ではあるが、孝徳朝まで遡ることについては共通理解として捉えられよう。そして評制成立の意義・背景については、多様化した部民制や国造制などの貢納体系を一元化するためとされることが多い(2)。これはすなわち地域社会の再編の意義をいかに評価するか（＝孝徳朝および大化改新の評価）という点にも結びつくことになる(3)。二点目は官制・官名についてである。一点目同様古くから議論のある所で、「評造」をどのように理解するか、それに伴って「評督」や「助督」などの官名や評の官制が論点となる。国造から郡司に至る流れを官制の側面から明らかにしようとする試みである。森公章がまとめているように、この点についても多くの論考が提出されているが(4)、これもやはり史料の制約から、現在は停滞気味と言わざるをえない。三点目は展開についてである。近年議論がなされるようになった点で、天武朝の国境画定事業を境に評の再編が行われたとする山中敏史や荒井秀規の指摘が代表的といえる(5)。先にあげた二つの論点では、評制を成立時期から八世紀まで一面的に捉えてきたのに対して、両者は領域と社会編成の関係性に焦点をあわせて検討し、評が前後期で分類できることを示した。四点目は他制度との関連、さらに言えば評制は国造制・国郡制といかにして関連するのかという点である(6)。古代国家形成過程において、地域支配制度がどのように変化したか、上記三点の議論を踏まえ、国司・郡司・国造を含めた大局的な視点からの検討がなされてきた。この論点では国造制・国郡制に焦点をあわせて、評制はその延長上に位置づけられることが多い。

このような論点が提示され、評制について一定の研究成果が蓄積されてきたものの、三点目の展開についてはまだ多面的な検討がなされておらず、検討の余地があるだろう。また、評制の展開と四点目の論点である他制度との関連は密接不可分の問題ともいえる。評制それ自体を論じる中で国司や新旧国造論と関連させる論はこれまでもあったが、展開過程に関する論考を軸として他制度を関連させて論じるものは管見の限りない。そこで本章の目的を、評制の展開過程を他制度と関連させながら明らかにすることで、七世紀後半の地域支配制度の展開の見直しを図ることとしたい。

第一節　検討視角と課題設定

評制が前後期に分類できる点は考古学の視角から山中によって提示され、荒井が木簡などの検討により深化させたといえる。本章の前提となる部分のため、改めて確認しておく。山中はそれまでの研究で、領域的支配の性質を持つとされてきた評制への一面的理解および位置づけへの疑問から、評家の検討を通じて天武朝の国境画定事業の前後でその性格が前後期に分類できることを示した。具体的には八、九世紀の郡家に継承されていく評家は、七世紀第４四半期以降（天武朝後半以降）に新たに建設されたもので、それまでの拠点施設であった豪族居館をそのままの形で継承・発展させたものではないとした。居館から切り離された評家が新たに建設されることで、中央集権的支配の末端官衙が成立し、画一的な徴税が可能となり、官僚組織へ再編成されたとする。当初は浄御原令を境としていたが、後年天武朝の国境画定事業を境とすると見解を変え、その背景には国境画定事業に伴う境界の設定を重視する。荒井は、地域社会の統合過程という視角から、木簡の検討などを通じて天武朝の国境画定事業の前後で評の下部組織が「五十戸」から「里」へ変化することを示した。具体的には、五十戸は人間集団をもとにした編成で、里は領域をもとにした編成と分類し、そこに地域社会の展開過程を見た。そしてこの展開過程は評制にも影響を与える。「「五十戸」の領域的編成、つまり「里」への変質は、複数の「五十戸」で編成される「前期評」が「後期評」として領域区画化されることに連動する」とし、社会編成原理の側面において変化を認める。吉川真司、市大樹による五十戸も里も実質的には同じとする批判もあるが[7]、本章では荒井の指摘に従い、領域に基づく編成・支配は天武朝の国境画定事業を境に発生すると考える。そのため基本的に社会編成原理の側面においては山中・荒井説の立場に立つ。なお、この点は大町健や鐘江宏之も述べるように、令制国の成立とも深く関連する(8)。

天武朝の国境画定事業を境として社会編成原理が変化した。この場合議論になっているのは主に領域と社会編成の関係性といえる。評制の展開に関する一つの視角としては首肯すべきであるが、これのみでは一面的な議論に終始してしまう。本章での目的を達成するため、先行研究とは異なる側面から検討し、その相対化を図る。

かつて吉田晶は郡司の支配と国造の支配を比較して、国造は自らの首長的秩序による支配であるのに対し、郡司は上位権力によってその地位が保障されており、自らの首長的秩序それ自体が機能して国家的支配の体制となっていたのではないとした(9)。それを受けて相沢央は評官人による評の支配は族制的原理ではなしえないとし、吉田の郡司に対する位置づけは評官人にも当てはまるとする(10)。倭王権から見た地域社会の首長の位置づけがその制度を体現しているとすれば、首長の位置づけがその制度を考える上での検討対象になりうるのではないか。そのため評官人の位置づけの変化の有無（あるとすればその過程）を明らかにすることは評制の展開過程をも明らかにすると考えられる。そこで本章では評官人の任用システムを取り上げたい。任用システムに焦点をあわせることは倭王権から見た評官人の位置づけを理解するうえで重要なポイントとなるだろう。しかし、本章の目的を達成するためには、それのみを明らかにするのでは不十分であろう。それに伴って同時期に存在していた国司・国造との関連性、さらに言えばそれらの位置づけの変化の有無およびその過程にも検討を加えることで、総体として七世紀後半の地域支配制度の展開過程を明らかにすることが可能になる。ただし、その検討視角をとるために倭王権から見た制度上の展開を軸とし、実態論には深く言及しないことを付言しておく。本章では実態論を考える以前に制度的展開を明らかにしておきたい。そこで本章の課題として、評官人の任用システムの検討を通じて評官人の位置づけの変化の有無およびその過程（①）、そしてそれを軸とした国司・国造の位置づけの変化の有無およびその過程（②③）を制度史的視点から明らかにする。上記の課題三点を明らかにすることで、制度史的視点から冒頭で示した目的を達成したい。また、国境画定事業を境として評制の変化を認めるこれまでの見方をどう捉えるべきかという点にも言及したい。

第二節　郡司と評官人――評官人の任用システム（一）――

本節では前節で設定した一点目の課題を検討する。評官人―郡司という流れを想定したうえで評官人の任用システムの変遷を考えるためには、ある程度見通しが立っている郡司の任用システムが評官人のそれとしてどこまで遡及しうるかという点を検討することが有効であろう。まずはこの点について先行研究を確認しながら問題点を指摘したい。

これまでの研究によって八世紀における郡司の任用システムはかなりの部分が明らかになっており[11]、大宝令成立期の郡司の任用システムは次のように復元が可能となる。①国司による銓擬（国擬）、②式部省銓擬、③大臣（太政官）・天皇への報告（郡司読奏）、④任官儀である。磐下徹は、郡司が「他の奏任と異なり、位階によって天皇との関係を十分に表現し得ない」ことから、上記の任用システムの中でも郡司読奏（③）に郡司の特質をみる。また磐下によれば郡司読奏の中でも、太政官に相当する組織を通さずに天皇に上申する諸司奏的要素と、その内容が天皇から太政官に相当する組織への諮問を経て処理される定的要素が大化の鍾匱の制と類似することから、ここに郡司読奏の制度的淵源を求められるとする。そのため評官人も郡司同様の任用システムで、「大王の主体性のもとで任用され」たとする。森は評官人の任用システムについて、浄御原令のものを復元すると、国擬と中央での法官銓擬を経て任用されるという過程から、「基本的に郡司と同じ」とする[12]。浄御原令以前についても、評制施行時の国司の派遣に見えるように、地方豪族の申請を取り次いで大王に上申する点でほぼ同様とする。また「大王と直接に確認する」こと、そして「譜第性と歴史的支配に基づく統治能力」が基準となることは国造制以来のものであるとした。

両者の説では、評制施行時においてすでに国司による銓擬を認め、そこから天皇に上申するシステム（磐下説では鍾匱の制が用いられたとする）があり、天皇との直接的関係を見出すことが可能なことから、八世紀以降の郡司の任用システムは評官人のそれとして評制施行時にまで遡るとする。しかし、郡司の任用システムと評制施行時の評官人任用システムが同様の手順であることをもって、郡司の任用システムが評制施行時まで遡る、とするのは短絡的ではないだろうか。任用システムは当時の地域支配構造を前提として設定されると考えられるため、この場合、任用システムのみでなく、任用システムの前提となる地域支配構造にも配慮する必要がある。すなわち郡司の任用システムと評官人のそれが同様であるとするためには、令制下と同様の地域支配構造を前提とした任用システムが評制施行時まで遡ることを明らかにする必要があろう。

そのような視点から、評官人の任用システムを検討するうえでまず問題としたいのは国司との関連である。評制施行時の国司は一定の目的をもって派遣され、目的を果たせば帰還する中央官人であることはおおよそ共通理解といえる(13)。一方で令制下では国司は地域社会に常駐していたことは律令に規定されているとおりである(14)。すなわち、国司らの介在という点で郡司の任用システムと評制施行時の評官人の任用システムに類似性を見ることはできるが、その前提となる地域支配の構造は異なるといえる。律令では国司が常駐していることを前提とした郡司の任用システム、とりわけ国擬が規定されていると考えられるが、評制施行時の評官人の任用システムは国司が常駐していない状況下で、中央から派遣されてきた国司によって国擬が行われたということになる。この国司の理解を踏まえて森・磐下説を考えれば、評制施行時は国司による銓擬が行われたものの、その後は評官人に欠員が発生するごとに評からの求めに応じて国司が派遣され、評官人の銓擬を行っていたことになり、かつその任用システムは全国的に評制施行以降国司が常駐するまで継続的に行われていたことになる。今泉隆雄が述べるように孝徳朝の評の総数を約五〇〇と推定すれば[15]、評官人に欠員が発生するごとに国司が派遣された形態がとられていたと考えることは煩瑣に過ぎ、また史料上確認できないことからも非現実的であろう。あるいは、国司が頻繁に派遣され、八世紀前半のようにある時期にまとめて国擬が行われていたのであれば[16]、常駐せずとも国擬を行うことは可能と考えられるが、国司が全国的に頻繁に――たとえば毎年――派遣されたなどの形跡は評制下（とりわけ前半）において確認することはできない[17]。すなわち、国擬は国司が常駐していることを前提として規定されたとみるほうが妥当であろう。

森・磐下説が成立するには、国司に関していえば令制下と同様に国司が評制施行時から常駐していたことと、国擬が継続的に行われていたことを証明する必要がある。しかし両者ともに評制施行時の国司の存在を指摘するにとどまっており、この点については言及していない。評制施行時の国司に常駐が認められず、令制下の国司の常駐が認められる以上、評制施行時から八世紀にかけての国司の存在形態（位置づけ）の変化（＝地域支配構造の変化）があったとみることは妥当であろう。それに伴って評官人の任用システム、とりわけ国擬に変化があったと考えるのが妥当であり、評官人の任用システムと国司の常駐を関連させて再検討する必要がある。すなわち、令制下の郡司任用システムを遡らせて考えるのであれば、国司の常駐が認められる時期が令制下につながる国擬が開始される時期となる。すると国司の常駐が認められる時期が問題となる。

また磐下は郡司読奏に着目しているため、地方での銓擬→中央での決定という天皇を中心とした部分にのみ焦点があわせられており、式部省銓擬に単なる事務処理過程と判断され、その遡及性には言及しない。森も法官の存在は認めるものの、法官銓擬という過程は軽視しており、法官銓擬を無視した形で郡司の任用システムを評制施行時まで遡らせている。森の「大王と直接に確認する」ことが国造制以来のものであることは筆者も認めるところであり、それを踏まえれば、天皇との直接的関係は郡司および評官人と同時代の他の立場のものを比較する際にはその特質を導き出す有効な視角といえるが、郡司と評官人のそれぞれの特質を導き出すための視角としては有効ではないだろう。時間軸の上で郡司と評官人を比較すれば同一の性格をもつのは当然で、その視角から郡司の任用システムを遡らせれば評制施行時まで遡るのも当然であろう。

評官人の任用システムの展開過程を導き出すには、郡司の任用システムの中でも天皇との直接的関係ではなく、国擬と式部省（法官）銓擬に焦点をあわせて遡らせることこそが有効な視角と言えよう。また、その視角においては、森・磐下による先行研究を再検討する余地が残されており、本節と次節を用いてこの点にこたえることで一点目の課題に対するこたえとしたい。

上記の問題点を踏まえて、まずは評官人に関する規定などを史料から確認しておく。

①国擬について、大宝令以前の文武二年段階に国司が郡司（評官人）を銓擬したとあることから（史料一）、律令で初めて規定されたものではないと考えられる。国司との関連でいえば天武朝にはすでに成立していたと考えられる（後述）。

史料一　『続日本紀』文武天皇二年三月庚午条

任㆓諸国郡司㆒。因詔、諸国司等、銓㆓擬郡司㆒、勿㆑有㆓偏党㆒。郡司居㆑任、必須㆑如㆑法。自㆑今以後、不㆓違越㆒。

②その当時の評官人については、大宝令において「三等以上親」の連任が禁止されており（史料二）、またその大宝令に前後して、神郡において「三等以上親」についての連任が許されていることから（史料三、四）、神郡においてはそれまで通りの任用を行うことを意味すると考え、大宝令以前は「三等以上親」の連任が許されていたも

のと考えたい。つまり一族で評官人を占めることが可能だったといえる。

史料二　選叙令七同司主典条

凡同司主典以上、不レ得レ用二三等以上親一。

史料三　『続日本紀』文武天皇二年三月己巳条

詔、筑前国宗形・出雲国意宇二郡司、並聴レ連二任三等已上親一。

史料四　『続日本紀』文武天皇四年二月乙酉条

上総国司、請三安房郡大少領連二任父子兄弟一。許レ之。

③持統朝には評官人に対する初叙規定が制定される（史料五）。この段階では、大宝令でいえば大領が大初位下相当、少領が少初位上相当となっている。大宝令では郡司の大領が外従八位上、少領が外従八位下と初叙規定があるように、若干の差異はあるもののその淵源といえる。すなわち持統朝に、彼らを冠位秩序の中に取り込んだということになろう。先述のとおり今泉によれば、孝徳朝の評の総数は約五〇〇と推定でき、国造が評官人となったものは評官人全体の一／三に過ぎず[18]、単純に考えて国造の数倍の評官人がいたと考えられる。そのため、中小豪族においては無位の者もかなり多かったと推定できる（『常陸国風土記』多珂郡条にある石城評造もその一人と推定できる）。

史料五　『日本書紀』持統天皇八年三月甲午条

詔曰、凡以二無レ位人一、任二郡司一者、以二進広弐一授二大領一、以二進大参一授二小領一。

④史料六、七に見える法官は式部省の前身として捉えられ、考課・選叙・朝集の要素が天武朝にはすでに見られることが森によって明らかにされている[19]。そのため式部省銓擬にあたるものについても天武朝には成立していたと

考えられる。[20] また、法官はその職務内容から八世紀の式部省まで連続的に捉えてもよいと思われる。

史料六　『日本書紀』天武天皇七年十月己酉条

詔曰、凡内外文武官、毎レ年、史以上、其属官人等、公平而恪懃者、議二其優劣一、則定二応レ進階一。正月上旬以前、具記送二法官一。則法官校定、申二送大弁官一。（後略）

史料七　『日本書紀』天武天皇十二年十二月庚午条

詔曰、諸文武官人及畿内有位人等、四孟月、必朝参。若有二死病一、不レ得レ集者、当司具記、申二送法官一。（後略）

これらのことを合わせると、②③より律令制成立直前に冠位や連任についての規定ができたといえる。また、①④より国擬や法官銓擬については天武朝までは遡ることが可能であろう。つまり天武朝ごろには冠位や連任に関する規定がないことから、無位の者が評官人に就くことや一族で評官人を占めることが可能な状況下にあることを示し、これは地域社会が主体的に選任した評官人を国擬や法官銓擬で追認するという方式が採用されていたと考えられる。このことは当時の状況として、実態は地域社会の主体性が捨象しきれないものの、倭王権の論理としては、地域社会の主体性を倭王権が積極的に取り込んでいく過程、また秩序付けていく意思の介在をみることができる。その象徴・施策として国擬や法官銓擬を位置づけることができると考えられる。とりわけ法官の存在やその職務から法官銓擬が天武七年まで遡ることが可能であれば、続いて問題となるのは国擬がいつまで遡及しうるかということになる。換言すれば、問題は国司が常駐し始める時期といえる。

第三節　国司の常駐と国擬の開始——評官人の任用システム（二）——

前節では一点目の課題にこたえるために国擬と法官銓擬の開始時期こそ再検討すべきと考え、特に法官銓擬について、天武七年までは史料上遡ることを示した。そこで、本節では残る国擬について考えたい。また、国擬の開始時期を考えるためには国司が常駐し始める時期について検討する必要があるが、それを通じて一節で掲げた二点目の課題にもこたえることとしたい。

国司の存在について、律令制成立以前から認めることはおおよそ共通理解といえる。本節で確認したいのは国司が地域社会に常駐し始める時期である。天武十二年から十四年にかけて国境画定事業が行われたことは『日本書紀』が記すとおりで、この点を国制の成立の画期とする理解は多い(21)。しかし国それ自体については天武朝以前にも史料上見ることができる。国境画定事業以前の国について、『扶桑略紀』天武天皇九年七月条に「割二伊勢四郡一、建二伊賀国一。別二駿河二郡一、為二伊豆国一」とあることを考えれば、国境画定事業以前には複数の郡(評)をまとめる形ですでに国が存在していたと考えられる。国境画定事業について、中村順昭が「国司が国という所定の範囲の行政を統括する事実があって、その範囲を調整する必要が生まれ」たためとする見解は首肯されるべきであろう(22)。そして天武朝の国境画定事業以前においては、その国を対象として国司が派遣されていたと見るべきであろう。そのため七世紀後半から八世紀にかけての国制を考える上で、国の性格が変化したという点では天武朝の国境画定事業が一つのターニング・ポイントになっていたことは認められるが、国司の常駐とはわけて考える必要があろう。

国司の形態について問題となるのは斉明・天智・天武朝であろう。本章では孝徳朝の国司については、評制施行時の国司も含めて単発的なもの、一定の目的(評制の施行)を果たすために派遣されたもの(常駐して地域社会に大きく関わらない)と捉える立場に立つため検討素材には含めない。そこで斉明朝以降の主な国司関係記事をあげ、国司が地域社会に常駐し始める時期(=国擬の推定開始時期)について検討する。

史料八　『日本書紀』斉明天皇四年是歳条

越国守阿部引田臣比羅夫、討二粛慎一、献二生羆二・羆皮七十枚一。（後略）

史料九　『日本書紀』斉明天皇五年三月是月条

遣二阿倍臣一、〈闕レ名。〉率二船師一百八十艘一、討二蝦夷国一。阿倍臣、簡二集飽田・渟代、二郡蝦夷二百卌一人、其虜卅一人、津軽郡蝦夷一百十二人、其虜四人、胆振鉏蝦夷廿人於一所一、而大饗賜レ禄。〈胆振鉏、此云二伊浮梨娑陛一。〉即以二船一隻、与二五色綵帛一、祭二彼地神一。至二肉入篭一。時、問菟蝦夷胆鹿嶋・菟穂名、二人進曰、可下以二後方羊蹄一、為中政所上焉。〈肉入篭、此云二之々梨姑一。問菟、此云二塗毗宇一。菟穂名、此云二宇保那一。後方羊蹄、此云二斯梨蔽之一。政所、蓋蝦夷郡乎。〉随二胆鹿嶋等語一、遂置二郡領一而帰。授下道奥与レ越国司位各二階、郡領与二主政一各一階上。〈或本云、阿倍引田臣比羅夫、与二粛慎一戦而帰。献二虜卌九人一。〉

上記の史料は阿倍比羅夫の蝦夷征討記事であるが、ここに記載されている国司はあくまで蝦夷を征討し、新たに評制を施行するという一定の目的のもとに派遣された国司と考えられる[22]。新たに評制を施行するというより蝦夷征討に主眼が置かれていたことは、阿倍比羅夫が『日本書紀』天智天皇即位前紀において、百済救援の「後将軍」に任命されていることからも明らかであろう。このことを考えると、斉明朝の国司は評制施行時と同様に単一の目的を持つ単発的な国司と捉えたい。

史料十　『日本書紀』天智天皇即位前紀斉明天皇七年是歳条

播磨国司岸田臣麻呂等、献二宝剣一言、於二狭夜郡人禾田穴内一獲焉。（後略）

史料十一　『日本書紀』天智天皇十年十一月癸卯条

対馬国司、遣二使於筑紫大宰府一言、月生二日、沙門道久・筑紫君薩野馬・韓嶋勝娑婆・布師首磐、四人、従レ唐

来曰、（後略）

史料十については、これのみでは全国的に国司が地域社会に常駐し始めたかどうかの判断は不明とせざるを得ない[24]。しかし史料十の前後における国司関係記事の少なさ、天武朝以降の国司関係記事の飛躍的な増加を考えると、まだ国司は全国的に常駐しておらず、影響を持ち始めたとしてもそれを一般化するのは困難であろう。史料十一については、篠川賢は庚午年籍の作成の為に派遣した国司の実例として捉えている。しかし庚午年籍の作成のためであれば、現地での調査結果を中央に持ち帰る必要があるため、それがそのまま常駐し始めたとは考えがたい。史料十一は、庚午年籍の作成という単一の目的を持って派遣された国司と考えたい。

史料十二　『日本書紀』天武天皇元年七月辛亥条

将軍吹負、既定二倭地一、便越二大坂一、往二難波一。以余別将等、各自二三道一進、至二于山前一、屯二河南一。即将軍吹負、留二難波小郡一、而仰二以西諸国司等一、令レ進二官鑰・駅鈴・伝印一。

史料十二は「以西諸国司」から「官鑰」などを進上させたと記されたものだが、従来これは黛弘道によって、西国の国司をいったん解任し、その後国司に鑰を与えるのは一切止められ、乱後の国司は軍事権や財政権を奪われたとする解釈がなされてきた[25]。しかし現在では「乱に際しての軍事上・戦略上の必要からなされた一時的措置」で、乱後は再び返還されたとする見解が一般的であろう[26]。すなわち当時の財政権の行使の仕方として、国府や評家が未成立であったことを考えると、実態は国造や評官人が地域社会の首長として執り行っていた可能性が高い[27]。さらに壬申の乱の際の徴兵方法が実態として国司によるものでないとすれば（国造もしくは評官人による徴兵）、地域社会は実態として国造もしくは評官人によって統括されていたと考えられる。史料十二は形式上または便宜上国司に命令を出し、国内の評の官鑰などを進上させたといえよう。

史料十三　『日本書紀』天武天皇四年四月壬午条

詔曰、諸国貸税、自レ今以後、明察二百姓一、先知二富貧一、簡二定三等一。仍中戸以下応レ与レ貸。

史料十三では国司が出挙に関わっていたとみて正税への関与を見る向きもあるが、国府や評家が未成立であったことや史料十二の理解を受ければ、史料十三の段階においても「貸税」を行っていたのは国造・評官人とみるのが自然であろう。そのため各国内の評に対して詔を出すために国司を用いた、国司を派遣して評官人に評運営の注意としての詔を伝えたと考えることができないだろうか。あくまでこの詔は「諸国」に出されたものであって「国司」に出されたものではない。国司経由で評官人らに詔を伝達するため「諸国」という記述となるのではないか。すなわち国司の常駐を示すことは困難と判断できる。

史料十四　『日本書紀』天武天皇五年正月甲子条

詔曰、凡任二国司一者、除二畿内及陸奥・長門国一、以外皆任二大山位以下人一。

史料十五　『日本書紀』天武天皇五年五月庚午条

宣下進レ調過二期限一国司等之犯状上云々。

史料十四は冠位を定め、国司の地域社会における位置づけを示したもので、「除二畿内及陸奥・長門国一」とあるようにほぼ全国に設置されていた、または設置することを前提とする。史料十五は調の未進について国司が責任を負うことが記されている。調の貢進は毎年のことで、その責任を負うということは国司がその国に常駐していたことを示す[28]。すなわち天武五年は国司が地域社会に常駐するための体制が整えられていった時期として捉えられると考えられる。

ここまで斉明朝以降の国司関係記事をみれば、天武五年になると国司が地域社会の統括主体として現れ、常駐し始めると考えられる。そのため天武五年まで国擬は遡りうると考えたい。前節での検討結果をあわせれば、天武五年から天武七年を境として、倭王権が国司および法官による銓擬という形で評官人の任用へ介入することで、形式上地域社会のみで評官人が決められることはなくなり、倭王権の論理の中で評官人の任用が行われると考えられる。そしてそのような任用システムになることで、評官人は地域社会の首長という立場に加えて、中央集権体制における行政機構の末端として位置づけられるようになると考えられる。ここに評官人の任用システムとその前提となる地域支配構造と、律令制定当初の郡司のそれらが同様のものになることから、その段階で律令的要素の萌芽が認められ、この段階の評官人は郡司につながる要素を持ち得ると考えられる[29]。ここまで述べてきたことで、前節で論じ残した一点目の課題のうちの国擬の開始時期と二点目の課題の国司の位置づけの変化についてのこたえとしたい。天武朝以降はこのように捉えられるが問題となるのは鍾匱の制から国擬・法官銓擬が行われるまでの評官人の任用システムであろう。次節ではこれらの点について検討することで本節までの見解を補強すると共に、先に掲げた森・磐下の先行研究に対する批判を示すこととしたい。

第四節　大化以降の評官人任用システム——鍾匱の制とその後——

本節では鍾匱の制を起点として、評制施行以降の評官人の任用システムを検討する。

史料十六　『日本書紀』大化元年八月庚子条

（前略）是日、設鍾匱於朝。而詔曰、①若憂訴之人、有伴造者、②其伴造、先勘当而奏。①有尊長者、②其尊長先勘当而奏。若其伴造尊長、不審所訴、収牒納匱、以其罪々之。③其収牒者、味旦執牒、奏於内

裏一。④朕題二年月一、⑤便示二群卿一。（後略）

史料十七　『日本書紀』大化二年二月戊申条

天皇幸二宮東門一。使二蘇我右大臣一詔曰、明神御宇日本倭根子天皇、詔二於集侍卿等臣連国造伴造及諸百姓一、（中略）懸レ鍾設レ匱、拝二収レ表人一、①②使三憂諌人、納二表于匱一。③詔二収レ表人一、毎レ旦奏請。④朕得二奏請一、⑤仍示二群卿一、⑥便使二勘当一。（後略）

上記の鍾匱の制の内容は次の通りである[30]。①「憂訴人」が「伴造・尊長」に憂訴内容を伝える。②「伴造・尊長」は憂訴内容を「勘当」し「牒」を作成して「匱」に投函する。その際「伴造・尊長」は憂訴内容に対し責任を負う。③毎朝「収牒者」が「牒」を回収し大王に「奏請」する。④天皇が「牒」に「年月」を記入する（天皇自身の責任のもとで受理したことを意味する）。⑤天皇が「牒」を「群卿」に示す（諮問）。⑥「群卿」が「勘当」する（審議結果の答申）。

磐下は郡司読奏の【諸司奏↓（天皇↕太政官）】という構造と鍾匱の制の構造【「伴造・尊長」↓（大王↕群卿）】が類似し、郡司読奏と同様の案件処理システムが構築されていることからその淵源をここに求める。そして評官人の場合は国司が諸司奏的要素を持つ「伴造・尊長」にあたり、上記と同様の案件処理システムが機能しているとする。しかし、案件処理システムが類似していることをもって、鍾匱の制を郡司読奏の淵源とみなすことの是非を改めて検討する必要があることは先に示した通りである。また磐下はこの案件処理システムが継続的なものであるかという点については言及しておらず、この点の考察は不十分と言わざるを得ない。

史料十八に見えるように国司が「求レ名之人」の調査を行い中央に報告するとあること、またこの時国造などの評[31]官人候補を連れて上京したと考えられること、翌年三月および八月まで国造が在京していることを踏まえると、ここにおいて評官人の任用が行われたとみても問題はないであろう。[32]

史料十八　『日本書紀』大化元年八月庚子条

（前略）上レ京之時、不レ得三多従二百姓於己一。唯得レ使レ従二国造・郡領一。（中略）若有レ求レ名之人、元非二国造・伴造・県稲置一、而輙詐訴言、自二我祖時一、領二此官家一、治二是郡県一。汝等国司、不レ得三随レ詐便牒二於朝一。審得二実状一而後可レ申。（後略）

また『常陸国風土記』には立評の様子が記載されている。[33] そこでは一つの評につき二名が「惣領高向大夫」に立評の申請を行っていることがよく知られており、この段階で立評申請者二名は初代評官人となったこともおおよそ現在の共通理解として得られている。[34] 史料十八や『常陸国風土記』では、中央から派遣されてきた人物が地域社会において新たに評官人に任用される人物を銓擬し、中央に報告するという点は共通しており、孝徳朝の評制施行時の最初の評官人を任用する際に用いられたシステムであることは明らかであろう。その意味では鍾匱の制と評官人の任用システムが形式上類似しているといえる。

しかしまず注意して確認しておきたいのが、鍾匱の制それ自体の性格である。鍾匱の制について、史料十七の後略の部分に「既而有下民明直心、懐二国士一之風上、切諫陳疏、納二於設匱一」や「昔詔曰、諫者題レ名。而不レ随レ詔」とある。すなわち政治の非を諫める文書を無記名で投函して利用されたとあるように、鍾匱の制は評官人の任用に使用されたわけではないことは明らかである。確かに郡司読奏と鍾匱の制の案件処理システムの類似性は認められるが、それは形式的なものであって、その本質が同様であるとは言えず、両者はわけて考えるべきであろう。史料十八や『常陸国風土記』の例では鍾匱の制を用いた様子を見ることは不可能である。

続いて、評制施行時まで郡司と同様の任用システムが遡るとする森・磐下説においては、任用システムにおいて国司が介在し、太政官に相当する組織を通さずに天皇との関係を取り結ぶという点が評官人と郡司で同様であることを根拠とする。しかし評制施行時の国司は常駐していないことから、国司が介在する任用システムは、評の総数が約五〇〇という膨大な数の初代評官人を任用するための合理的な解決方法で、評制施行時に限られた単発的なものだと考えたい。そこで問題となるのは評制施行後から国司が常駐し、法官が成立するまでの任用システムということになる。この点を明らかにすることで、国司が介在する評官人任用システムが継続的に行われていなかったことを示しておきたい。またこの点を明らかにしない限り森・磐下説は成立せず、前節までの検討も不十分なものとなってしまうだろう。

　この点を検討するためには、斉明・天智朝において評官人はどのように任用されていたかを確認する必要がある。斉明・天智朝における評官人の任用過程をみることのできる史料は次のものがあげられるにすぎない。

史料十九　『日本霊異記』上巻第十七

伊予国越知郡大領之先祖越智直、当為レ救二百済一、遣二到レ軍一之時、唐兵所レ擒、至二其唐国一（中略）爰随二西風一、直来二筑紫一、朝廷聞之、召聞二事状一、天皇忽矜、令レ申レ所レ楽、於レ是越智直言、立レ郡欲レ仕、天皇許可、（後略）

史料二十　『粟鹿大明神元記』神部直根閈尻付[35]

右人、後岡本朝庭御宇天豊財重日足姫天皇御宇時、但馬国民率新羅誅仕奉、即返参来、同朝庭御宇始叙二朝米郡大領司一所レ擬二仕奉一、（後略）

　史料十九は直接的に評官人に任用する史料ではないが、「立レ郡欲レ仕、天皇許可」の文言とのちに子孫が大領に就任していること、立評という同様のケースである『常陸国風土記』において建評者が評官人に就任したと考えられることを踏まえれば、この時越智直が評官人に任じられたものとみてよいだろう。その際、立評の申請は天智天皇の問いかけに対する回答の形式をとることから、評官人への任用は天智天皇と候補者の直接的関係のみによって行われたと考えられる。史料二十でも「即返参来、同朝庭御宇始叙二朝米郡大領司一」とあることから、（斉明）天皇と候補者が直接対峙することによって評官人の任用が行われている。すなわち史料十九、二十が示すように、斉明・天智朝段階においては、国擬や法官（式部省）銓擬は確認することができず、評官人に任用されるために必要だったのは天皇との直接的関係のみであったと考えられる。この段階における評官人への任用にあたっては、国擬あるいは法官（式部省）銓擬のようなシステムは必要条件ではないことがわかる(36)。そしてこの点は八世紀以降の郡司の任用に関する史料からも確認できる。

史料二十一　『類聚国史』延暦十七年三月丙申条

昔難波朝廷、始置二諸郡一、仍択レ有レ労、補二於郡領一、子孫相襲、永任二其官一云々。

史料二十二　「他田日奉部直神護解」（『大日本古文書』三―一五〇）

謹解。申請海上郡大領司仕奉事。

中宮舎人左京七条人従八位下海上国造他田日奉部直神護我下総国海上郡大領司爾仕奉止申故波。神護我祖父小乙下忍。難波朝庭少領司爾仕奉支。父追広肆宮麻呂。飛鳥朝庭少領司爾仕奉支。又外正八位上給弖。藤原朝庭爾大領司爾仕奉支。兄外従六位下勲十二等国足。奈良朝廷大領司爾仕奉支。神護我仕奉状。故兵部卿従三位藤原卿位分資人。始二養老二年一至二神亀五年一十一年。中宮舎人。始二天平元年一至レ今廿年。合卅一歳。是以祖父父兄良我仕奉祁留次爾在故爾海上郡大領司爾仕奉止申。

史料二十三　『続日本紀』天平七年五月丙子条

制、畿内七道諸国、宜下除二国擬一外、別簡二難波朝廷以還譜第重大四五人一副上之。如有下雖レ无二譜第一、而身才絶倫、幷労効聞㆑衆者㆖、別状亦副、並附㆓朝集使㆒申送。其身限㆓十二月一日㆒、集㆓式部省㆒。

史料二十一より、孝徳朝の立郡（評）時に郡領（評官人）が「択㆑有㆑労」を経て任じられ、それは「子孫相襲、永任㆓其官㆒」であることが基準だったと考えられる。すなわち立評時の評官人については選考を行うが、その後については「子孫相襲、永任㆓其官㆒」とのみあることから、選考は行わないという想定だったと考えられる。このことは先に史料二、三、四について述べたように大宝令以前は「三等以上親」の連任が許されていたこととおおよそ合致する。実際に史料二十二においては他田日奉部直神護の祖父である忍が孝徳朝において評官人であり、父である宮麻呂も天武朝において評官人だったことが記されている。史料二十二はここで対象としている斉明・天智朝の例ではないが、史料二十一にある「子孫相襲、永任㆓其官㆒」と合致する。史料二十三には郡司の任用にあたり、「譜第」という基準を導入したこと、副申者を副えて朝集使に附して申送させ、式部省に参集させることが記されている。すなわち天平七年以前において国擬者は一名だったと考えられ[37]、またここで「譜第」という基準が設定されたことから、それまでは「国家が主体的に一元的な任用基準を設定できる段階にはなく、各地域の情勢に規制されながら郡司を任用していたことを示している」と考えられる[38]。

上記を踏まえれば、斉明・天智朝において評官人が交代する場合、国擬や法官（式部省）銓擬は想定されておらず、一族の間によって評官人が継承される形式が取られたと考えられる。倭王権からの視点で捉えれば、実態はともかく、形式上、国擬や式部省（法官）銓擬が開始されるまでは地域社会の論理で決定されることが認められていたといえる[39]。そしてこのことは次に述べるように大化以前の形式と類似する。

史料二十四　『日本書紀』安閑天皇元年十二月是月条

（前略）武蔵国造笠原直使主与㆓同族小杵㆒、相㆓争国造㆒。〈使主・小杵、皆名也。〉経㆑年難㆑決也。小杵性阻有㆑逆。

心高無レ順。密就求二授於上毛野君小熊一。而謀レ殺二使主一。使主覚之走出。詣レ京言レ状。朝庭臨レ断、以二使主一為二国造一。而誅二小杵一。国造使主、悚憙交レ懐。不レ能二黙已一。謹為二国家一、奉レ置二横渟・橘花・多氷・倉樔、四処屯倉一。

史料二十四は著名な武蔵国造の乱に関する記事である。実際に安閑朝の段階で武蔵国造の位を争った事実があるかどうかは改めて検討すべき点であるが、『日本書紀』編纂の段階で国造は天皇との直接的関係の中から任用されるという認識があったことをうかがわせる。このことは他にも出雲国造による就任時における神賀詞奏上などからもみることができよう。[40] すなわち、史料十九から史料二十三より確認できる斉明・天智朝の評官人の任用の様子と史料二十四などに見える国造の任用の様子は類似しており、そこには国擬や法官（式部省）銓擬のようなシステムの存在を確認することはできず、国造のころのシステム化されていない任用形態から大きな変化はないといえる。先述したように、孝徳朝の評制施行時には中央から派遣されてきた国司らが地域社会において新たに評官人に任用される人物を銓擬し、中央に報告するという形態であった。しかしそれがその後も引き継がれているとは考えがたい。

前節までで述べたように、孝徳朝以降国司が常駐していたとは考えがたいことも踏まえれば、国司らから天皇へと上奏されるシステムはいまだ正式な、継続的なものとして採用されていないと考えられる。実施されたのは評制施行時のみと考えるほうが妥当であろう。おそらくは地域社会が主体的に選任した候補者と天皇の間の関係性の上に直接任用される形態であったと考えられ、およそシステム化されたものとはいえないものだったと考える。そしてそれは史料二十四などで示した国造の任用に近いものであったとも考えられる。

国司や惣領が立評も役割の一つとして担っていたと考えること、そして（諸説あるが）孝徳朝にほぼ一斉に成立した評の官人を任用することも含んでいるとすることは問題ない。また東国国司詔と同日に鍾匱の制についての詔がだされたことも『日本書紀』が記すとおりであろう。しかし先述したように評制施行時の評官人任用形態が単発的で継続性がないと考えられること、鍾匱の制それ自体が評官人の任用に使用されたとは考えがたいことから、鍾匱の制に郡司読奏の淵源は求められないことは明らかであろう。ただ、鍾匱の制は使用されなかったものの、評制施行時に国司や総領が銓擬を行い評官人を任用していくという一時的に行われた形態はある種当然であったと考えられる。ただこれも先述したように評の総数が約五〇〇という膨大な数であり、その初代官人の任用における合理的な解決方法によるものであって、それがこの後も継続性のある、システム化はされなかったと考えられる。その後郡司の任用システムに通じるような記述は見ることができず、むしろ前節までで述べたように国擬、法官銓擬という郡司につながるような行政機構によって処理されるシステムが確立されてくるのは天武朝以降であったと考える方が妥当であろう。それ以前は任用形態および地域社会の様相はいまだ国造などと同様に地域社会が主体性をもつ前代的な様相を残しており、行政機構としては未発達の状態だったといえる[41]。

第五節　評制下の国造

最後に本章の課題の三点目である評制下の国造について検討を加える。評制が施行された後も国造は史料上確認可能で、廃止されることはなかったと考えられる。評制下の国造の位置づけについては、大化以前の地域首長として位置づけられたものと令制下に新たに神祇祭祀の担当に位置づけられたもの、すなわち新旧国造論をベースとして古くから議論がなされてきたが、近年では次のように捉えられている[42]。森は、国造は依然存在しており、評官人と兼ねることもあったとし、評の範囲を超える事柄については一国を代表して、地方支配に関与していたとする。篠川は評制施行後も「依然としてクニを統括する地方官としての役割を果たした」とし、国造を頂点とした首長層の重層的関係を想定する。それは天武朝の国境画定事業を経て国宰制が成立するまで存続し、国宰制成立後、国造制は廃止されることになったと捉える。寺西貞弘はあくまで奈良時代の国造についてであるが、「大化前代からのきわめて高い政治的権威をそのままに具備して、律令制度の下に位置づけられ」、神祇を職掌としたとし、新国造を単なる名誉職とせず高い政治性を認めた。森と篠川はそれぞれ実態としての国造制に着目し、寺西は令制下における位置づけと実態を包括的に捉えた点に特徴があろう。本章での検討視角に従えば、ポイントとなるのは評制下において国造はいかに倭王権に位置づけられていたかという点である。そこで近年の先行研究のような実態論よりも倭王権からみた位置づけを論じたい。そのため系譜や碑文などの地域社会が主体となって作成された史料は検討対象からは外し、倭王権側によって作成された史料を中心に検討を進めたい。

史料二十五　『日本書紀』斉明天皇五年是歳条

命二出雲国造一〈闕レ名。〉修二厳神之宮一。狐噛二断於宇郡役丁所レ執葛末一而去。又狗噛二置死人手臂於言屋社一。〈言屋、此云二伊浮揶一。天子崩兆。〉

評制施行以降、天武朝以降は国造に関する史料が増加するが、斉明・天智朝には史料二十五しか国造関係記事は見えない。ここに記載されている出雲国造については、いかなる立場からもいわゆる旧国造と捉えられてきた。すなわち大化以前の国造と同様の性格を持ち、出雲においては国造を頂点とする地域社会を想定する。当時すでに評制が施行されていながら、出雲国造が「修二厳神之宮一」するよう命じられていることからも、倭王権が出雲国造を、徴発権を持つ一評の範囲を超えて出雲国の頂点に立つ存在と認識していたことを読み取ることができよう。ただしこのような倭王権による出雲国造の捉え方は他の国造に対して一般化できるか否かは改めて検討すべきであろう。

評制施行にともなって、史料十八に見えるように評官人が任用された。その際に国造も評官人の候補者としてあげられていたことは史料十八に見えるとおりで、倭王権としてはそれまでの国造らは評官人として位置づけていく方針にあったと考えられる。しかしそれは篠川が言うように、国造の職（地位）をすぐに奪うというようなものではなく(43)、国造の廃止が定められたということと同義ではなかった可能性がある。事実、国造が評官人を兼ねていた例も確認できる(44)。国造の廃止が史料にはっきりと記されていない以上は、地域によっては評制施行以降も人格的紐帯によって結ばれた、国造制的な社会の枠組みが残存していたと考えられる。この場合、制度的には評制に移行したものの、実態として国造は残存していたものと考えたい。史料二十五に見える出雲国造は実態として残存していた出雲国造として捉えるべきであろう。『日本書紀』の斉明・天智朝において他に国造関係史料が見えず、系譜など地域社会が主体となって作成された史料に国造関係史料が見えることは、当時の国造は実態として残存していたものの、倭王権は積極的に国造を当時の地域支配制度の中に位置づけていたわけではなかったことを表すものであろう。

史料二十六　『日本書紀』天武天皇五年八月辛亥条

詔曰、四方為二大解除一。用物則国別国造輸。祓柱、馬一匹・布一常。以外郡司。各刀一口・鹿皮一張・钁一口・刀子一口・鎌一口・矢一具・稲一束。且毎レ戸、麻一条。

史料二十七　『日本書紀』天武天皇十年七月丁酉条

令二天下一、悉大解除。当二此時一、国造等各出二祓柱奴婢一口一而解除焉。

史料二十六は大解除に関する詔である。大解除は大化以前の国造や首長の主催したハラへを原型としたもので、この詔によって慣習的な祭祀が倭王権によって統一・整備されたものと考えられ(45)、神祇令に規定されている諸国大祓につながるものと考えられる(46)。いわゆる新国造を認める立場からは、神祇令に定められた国造はこの記載まで遡るとする。一方で史料二十六に登場する国造をいわゆる旧国造と捉える立場からは、史料二十六と神祇令では国造の位置づけが低下していることを踏まえて[47]、国造自体に変化があり、旧国造が残存している（生き残り）ことを示すとする。史料二十七も大解除に関する史料で、奴婢を貢納するとある。神野清一の言うように、「国造等に奴婢を貢献させるという形式を通じて、彼らの有する地域の祭祀権を大王に集中する」[48]とみるのは首肯すべき見解であろう。

史料二十五にある出雲国造は、制度的な位置づけはなされなかったものの、実態として地域首長的位置づけにあると考えた。一方で史料二十六、二十七に見える国造の位置づけは全国的に出された詔という性格を踏まえれば、神祇令に規定された新国造につながり、一般化できると考えられる。寺西の批判の通り、制度上廃止されたのであれば、律令条文に規定されることは考えがたく、律令条文に明記されていることは律令によって恒久的に認定されたものといえる[49]。そのような国造の位置づけは律令で初めて規定されたわけではなく、天武五年の段階から全国的に規定されたと考えるべきであろう。地域首長的性格は倭王権から規定されたものではなく、あくまで実態としての性格といえ、いわゆる旧国造と制度上同じ性格を持つとはいいがたい。

史料二十八　『日本書紀』天武天皇十二年正月丙午条

詔曰、明神御大八洲日本根子天皇勅命者、諸国司国造郡司及百姓等、諸可㆑聴矣。朕初登㆓鴻祚㆒以来、天瑞非㆓一二㆒多至之。伝聞、其天瑞者、行㆑政之理、協㆓于天道㆒、則応之。是今当㆓于朕世㆒、毎㆑年重至。一則以懼、一則以喜。是以、親王諸王及群卿百寮、并天下黎民、共相歓也。（後略）

史料二十九　『続日本紀』天平神護元年十月庚辰条

（前略）詔、紀伊国今年調庸、皆従㆓原免㆒。其名草・海部二郡者、調・庸・田租並免。又行宮側近高年七十以上者賜㆑物、犯㆓死罪以下㆒皆赦除。但十悪及盗、不㆑在㆓赦限㆒。又国司・国造・郡領及供奉人等、賜㆓爵并物㆒有㆑差。

史料二十八は記載順に注目されることが多い。国司・国造・郡司とあることから、篠川は上下関係を推定する。しかし後世の例であるが、称徳天皇の紀伊国和歌浦行幸に際しての褒章記事である史料二十九を確認すると、ここでも国司・国造・郡領が並んで記載されている。先に令制下の国造について、律令条文に明記されていることは律令によって恒久的に認定されたものとする寺西の見解を用いたように、史料二十九にある国造は律令で規定された神祇祭祀を担当する新国造をさすと考えられる。これは『日本書紀』が編纂された八世紀の段階で、地域社会において、史料二十八に記載されている国造も史料二十九に記載されている新国造と同じ位置づけであるという認識があったということができる。すなわち、史料二十八の記載は国司は地域社会を統括し、国造は神祇祭祀を担い、郡司（評官人）は国司のもとで地域社会を支配していたという認識に基づいて記されたものと捉えるべきであろう。

ここまで見てきたように、倭王権による国造の位置づけは天武朝、特に天武五年を契機として、律令制につながるいわゆる新国造へ位置づけられたことを読み取ることができる。評制施行後、国造は実態として残存するものの、倭王権による地域支配制度の中の位置づけを失い[50]、天武五年ごろから新たな位置づけを得たといえる。

その背景には先に述べた国司の性格・位置づけの変化が密接に関連すると考えられる。先述したように天武五年は、国司が地域社会の統括主体として現れ、常駐し始めると考えられる時期、すなわち倭王権の論理の中で評官人の任用が行われ、地域社会に倭王権が介入していく時期と考えられる。このような状況において、旧来の国造が残存していることは倭王権の意図とは反するものになり、残存している国造を新たに位置づけていくことになったと考えたい。国造の位置づけが変化すると考えられる記事が、国司が常駐し始める天武五年に記載されていることはそのような関連性のもとで理解すべきであろう。このことは史料二十六にある詔という性質からも倭王権から見た位置づけについては一般化しうると考えられる。旧国造的な性格が捨てきれないのは、実態として廃止されたわけではないので、一部に実態としてその性格が残っているためと考えておきたい。

おわりに

論点が多岐に渡ったため最後にこれまでの検討結果をまとめて結びとしたい。

本章は近年の評制研究の動向、すなわち領域と社会編成をキーワードとして評制を前後期に分類し展開過程を想定する見解では、評制の展開過程については一面的な理解にとどまるという反省点から、評制の展開過程を異なる視点から他制度との関連を踏まえて明らかにし、多面的に捉えるという目的のもと論をすすめた。その目的を達成するために、第一に評官人の任用システムの検討を通じた評官人の位置づけの変化、第二に国司の位置づけの変化、第三に国造の位置づけの変化という三点の課題を設定し、倭王権から見た制度史的視角より評制の展開過程を検討した。

郡司任用システムの主要なポイントである国擬・式部省銓擬・郡司読奏・任官儀の中で、郡司読奏は先行研究が示すように、郡司と他の律令官人との比較において郡司の特質を見出すことは可能であるが、時間軸の上で郡司の特質を――とりわけ評官人と郡司を比較した場合――見出すことは困難であると示した。そこで本章では評官人から郡司までの時間軸の上で、評官人の位置づけの変化の有無およびその過程を見出す場合は、国擬・式部省銓擬こそがポイントとなることを指摘した。つまり国擬・式部省銓擬が成立するまでは評官人の任用については地域社会の主体性を強く見ることができるが、それらの成立以降は、任用論理の上では倭王権による審査、すなわち倭王権の主体性が入ることになる。そこに地域社会の論理を倭王権が（天皇が）主体的に秩序付けていく意思の存在を見ることができ、評官人の位置づけの変化を見出すことができよう。国擬・式部省銓擬の成立時期については、国司が常駐し始める時期、法官の存在を基準として検討した。法官の存在は史料上天武七年まで遡るといえるが、国司が常駐し始める時期として、冠位の制定、調の未進について国司が責任を負うとあることから天武五年ごろと推定した。それに伴い、国擬の成立時期も天武五年まで遡ると考えた。上記の検討結果を補強するため、これまでの研究で指摘されていた、郡司の任用システムは鍾匱の制に淵源を見いだすことができ、評制施行時まで遡及可能という見解についても検討した。そこでは斉明・天智朝の評官人の任用システムを検討素材とした。その結果、当時は国擬が行われていた状況を見出すことはできず、評官人候補者と天皇の直接的関係が必要であって、候補者と天皇の間に国司などが介在することは必要条件ではなかったとした。そのため評制施行時の状況は単発的で、継続性がないと考えた。斉明・天智朝の評官人任用システムは、地域社会が主体的に選任した候補者と天皇の間の関係性の上に行われる任用形態で、およそシステム化されたものではなく、大化以前の国造と同様の任用形態であった。評制の展開過程において評官人の任用システムという視角から捉えれば、大化以前の前代的な任用形態から、天武五年から天武七年を境として任用形態がシステム化された後の郡司的なそれへと変化し、その背景には国司の常駐、すなわち国司の位置づけの変化があったと考え、これを一点目の課題と二点目の課題に対するこたえとしたい。

最後に三点目の課題である国造の位置づけの変化、とりわけ大化以後の国造について検討を加えた。国造は評制施行時に廃止されたわけではなく、存在自体は令制下まで続くことは史料上確認可能である。しかし評制施行以降の国造は実態としてのみ認められるもので、地域支配制度の中に位置づけられていなかった。そうしたイレギュラーなかたちで残存することになった旧国造は、天武五年の詔によって地域社会における神祇祭祀に特化した存在として位置づけられた（旧国造の廃止とは異なる）と考えられる。その背景には国司の常駐・位置づけの変化が密接に関連していたと考えられる。この点をもって三点目の課題に対するこたえとしたい。

これらを総合すると、天武五年から天武七年を境として大化以前の首長的性格を多分に引き継いだ評官人から、官人的要素を持つ評官人への変化が考えられる。法官が成立し、国司が常駐して地域社会に影響を持ち始め、それとリンクして評官人が倭王権の論理の中で任用されるようになる。またそれと同時期に、国造はそれまでとは異なる位置づけにされたといえる。この一連の変化は評制の性格の変化を表し、さらには国境画定事業、浄御原令まで一連の動きの端緒として捉えることができ、七世紀後半の地域支配制度の大きな転換点といえる。つまり先行研究で指摘されてきたように評制の展開過程は国境画定事業を境に考えられるべきものではない。これまで前期評・後期評として分類されてきた視角は、領域や社会編成に焦点をあわせた場合は有効であるが、評官人など、評の在り方、評制という地域支配制度に焦点をあわせた場合、評制の展開過程は本章で述べた点を含めて一連の動きの中で捉えるべきであろう。

本章は上記のようにまとめることができる。令制下の地方支配の大きな特色として、森の言葉を借りれば、「地方豪族による支配を、郡・郡司という国家の正式な機構の中に位置付けている」ことがあげられる(51)。また吉田も冒頭で紹介したように郡司の支配と国造の支配を比較して、国造は自らの首長的秩序による支配であるのに対し、郡司は上位権力によってその地位が保障されており、自らの首長的秩序それ自体が機能して国家的支配の体制となっていたのではないとする見解を持つ。評制施行時での地域支配政策が国造制・部民制の再編および一元化に留まること(52)、本章で述べたように天武朝以降行政機構が整備されてくることを踏まえると、森の考え方は天武五年以降の評まで遡ることが可能であると考えられる。また吉田の郡司に対する位置づけは評官人にも当てはまるとする相沢の見解についても、評制全体に敷衍できるものではなく、天武五年以降の評官人に対してのみ有効であると考えられる。これらの見解を踏まえつつ本章での検討結果を述べれば、国造制段階では地域社会の統括者は地域社会と人格的紐帯を必要条件として地域社会から生まれてきたが、天武五年以降の任用システムでは人格的紐帯は必要条件にはならず、任用に際し倭王権が介入することになり、理念上倭王権によって地域社会の統括者を生むことになるといえる。この点をもって大化以前的性格を持つ地域社会の統括者と律令制的性格を持つ官人の境と考えたい。したがって、評制も大化以前的な性格を持つものと令制的な性格を持つものに分類することが可能になろう。

最後に、展望として本章から導き出される倭王権の支配論理の展開についても触れておく。上記の検討を踏まえて、「造」の変化があったと考えることもできる。具体的には五十戸「造」の里「長」への変化である。五十戸から里への変化が同時期に行われ、その官人の名称も変化する。官人が官僚的要素を持つようになると同時に「造」がなくなっていくともいえる。つまり「造」が前代的な人格的関係を紐帯とした関係性の上に成り立つ地域社会の統括者で、さらには彼ら「造」を倭王権が統括することで列島内を掌握していたと考えられる。その後、国境画定や戸籍の作成を経て、民衆は土地に緊縛されることになり、「造」の役割は必要条件ではなくなった。そして管理者としての「長」が登場するようになる。

この考えは、必ずしも本章でのみいえるものではなく、より大局的な視点から捉える必要がある。また本章では制度史的検討にとどまったため、実態論に踏み込むことはできなかった。制度と実態の乖離をいかに理解するかという点も含めて、展望で示した見解は様々な側面から改めて検討することを今後の課題として擱筆する。

註

(1)　代表的なものをあげれば、鎌田元一「評の成立と国造」(『律令公民制の研究』塙書房、二〇〇一年、初出一九七七年)、森公章「評の成立と評造」(『古代郡司制度の研究』吉川弘文館、二〇〇〇年、初出一九八七年)、篠川賢a「評制の成立と国造」(『日本古代国造制の研究』吉川弘文館、一九九六年)、同b「『常陸国風土記』の建郡(評)記事と国造」(『日本古代国造制の研究』吉川弘文館、一九九六年）、須原祥二「評制施行の時期をめぐって」（『古代地方制度形成過程の研究』吉川弘文館、二〇一一）などがある。

(2) たとえば、井内誠司「国評制・国郡制支配の特質と倭王権・古代国家」（『歴史学研究』七一六、一九九八年）。

(3) 評制の意義については、本書第Ⅲ部第一章参照。前提として、国造制・部民制・ミヤケのどれに重点を置くかは論者により異なるが、筆者は国造制を重視する立場に立つ。

(4) 井上光貞「郡司制度の成立年代について」（『井上光貞著作集　四』岩波書店、一九八五年、初出一九五二年）、同「大化改新の詔の研究」（『井上光貞著作集　一』岩波書店、一九八五年、初出一九六四年）、関口裕子「「大化改新」批判による律令制成立過程の再構成」（『日本古代社会の研究』塙書房、二〇二一年、初出一九七三年）、磯貝正義『郡司及び采女制度の研究』（吉川弘文館、一九七八年）、薗田香融「律令国郡政治の成立過程」（『日本古代財政史の研究』塙書房、一九八一年、初出一九七一年）、米田雄介「評の成立と構造」（『郡司の研究』法政大学出版局、一九七六年）、鎌田前掲註(1)論文、伊野部重一郎「評造私考」（『続日本紀研究』二〇九、一九八〇年）、同「評の官名について」（『日本歴史』三九七、一九八一年）など。

(5) 山中敏史「古代地方官衙の成立と展開」（『古代地方官衙遺跡の研究』塙書房、一九九四年）、同「評制の成立過程と領域区分」（『考古学の学際的研究』岸和田市、二〇〇一年）、荒井秀規「律令国家の地方支配と国土観」（『歴史学研究』八五九、二〇〇九年）。

(6) 先にあげた諸論考は、いずれも評制の検討にとどまらず、他制度との関連も視野に入れている。ここではそれらを特にあげることはしない。

(7) 吉川真司「律令体制の形成」（『律令体制史研究』岩波書店、二〇二二年、初出二〇〇四年）、市大樹「飛鳥藤原出土の評制下荷札木簡」（『飛鳥藤原木簡の研究』塙書房、二〇一〇年、初出二〇〇六年）。

(8) 大町健「律令制的国郡制の特質とその成立」（『日本古代の国家と在地首長制』校倉書房、一九八六年、初出一九七九年）、鐘江宏之「令制国の成立」（『律令制諸国支配の成立と展開』吉川弘文館、二〇二三年、初出一九九三年）。

(9) 吉田晶「日本古代の首長制に関する若干の問題」（『日本史研究』一七八、一九七八年）。

(10) 相沢央「律令郡制の成立過程」（『新潟史学』四三、一九九九年）。

(11) 近年では森前掲註(1)書、同『地方木簡と郡家の機構』（同成社、二〇〇九年）、磐下徹「郡司読奏考」（『日本古代の郡司と天皇』吉川弘文館、二〇一六年、初出二〇〇七年）などがあげられる。

(12)　森公章「評司の任用方法について」（森前掲註(11)著書、初出一九九七年）。
(13)　たとえば東国国司は大化元年八月庚子条の詔の後に派遣され、翌年三月甲子条の詔ですでに目的を果たして帰還していることからも明らかであろう。
(14)　「常駐」という語について、渡部育子「天武・持統・文武朝の国司」（『律令国司制の成立』同成社、二〇一五年、初出一九九八年）は「（a）地方行政遂行のために一定期間、任地に駐在すること、（b）一つの任務ではなく大宝・養老令の国司のように複数の多岐にわたる任務が課せられていること、（c）a・bのような条件を満たす官人が、人の交替はあっても恒常的に派遣されていること」としているが、（b）については一つの特定の任務を持たない、あらゆる職務の統括をおこなう、とも言い換えることができよう。
(15)　今泉隆雄「八世紀郡領の任用と出自」（『古代国家の地方支配と東北』吉川弘文館、二〇一八年、初出一九七二年）。
(16)　磐下徹「擬郡司帳管見」（磐下前掲註(11)著書、初出二〇〇七年）によれば、奈良時代前期は十月から十一月にかけて擬郡司帳の作成・提出（＝国擬）が行われていたとされ、首肯すべき見解であろう。
(17)　市前掲註(7)論文によれば、評制下の荷札木簡も評の段階で作成されたと考えられる。これは評制施行段階での税収取体制が国司の存在を想定していなかったことを反映していると捉えることも可能であろう。なお、八世紀以降の国司常駐後の木簡についても郡が主体となって作成していたと考えられるが、これも評制当初の名残と捉えてもよいだろう。このようなことは国司が評制施行当初頻繁に派遣、あるいは常駐していなかったことを間接的に示すものであろう。
(18)　今泉前掲註(15)論文。
(19)　森前掲註(12)論文。
(20)　早川庄八「選任令・選叙令と郡領の「試練」」（『日本古代官僚制の研究』岩波書店、一九八六年、初出一九八四年）によれば、大宝令において式部省による「試練」が規定されていたにもかかわらず、直後の大宝元年七月二十七日の太政官処分においてその規定は太政官に吸収され覆されているが、その後郡司は例外として式部省による「試練」に関する式が施行されているとする。これは旧来から「試練」が式部省によって行われていたことを表すとして「試練」の起源は浄御原令まで遡るものと推測する。なお、これは森前掲註(12)論文でも認めるところである。
(21)　大町前掲註(8)論文、鐘江前掲註(8)論文が代表的であろう。

(22) 中村順昭「国司制と国府の成立」(『古代文化』六三―四、二〇一二年)。
(23) 篠川賢「国宰制の成立と国造」(前掲註(1)著書)。
(24) 播磨国については『播磨国風土記』に複数の国司の名前が記載されているが、必ずしも常駐しているか否かを導き出すことはできない。また、『住吉大社神代記』には「乙丑年」(=天智四年)に「宰頭伎田臣麻」がいたことが見え、史料十の岸田臣麻呂と同一人物とみられる。岸田臣麻呂は斉明七年から天智四年を含む時期に播磨国にいたと見られるが、篠川前掲註(23)論文でも示される通り、これをもって全国的に国司が常駐しているとは言えないだろう。
(25) 黛弘道「国司制の成立」(『律令国家成立史の研究』吉川弘文館、一九七八年)。
(26) 篠川前掲註(23)論文。
(27) 篠川前掲註(23)論文。
(28) 中村前掲註(22)論文。
(29) 八世紀以降『続日本紀』天平七年五月丙子条に「難波朝廷以還譜第重大」、『続日本紀』天平勝宝元年二月壬戌条に「立郡以来譜第重大之家」、史料二十二に「難波朝廷以還、譜第重大」とあることから郡司の起点が孝徳朝であるという意識があった。本章では孝徳朝にそれまでの体系が大王のもとに一元化されたことに端を発するものであると考える。森・磐下説と八世紀以降の歴史認識は相通ずるものであるが、本章においては郡司任用システムの初元は天武朝初期に見るものの、孝徳朝に大王との直接的関係を認める部分では森・磐下説と一致しており、八世紀以降の歴史認識とは矛盾しない。
(30) 磐下前掲註(11)論文。
(31) 『日本書紀』によれば大化二年三月には国造は国司らの告発を行い、八月には国司と共に帰還していると考えられる。
(32) 早川前掲註(20)論文。
(33) たとえば、『常陸国風土記』行方郡条には、「難波長柄豊前大宮駅宇天皇之世、癸丑年、茨城国造小乙下壬生連磨・那珂国造大建壬生直夫子等、請二惣領高向大夫・中臣幡織田大夫等一、割二茨城地八里・那珂地七里合七百戸一、別置二郡家一」とある。
(34) 鎌田前掲註(1)論文、森前掲註(1)論文、篠川前掲註(1)ａｂ論文など。
(35) 『粟鹿大明神元記』については、鈴木正信『大神氏の研究』(雄山閣、二〇一四年)を参考にした。
(36) なお、前掲史料八において、斉明朝に国司が派遣され、新たな評が立てられた様子を見ることができる。しかし先述したように国司の阿倍比羅夫がのちに百済救援の「後将軍」に任命されていることからも、この時は蝦夷征討に主眼が置かれており、評の設定はそれに付随する目的ではなかったかと考えられる。そのため史料八で立評に国司が関連していることは例外として見ておきたい。

(37) 森公章「律令国家における郡司任用方法とその変遷」（森前掲註(1)著書、初出一九九六年）。

(38) 磐下徹「郡司任用制度の考察」（磐下前掲註(11)著書、初出二〇一三年）。なお、同「郡司譜第考」（磐下前掲註(11)著書、初出二〇一一年）では、東国国司による評官人の任用についても有力者の訴えを確認したうえで候補者を決定するという受動的なものであったとする。首肯すべき見解であろう。

(39) なお、磐下前掲註(38)両論文では、史料二十三を国家が主体的に郡司の任用を行う方向性を打ち出したという意味で高く評価するが、このことは本章で国擬と法官（式部省）銓擬の開始を高く評価することと矛盾しない。磐下の理解は実態に目を向けた場合のものであって、本章は倭王権からの視角をとるものである。すなわち国擬と法官（式部省）銓擬の開始は、理念上倭王権が評官人（郡司）任用の主体性をもつことになり、史料二十三ではその主体性が実体化していくという理解になり、その評価は併存しうる。

(40) 倭王権と地方豪族の職位を介する関係について、森前掲註(12)論文にて検討されており、大王と直接に確認する必要があったとされる。首肯すべき見解であろう。

(41) 倭王権が構築する事務処理過程の中に包摂されていない、あくまで天皇と地域首長との個人的関係の中で再生産されていく前代的な様相を見て取れる。

(42) 篠川前掲註(1)a論文、同「「大化改新」と国造制」（前掲註(1)著書）森公章「評制下の国造に関する一考察」（森前掲註(1)著書、初出一九八六年）、寺西貞弘「奈良時代の国造」（『日本歴史』七五七、二〇一一年）。

(43) 篠川前掲註(23)論文。

(44) 出雲国造の系図には天武朝の人物と考えられる第二十四代の「帯許督」という人物がみえるが、高嶋弘志「神郡の成立とその歴史的意義」（佐伯有清編『日本古代政治史論考』吉川弘文館、一九八三）によれば、「許」は「評」の誤写であることを示している。すなわち出雲国造が意宇郡の評官人も兼ねていたことを示すとする。首肯すべきであろう。また、紀伊国造家の系譜『国造次第』には第十九代忍穂が「立名草郡兼大領」と記されている。

(45) 神祇令諸国条に「凡諸国須二大祓一者。毎レ郡出二刀一口。皮一張。鍬一口。及雑物等一。戸別麻一条。其国造出二馬一疋一」とある。

(46) 神野清一「天武十年紀の天下大解除と祓柱奴婢」（『日本古代奴婢の研究』名古屋大学出版会、一九九三年）、篠川賢「律令制下の国造」（前掲註(1)著書）等。

(47) 国造の位置づけが中心的役割（史料二十六）から「付け足しのよう」な位置づけ（神祇令諸国条）（高嶋弘志「律令新国造についての一試論」〈佐伯有清編『日本古代史論考』吉川弘文館、一九八〇年〉）に変化しており、高嶋・篠川は国造の置かれた地位が相対的に低下していることを想定する。篠川前掲註(42)論文。

(48) 神野前掲註(46)論文。

(49) 寺西前掲註(42)論文。

(50) 『常陸国風土記』や出雲・紀伊国造の系譜、那須・阿波国造の碑文など、地域社会が主体となって発信する史料に国造が残存していることから、国造は評制下においても実態として残存しているが、倭王権から正式に地域首長として位置づけられているわけではないことを示すか。

(51) 森前掲註(12)論文。

(52) 本書第Ⅲ部第一章。

終章　古代国家形成期の地域支配制度

第一節　本書のまとめ

ここまで律令制成立以前を対象として地域支配制度について検討してきた。まずは本書の問題意識を振り返りつつ改めて各章をまとめておく。

本書では、国家形成史への視角の一つとして地域支配制度を取り上げた。一九七〇年代以降、地域支配制度は在地首長制論と結合して検討されてきた。そしてその視角は在地首長に代表される地域の有力者がいかなる発展段階のなかで倭王権に取り込まれてきたか、あるいは在地首長がいかなる地域支配を行っていたか、という点で在地首長制の実体化を目指す方向に作用することとなり、一定の成果を上げてきた。しかし九〇年代以降の諸研究により、生産関係だけで地域社会が捉えきれないことが明らかになるとともに、地域社会の実態を在地首長制で説明しきれない状況も指摘されてきた。また、この在地首長制論は地域支配制度の制度的性質と在地首長の性格を結合させて議論されてきたため、地域支配制度そのものの性質の理解をかえって曖昧なものにしてしまったといえよう。

こうした流れから、近年では具体的な地域社会像から考えていく姿勢も見られるようになってきた。その姿勢は首肯すべきであるものの、一方で倭王権はいかに地域社会を認識し、いかにして支配しようとしたのか、倭王権の認識や意図、さらに言えば支配論理という点も明らかにする必要があるだろう。それによって地域支配のあり方を双方向から捉えることを可能にする。そのためには、これまで地域支配制度研究の文脈で議論されてきた諸制度が本当に民衆までを支配しているシステムなのか、またそれによってどのような社会編成が行われていたのか、あるいはどのような倭王権の支配論理が存在したのかという倭王権側の視点にたって制度的特質を捉えようとする姿勢が必要となる。そこで本書では在地首長制論から地域支配制度を実体化するという方向性ではなく、あくまで制度史的視角から倭王権によって民衆がどのように認識され、組織・支配されてきたのか、あるいはどのような倭王権の支配論理が存在していたのかを明らかにすることを課題として設定した。

そこで律令制成立以前を対象とし、これまでの先行研究で地域支配制度と捉えられてきた諸制度について再検討を行ってきた。具体的には、人制、部民制、県・県主制、国造制、ミヤケ、評制、国司制などである。これらをⅢ部構成に分け、主として六世紀前半以前、六世紀前半から七世紀半ば、七世紀半ば以降の様子を論じた。

第Ⅰ部第一章「人制から部民制へ」では人制と部民制について論じた。ここでは人制と部民制の比較を通じてどのように質的変化を起こすのかを課題として検討を行った。「人」や「部」が倭王権から与えられる表記であることを踏まえると、実態の変化より、倭王権が人制と部民制の構造をいかに認識していたかという点を検討する必要がある。そのため人制と部民制それぞれの上番者の構成や仕奉関係を明らかにし、比較検討を経て質的差異を見出すことを目指した。その結果、人制は地域社会の中からある職務に長けた人物が上番し、上番した先で集団に編成される構造を持つと捉えた。共同体から切り離され、二次的に編成された集団が倭王権に把握され、上番者の出身共同体は倭王権に把握されることはないことを明らかにした。編成された人間集団に対しては支配という表現になるが、俯瞰すればあくまで倭王権の運営にかかる職能集団の編成にとどまる。一方で部民制は、一般民衆層までを対象として編成される構造を持つ。上番した人物を編成するのではなく、一次的な集団を部民として設定していく。伴造を結節点として民衆層までを王民と捉えることで支配対象にする。部民制の施行に伴って一般民衆に対する支配という認識が生まれ、王民としてのイデオロギーを貫徹させていたことがうかがえる。人制から部民制へと展開するなかで、上記のような性質の変化を認めることができる。

第Ⅰ部第二章「五世紀以前における県・県主制」では県・県主について検討した。県・県主は古くから地域支配制度として国家形成史のなかに位置づけられてきた。それは井上光貞・上田正昭による国県制論争によって、国造制と並列的に扱われることによって明確化された。この傾向は石母田による在地首長制論と結合することで、余計に地域支配制度とする位置づけが十分に検討されないまま自明の前提として扱われてきた。しかし第Ⅰ部第一章で五世紀末の人制の段階では「人」表記が付される人間の配下にある民衆まで支配が及んでいないと考えたことから、国造制成立以前に設置された県・県主制にも同様のことが言える可能性があり、その問題提起をうけてこれまで自明であった県・県主制が地域支配制度であるという前提に再検討を加えた。ここでは三嶋竹村屯倉設置説話の労働力の徴発の様子を素材とし、倭王権は県主配下の民衆を徴発していない点、倭王権が国造を経由してミヤケの労働力の徴発を行っている点から、県主配下の民衆は倭王権にとって埒外の存在であること、国造制が成立して以降、倭王権による民衆に対する支配が可能になったと考えた。これまでは県主と在地首長制論が結びつくことで地域支配制度としての位置づけがなされてきたが、県主は首長としての性格によって支配、労働力の徴発を可能としていたと考えられる。それを踏まえて制度史的視点にたって県主を捉えた場合、その土地および生産物を貢納することによって倭王権に関わっていた存在と位置づけられる。このようなシステムは、倭王権がその人物を通じて配下の民衆を支配していないという点において人制と類似している。そして県はこれまで、県主が在地首長で、彼らを通じて地域支配を行っていたという前提からの論理的要請として、人間集団などと理解されてきた。しかし県主を上記のように位置づけた以上、人間集団と捉えることは不可能で、倭王権の直轄地として捉えるべきと考えた。県・県主は地域支配制度という捉え方は誤りであって、あくまで倭王権にかかる存在であったと考えられる。その意味でいえば、県・県主制は国造制との関係性の中で論じるのではなく、ミヤケの前提として捉えることが可能になる。

第Ⅰ部第三章「人制のその後と磐井の乱」では磐井の乱について、人制との関係から検討した。磐井の乱については、これまで対外関係の一元化や倭王権の弱体化と再生、あるいはその両方といった文脈で論じられてきた。ここではこれまでの視点を踏まえつつ、人制との関係のなかで論じた。磐井は乱以前に人制を通じて倭王権との関係を有していたという前提に立ち、また人制が大王（ないしそれに準じる人物）と仕奉関係を結んだ特定個人に「某人」が付与され、その関係性は世代を越えて継承されないという特質を踏まえれば次のように理解できる。五世紀末の倭王権の弱体化という状況のなか、人制に組織された人々の多くは新たに倭王権と関係を結ぶことができず、その地を離れ、多くの場合帰郷せざるを得ない状況になったと考えられる。こうした倭王権との関係の希薄化は、磐井の上位権力に対する向心力を新羅に変更させることとなった。その後倭王権が継体の即位を得て専制君主化（＝再生）を目指すなかで、地方豪族との関係の再構築がはかられることになり、それが磐井の乱として表出することになったと考えられる。こうして倭王権は地方豪族との関係を再構築することになるが、地域社会の秩序をある程度認め、国造にその支配を認めつつ倭王権への仕奉を求める、すなわち地域社会を温存しなければ地方豪族との関係の再構築がかなわなかったといえる。磐井の乱はこのような国内的要因によって引き起こされたものと考えられ、対外関係の一元化という位置づけは結果論として捉えるほうが良いのではないかと考えた。本章の磐井の乱の見方は、その後につづく国造制や部民制の成立の背景という文脈でも捉えることができるだろう。

第Ⅱ部第一章「制度史的視角からみた国造制の成立」では国造制の成立過程を検討した。先行研究から導き出される問題点として次の点をあげた。一点目は国造制の成立を見る場合、何を基準にするかという点、二点目として在地首長制とは切り離した制度的な意味での成立である。これまでは在地首長制論と結合することで、在地首長としての性格の変化を見る向きが強かったが、それでは国造制の成立をみることはできない。在地首長がどのように変化したのか、という視点ではなく倭王権がそれまでの在地首長をどのような形で編成することで国造として認識し、その立場を変化させたのか、という視点が必要となる。三点目として国造制成立の背景があげられる。一点目、二点目を明らかにした場合、どのような要因に起因するのかを明らかにする必要がある。これらの問題意識のもと、造を基準にする場合、伴造などとの差異を明らかにしえないこと、その場合、在地首長の性格に着目することになってしまうことから「国」に着目して検討した。その結果、領域の性格を「共同体的領域性」「制度的・共同体的領域性」「制度的領域性」と分類し、国造制における「国」は「制度的・共同体的領域性」という概念で捉えられるとした。そして「国」の成立こそが国造制の制度的成立と捉えた。国造制の成立については、磐井の乱後に西国に施行され、その後崇峻朝に東国に施行されるという従来の指摘に加え、倭王権の主体性を重視してその背景を理解すべきとした。すなわち国造制の施行は、倭王権が継体の即位を得て専制化するなかで、第Ⅰ部第三章で示した倭王権の弱体化にともなって希薄化あるいは解消された地方豪族との関係を再構築する一つの方法として採用されたと考えた。その際、地域社会を破壊して再編していくような方法ではなく、既存の地域社会を温存し、それを国造に代表させることで間接的な列島支配を志向した（せざるをえなかった）と考えた。国造制は倭王権の専制化という大きな流れのなかでの列島支配に対する主体性の発露という側面を重視すべきであろう。

第Ⅱ部第二章「ミヤケの位置づけとその射程」ではこれまでのミヤケ研究を振り返り、ミヤケ研究がもつ射程を検討した。古くはミヤケ研究は土地所有との関係から検討され、面的展開と国家形成史が結合して捉えられてきた。戦後には国家形成論や社会論などと共鳴するように、面的展開の議論を踏まえつつ、質的展開の議論に移行した。その後現在に至っては記紀批判の重視に伴って本質論が深められることにより、土地支配としての見方は否定され、政治的軍事的拠点・貢納奉仕の拠点として理解されるようになった。こうした研究史を確認するとともに、ここでは政治的軍事的拠点・貢納奉仕の拠点という理解は認めつつ、加えて倭王権の施策を確実に機能させる装置として捉えた。そして基本属性の概念の広さゆえに、国造制や部民制、評制などに限らず多くのものに解消されると考えた。このように現在のミヤケ研究は本質論のなかで一定の到達点にあるが、一方で地域支配の中にどのように位置づけるかという点は検討されてこなかった。そこでミヤケは律令制成立までの地域支配に通底するものと捉えた。そしてその性格上、国造制や部民制などあらゆるものに解消され、それを単独で評価し、ミヤケ「制」として国家形成史と結びつけるのは過大評価といわざるを得ない。そのため地域支配制度や国家形成史とは直接結びつけず、本書で扱っている地域支配制度などを確実に機能させる役割として位置づけることができると考えることができよう。

第Ⅱ部第三章「安閑后妃関係ミヤケの歴史的位置」では安閑朝のミヤケ大量設置記事に至る流れ（初期の展開過程）を検討するため、安閑后妃関係ミヤケを扱った。これまでの研究ではミヤケの理解は政治的軍事的拠点・貢納奉仕の拠点とされ、一面的なものにとどまっている。そのためミヤケの本質は常に同様の理解で良いのか、あるいは時期によって異なるのか、その議論が抜け落ちていたと考えた。そこでミヤケの成立から大量設置にいたるまでにいかなる性格をもっていたのかを明らかにするために安閑后妃関係ミヤケを検討した。ここでは安閑后妃関係ミヤケは安閑朝に経済基盤としての役割を持って成立したこと、その背景には継体即位という倭王権の体制転換を考えることができること、そのためこうした経済基盤としてのミヤケが原初的形態として考えることができるとした。こうした性格を持つミヤケが、部民制や国造制とも結びつきつつ、権力構造を表現する舞台装置となり、政治的軍事的拠点・貢納奉仕の拠点といった機能を獲得していくことになるとした。この検討を通じてミヤケを動的に理解することを可能にするとともに、その前提として県を位置づけることができるのではないかとした。こうした位置づけを考えることで、先に触れたようにミヤケは部民制や国造制と並列的に扱えるものではなく、それらに埋没するものとして考えることができるのではないだろうか。

第Ⅱ部第四章「六・七世紀の南武蔵におけるミヤケとその周辺」では南関東での武蔵国造の乱を素材として、国造制とミヤケの具体例を検討した。特に使主と小杵の本拠について、これまでの先行研究とは異なり、使主が南武蔵に勢力をもち、小杵が北武蔵に勢力を持っていたと理解するほうが交通路との関係や系譜関係から自然であると推定した。そして六世紀の南武蔵は倭王権と東海道を経由して関係を結んでいたといえる。そして元来異なる勢力を持つことから、この争乱を契機として、南武蔵が武蔵国一帯を勢力下におさめたという動向を見て取ることが可能である。続いてミヤケの検討を通じて、ミヤケは評家にはつながる場合もあるが、それは一般的なものではないと理解した。一般的には豪族居館がいわゆる評家の役割を持ち機能していたといえる。

第Ⅱ部第五章「稲置考」ではこれまであまり地域支配制度研究の主軸に据えられてこなかった稲置について、数少ない史料を検討し、地域支配の具体像や位置づけを論じた。これまで稲置は国造の下位の地方官として理解されてきた。しかし各史料の検討を通じ、稲置の存在は倭王権の支配構造・支配論理のなかに公的な存在として位置づけられたものではないと考えた。その理由として、「臣連伴造国造」や「臣連国造伴造」、「臣連二造」という倭王権の認識がみられるが、そこには稲置が位置づけられておらず、また、稲置が倭王権から任命された形跡がないこと、倭王権は稲置を通じて人間集団の支配を行った形跡がないことなどがあげられる。一方で『釈日本紀』に「税長」とあることなどを踏まえると、国造の下で徴税にあたっていた実務官としての性格を持つものの存在も考えられる。そのなかにのちにそうした実務を通じて支配者層に転じたものもおり、こうしたものが「県稲置」として倭王権に認識され、新たな評官人の候補者として登場してくることになると考えることができる。稲置にはこうした実務官としての性格をもつものとのちに支配者層としての性格を帯びるものの二つのタイプを考えることができるが、それらは決して排他的な性質を持つものではない。これらを踏まえると、稲置というのは倭王権が認識している支配構造の埒外に存在していたもので、実態レベルにおいてその必要性（国造が単独で支配を行えるわけではなくその代行者のような存在が必要だった）から、地域社会のなかで生まれてきた存在であったと考えられる。これまでは地域支配制度の枠内で考えられることも多かったが、制度的には捉えられず、あくまで実態の中に存在しており、それが評制施行の段階で倭王権によって認識されるに至ったといえるだろう。そしてそれも評制施行の段階になって倭王権の支配構造のなかに取り込まれていくことになるのだろう。その意味では倭王権の意図としては国造などを地域社会の結節点として想定していたものの、実態としては重層的な地域支配のあり方が存在していたともいえる。この点は倭王権の地域社会の認識に基づく地域支配と実態が乖離していたともいえるだろう。

第Ⅲ部第一章「評制の史的前提と史的意義」では評制の史的前提と史的意義について検討を行った。ここでは評制がいかなる状況から成立してきたのか、評制成立前夜として国造制と部民制がどのように関係していたのかということを検討した。評制の史的前提としてあるのは国造制と部民制で、基本的には倭王権は国造制を評制施行以前の地方支配制度の根幹に据えていたということを確認した。そして国造制は一定の領域区画によって編成されている一方、部民制は国の規模よりは小さい、領域にとらわれない、同族あるいは擬制的同族関係にあらわれるような族制的原理に基づいて編成されるという、社会編成原理の差異を示した。そしてこのような社会編成原理によって構成されていた地域社会は、内部の秩序が肥大化・錯綜化をおこし、大化ごろには国造の秩序を維持することは困難となり、多元的な秩序およびそれに基づく貢納奉仕関係が生まれ始めていた。このような多元的な地域社会の状況を認識した倭王権は、その認識に基づいて評制を施行したものと考えた。すなわち地域社会に対する認識と実態が乖離しはじめていた状況を倭王権が改めて認識し、それに合わせるかたちで評制が施行されたといえる。そのため評制の意義は社会編成および貢納奉仕関係において評価すべきであろう。

第Ⅲ部第二章「評制の展開と国司・国造」では評制がいかなる展開を見せるかという点を検討した。評制が前後期に分類できるとする点はこれまでの研究でも明らかにされてきたところである。しかしこの場合議論になっているのは、主に領域と社会編成の関係性で一面的な議論であったといえる。そのため評制の展開過程を異なる視点から他制度との関連を踏まえて明らかにし、多面的に捉えるという目的のもと論をすすめた。この目的を達成するために、第一に評官人の任用システムの検討を通じた評官人の位置づけの変化、第二に国司の位置づけの変化、第三に国造の位置づけの変化という三点の課題を設定し、倭王権から見た制度史的視角より評制の展開過程を検討した。八世紀の郡司任用システムの主要なポイントである国擬・式部省銓擬・郡司読奏・任官儀の中で、評官人の位置づけの変化の有無およびその過程を見出す場合は国擬・式部省銓擬こそが重要であることを指摘した。そして国擬・式部省銓擬が成立するまでは評官人の任用については地域社会の主体性を強く見ることができるが、それらの成立以降は、任用論理の上では倭王権による審査、すなわち倭王権の主体性が入ることになる。そこに地域社会の論理を倭王権が主体的に秩序付けていく意思の存在を見ることができ、評官人の位置づけの変化を見出すことができよう。その時期として国擬・式部省銓擬に着目し、国司が常駐し始める時期、法官の存在を基準として検討した。その結果、それらが成立してくるのは天武五年ごろと推定した。すなわち評制の展開過程において評官人の任用システムという視角から捉えれば、大化以前の国造・伴造的な任用形態から、天武五年から七年を境としてシステム化された郡司的なそれに変化したと考えた。三点目の課題である国造の位置づけの変化については、天武五年の詔によって残存していた旧国造を地域社会における神祇祭祀に特化した存在として位置づけた（旧国造の廃止とは異なる）と考えた。その背景には国司の常駐・位置づけの変化が密接に関連していたと考えられる。これらを総合すると、天武五年から七年を境として大化以前の首長的性格を多分に引き継いだ評官人から、官人的要素を持つ評官人への変化が考えられる。この一連の変化は評制の性格の変化を表し、さらには国境画定事業、浄御原令まで一連の動きの端緒として捉えることができ、七世紀後半の地域支配制度の大きな転換点といえる。つまりこれまで指摘されてきたように評制の展開過程は国境画定事業のみを境に考えられるべきものではない。これまで前期評・後期評として分類されてきた視角は、領域や社会編成に焦点をあわせた場合は有効であるが、評官人など、評の在り方、評制という地域支配制度に焦点をあわせた場合、評制の展開過程はここで述べた点を含めて一連の動きの中で捉えるべきと考えた。

本書での検討結果は上記のようにまとめることができる。次にこれを踏まえて律令制成立以前における地域支配制度をどのように捉えるべきか、本書の成果と併せて述べる。

第二節　律令制成立以前における地域支配制度の成立と展開

第Ⅰ部ではおおよそ六世紀前半以前を検討対象とした。これまでの研究では県・県主制などは地域支配制度として捉えることが一般的であった。それは冒頭で述べた在地首長制論と地域支配制度を結合させて実態も含めて捉えていたため生まれた理解であった。しかし人制と県・県主制はともに地域支配制度と捉えることはできず、あくまで倭王権に伴う労働力や物資の貢納を目的としたものであった。すなわち六世紀前半以前には列島内の民衆を倭王権が支配するというような制度・構造をイメージすることは困難であるといえる。そのため倭王権と地域社会との関係性も支配—被支配とは言い切れないことを示すことになる。

第Ⅱ部では主として六世紀前半から七世紀半ば、国造制や部民制、ミヤケが運用されていた時期を扱った。国造制とミヤケが六世紀前半に成立してくることを認め、第Ⅰ部第一章で述べた部民制についての検討を合わせると、六世紀前半に至って、倭王権は列島内の民衆を、在地首長を梃子として間接的に支配することを意図し、そうした制度を構築したと考えることができよう。そして第Ⅰ部第三章の理解を踏まえれば、倭王権の弱体化と再生、専制君主化の動きと連動して地方豪族との関係の再構築、それを可能にするための地域支配の意識が生まれてきたともいえよう。国造制・部民制によって列島内の民衆を支配し、ミヤケによってそれを確実に機能させる体制が成立する。そして当時の倭王権の認識として、地域支配の根幹は国造制と考え、地域社会においては国造による一元的支配を目指す一方で、部民制的なつながりも存在していた。このように考えてくると、やはり継体朝をいかに考えるかということが大きな課題として残されることになろう。

第Ⅲ部においては七世紀半ば以降の地域支配制度について検討を加えた。とりわけ第Ⅲ部第二章で取り上げた評制の展開過程の問題では、国造制や国司制の展開とも関わって七世紀後半の地域支配制度に大きな転換点を迎えたと評価した。すなわち国造制段階では地域の統括者は地域社会と人格的紐帯を必要条件として地域社会から生まれてきたが、天武五年以降の任用システムでは人格的紐帯は必要条件にはならず、任用に際し倭王権が介入することになり、理念上倭王権によって地域の統括者を生むことになるといえる。この点をもって大化以前的性格を持つ地域の統括者と律令制的性格を持つ官人の境と考えたい。したがって、評制もこの時期を境に大化以前的な性格を持つものと令制的な性格を持つものに質的に変化したと考えることができるだろう。

ここまでの検討によって、地域支配制度はおおよそ三つの段階に分類することが可能となる。倭王権の運営にかかる人物のみを編成し、民衆に対する支配を志向していなかった人制、県・県主制の段階（六世紀前半まで）、国造や伴造に代表される「造」表記を持つ人物を結節点として間接的に民衆の支配を志向した段階（七世紀半ばまで）、戸籍を通じて倭王権が直接的に民衆への支配を可能にし、評官人が律令官人的な位置づけを得て、民衆の管理という側面を持ちだした段階（七世紀後半以降）である。

そしてこのことは倭王権が指し示す範囲の空間的拡大をも意味する。第Ⅰ部で検討した人制、県・県主制の段階では限られた人物に対して労働力や物的貢納を求めるにとどまっていたことから、倭王権の指し示す範囲は王を中心とした為政者である有力豪族までにとどめて理解すべきであるが、第Ⅱ部や第Ⅲ部第一章で検討した国造制や部民制、評制が施行された七世紀後半までの段階では国造や伴造などの地方豪族が王の権力を行使する人物あるいは集団・組織と捉えられることになり、倭王権の一部として捉えることが可能となる。この段階においては地方豪族としての自立性を強く残しながらも倭王権に包摂されると考えられる。その後第Ⅲ部第二章で述べたように七世紀後半になると倭王権に包摂された地方豪族は、その自立性を弱める一方で官僚としての性格を持つようになり、八世紀以降は郡司に代表されるように、さらに官僚としての性格を強めていくことになる。地域支配制度の展開は倭王権の空間的拡大やその浸透度とも一部リンクすることとなる。

ここまでのことを踏まえれば、民衆を支配する意図を持った地域支配制度は六世紀の国造制・部民制の成立をもって認めることができるだろう。それ以前の人制、県・県主制については地域支配制度とみることはできない。そして第Ⅲ部第二章で述べたように七世紀後半になると国造制・部民制を再編した評制が大きな転換点を迎える。このことは倭王権の支配論理の展開とも直結する。倭王権による六世紀以降の地域支配については、「造」が重要な役割を果たしていたと考えられる。国「造」や伴「造」といった者たちは、民衆と倭王権の結節点として存在し、倭王権は「造」を通じて民衆の支配を想定し、実行していた。当然倭王権が民衆を直接支配するためには戸籍の成立を待つことになるが、「造」段階では間接的に倭王権の支配下にあったと言える。一方で七世紀後半になると、部民制が解体に向かい、国造制もそれまでとは異なる位置づけに変化する。また、五十戸造から里長への変化も見ることができる。そしてそれに前後して戸籍がつくられ国司が常駐性を帯びてくるようになる。国司が官僚的要素をもち、評官人もその任用システムから官僚的要素をもつものに変化する。すなわち「造」表記に代表される統括者が地域社会の中から消えていくことがわかる。そして戸籍の作成により倭王権による個別人身支配が行われるようになる。

このことから「造」が前代的な人格的関係を紐帯とした関係性の上に成り立つ統括者で、さらには「造」に依存しつつも、「造」を倭王権が統括することで列島内を掌握していたと考えられる。その後、国境画定や戸籍の作成を経て、民衆は土地に緊縛されることになり、「造」の役割は必要条件ではなくなった。そして管理者としての官僚が登場するようになる。日本古代における地域支配制度は「造」を出発点とし、官僚的存在の登場によって変質していくといえる。これまで地域支配制度の研究は在地首長制論と結合することですべてを地域支配制度とみるという、ある意味一面的に捉えられてきたが、本書では在地首長制論における地域支配の実体化という方向性を後景に退かせることで、倭王権の地域支配論理の析出を試みた。そこでは倭王権の地域支配論理には六世紀前半以前、六世紀前半から七世紀後半、七世紀後半以降の段階差を想定することができる。本書を通じて、在地首長制論は完全にその意義を失ったわけではないこと、実体化という方向性ではなく倭王権の支配論理を明らかにする意味ではまだその意義はあると考えた。すなわち在地首長制論は必ずしも幻として捨象されるべきものではなく、倭王権の地域支配論理あるいは地域支配の理念として捉えることができるのではないだろうか。言い換えれば倭王権の認識を捉える視座としては有効であるように思う。その意味で本書は新たな視角を提示できたと考える。

本書はこのような結論を導き出したが、課題も残されている。制度史的視角から一定の結論を導き出したが、あくまで制度論に留まる。当然実態論との協業も必要になる。本書は制度史的視角から行ったものではあるが、国家形成史を正面から再検討するためには、最終的にはやはり制度と実態の両面から見る作業に取り組むことが必要になろう。また、各章での個別の検討結果も、まだ論じきれていない部分も少なからずある。これらの課題をクリアすることで地域支配制度の研究は依然研究の余地があり、また日本古代国家の形成過程を明らかにするための一つの視角として有効だろう。

初出一覧

序章　地域支配制度研究への視角
（新稿）

第Ⅰ部　国造制・部民制以前の倭王権と地域社会

第一章　人制から部民制へ
「人制から部民制へ」（篠川賢・大川原竜一・鈴木正信編『国造制・部民制の研究』八木書店、二〇一七年）。

第二章　五世紀以前における県・県主制
原題「県・県主小考―三嶋竹村屯倉設置説話の事例から―」（加藤謙吉編『日本古代の氏族と政治・宗教』上、雄山閣、二〇一八年）。

第三章　人制のその後と磐井の乱
（新稿）ただし第一節・第二節は「筑紫磐井」（新古代史の会編『人物で学ぶ日本古代史1　古墳・飛鳥時代編』吉川弘文館、二〇二二年）をベースにした。

第Ⅱ部　六世紀前半から七世紀半ばの地域支配制度

第一章　制度史的視角からみた国造制の成立

原題「国造制の成立に関する基礎的考察」（篠川賢・大川原竜一・鈴木正信編『国造制の研究―史料編・論考編―』八木書店、二〇一三年）。

第二章　ミヤケの位置づけとその射程

原題「ミヤケ制研究の射程―研究史の到達点と課題―」（『史叢』九二、二〇一五年）。

第三章　安閑后妃関係ミヤケの歴史的位置

「安閑后妃関係ミヤケの歴史的位置」（小林真由美・鈴木正信編『日本書紀の成立と伝来』雄山閣、二〇二四年）。

第四章　六・七世紀の南武蔵におけるミヤケとその周辺

「六・七世紀の南武蔵におけるミヤケとその周辺」（地方史研究協議会編『拠点に見る相武の地域史―鎌倉・小田原・横浜―』雄山閣、二〇一九年）。

第五章　稲置考

原題「稲置に関する一試論」（篠川賢編『日本古代の氏と系譜』雄山閣、二〇一九年）。

第Ⅲ部　七世紀半ば以降の地域支配制度

第一章　評制の史的前提と史的意義

原題「評制の史的前提と史的意義に関する覚書」（『古代文化研究』二二、二〇一四年）。

第二章　評制の展開と国司・国造
「評制の展開と国司・国造」（『ヒストリア』二六六、二〇一八年）
終章　古代国家形成期の地域支配制度
（新稿）
なお、既発表論文はいずれも初出から修正を加えている。

あとがき

本書は、二〇一七年度に日本大学へ提出した博士論文「日本古代における地域支配制度の研究」に修正を加え、その後の研究成果を加えたものである。博士論文では故中村順昭先生、関幸彦先生、武廣亮平先生に審査の労をお取りいただいた。厚く御礼を申し上げたい。ここではなぜこうした研究を行うことになったのかを振り返りつつ、出版に至る経緯を簡単に述べたい。恥ずかしい部分も多くあるが、私がどのような思いのなかでこうした着想に至ったかを記録に残しておこうと思った次第である。

私が歴史に興味を持ったのは山形に住む母方の祖父の影響があった。幼いころ祖父母の家に遊びに行った際に、祖父の多くの蔵書（専門的なものではなく愛好家を対象としたようなものであった）が目に入った。また、祖父は戦争に従軍していたようで、それにまつわるものがいくつか残されていた。そこから私が生まれる前の歴史への漠然とした知的好奇心が芽生えたのを覚えている。その後は高校生までサッカーに打ち込んでいたが、部活動を引退し、大学進学を目前に控えた私に将来の進路という現実が突きつけられることになった。大学卒業後に企業に勤めることは向いていないと感じていたこともあり、なんとなく社会とは少し離れた仕事がしたいと思っていた（もちろんその考えは誤りで、のちにいかに歴史学が現代社会と結びついているかを知ることになる）。そこで学問の道に進んでみるのも良いだろう、それなら歴史が面白そうだと思ったことを覚えている。そのため幼いころから歴史好きであったというよりは、そうした不純な動機を、漠然とした歴史への知的好奇心が後押しするかたちで歴史学を学ぶことになったのである。

日本大学文理学部史学科へ進学後、改めて日本史を学びなおす必要があると思い、書店で目に止まった井上清『日本の歴史』上（岩波書店、一九六三年）を購入して読んだことを覚えている。詳細は覚えていないが、当然高校の日本史の教科書に比べると古代史に関する分量が多く、高校までに学んだ内容はごく一部にすぎなかったことがわかった。今思うと内容は十分に理解できなかったと思うが、そこで示された研究の奥深さが知的好奇心をかきたて、古代史を専攻しようと決めたのであった（古代史が面白かったのでその続きを読むのをやめてしまったのは恥ずかしい話である）。

古代史のなかでも特に天皇制に興味関心を持った。そこで三年生のころであったか、水野祐氏の王朝交代論に関する本を読み、卒業論文では崇神・応神・継体のいずれかを取り上げたいと考えた。指導教員であった中村先生に相談したところ、崇神・応神は難しいが継体ならできるのではないかとの助言をいただき、卒業論文では継体の出自や辛亥の変について執筆することになった。

天皇制から方向転換し、本書のテーマでもある地域支配制度について本格的に取り組むようになったのは、国造研究会への参加が大きなきっかけであった。修士課程進学後、中村先生からのすすめを受け、歴史学研究会（以下歴研）日本古代史部会で開催された卒論報告会にて報告することになった。その際、中村先生から、卒業論文の一部で、継体の母方の系譜をもとにした北陸地方の話をするのが良いのではないかとの助言をいただき、継体即位の前提となった北陸地方の状況について国造などを含めて報告した。報告後、詳細は割愛するものの、考古資料の扱いについて多くの厳しい批判をいただいた（今思うといただいた批判は極めて妥当であった）。厳しい批判にさらされていた私をみて、卒論報告会の総合司会をしていた鈴木正信さんから、成城大学で篠川賢先生が主催している国造研究会というのがあるから来てはどうかとのお誘いをいただき、参加することになった。そこでの議論を聴いているうちに、天皇制よりも国造制をはじめとした地域支配制度に関する興味関心が強くなり、修士論文の研究テーマとして定めることになった。ただ、国県制論争を受けて、国造制を理解するためには県主制を理解する必要があると考え、修士論文では、本書のようにさまざまな制度を扱うのではなく、県主制について論じるにとどまる中間報告のようなものになった（なお、本書第I部第二章は県主制を扱っているが、修士論文とは全くの別物になっている）。中村先生には「残りの部分は博士課程に進んでから研究します」と言ったことを覚えている。

博士課程進学後は国造研究会とともに、歴研日本古代史部会にも引き続き参加した。これらの場で多くの研究者と意見を交わしたことも現在の私の研究の基礎となっている。特に歴研日本古代史部会の運営に携わった際には、大学の異なる近い年代の方々と接することにもなり、大学の先輩・後輩が少ない私にとっては非常に大きな刺激であった。特に運営委員長になった際には、広く学界の議論を理解しておく必要もあり、自分の研究をいかに位置づけるかを考えるきっかけになった。そして運営委員をはじめ多くの方々の支えによって何とか運営委員長としての役割を果たすことができたのは非常に良い経験になった。

二〇一三年には、歴研日本古代史部会の運営委員長の任期中であったものの、縁あって島根県古代文化センターに特任研究員として採用され、一年間『解説出雲国風土記』刊行のための調査に従事することができた。そして翌二〇一四年には運よく母校に助手として採用されることとなった。ここでは事務仕事が多かった一方で、史学科の先生方から研究の時間を確保するよう多くの配慮をいただいたことは非常にありがたかった。また、中村先生からは、年に一本は論文を書くようにとの助言をいただき、できるだけそれにこたえられるようにしてきたつもりである。その甲斐もあり、また中村先生からの許可もいただいたことから二〇一七年度には博士論文としてまとめることができた。

博士論文を執筆後、中村先生からは「できるだけ早く出版するように、ただし出版社は紹介しないので自分で探すように」との言葉をいただいた。もとより博士論文はそのままでは出版できないだろうと思っていたが、中村先生からこのように言い切られたことは若干ショックだった。今思うと、博士論文提出後、出版できるようなものにして、自分で出版社を探すというのが中村先生からの宿題だったように思う。その後二〇一九年に中村先生が鬼籍に入られ、本書をお見せすることがかなわなかったのは、ひとえに私の力量不足によるところであり、悔やまれる。中村先生には学部のころ以来、はかり知れない学恩を受けてきた。そして常に厳しい先生であった。修士課程のころは毎週のようにゼミで報告し、論文の草稿を持参した際には何時間もご指導をいただくことも多かった。ある時、酒席で中村先生に「先生は私の研究をほめてくれませんね」といったところ、「ほめて認めてしまったらあなたの研究はそこで終わりになってしまうでしょう」とおっしゃった。厳しさの中に教え子のことを考える優しさがあったのだと気が付いた。こうして研究を続けてこられたのも、中村先生のご指導のおかげである。深く感謝申し上げたい。本書は少しでも中村先生の学恩に報いることができているだろうか。

こうした経緯で地域支配制度の研究を進めてきたが、本書の特徴である、対象を国家形成期に置いたことや倭王権側からの視点を取った背景も述べておきたい。もともと天皇制、特に崇神・応神・継体といった古い時期に興味関心があったため、国家形成というテーマに感心が移ることはある種必然であった。特に修士課程在籍中に石母田正『日本の古代国家』（岩波文庫、二〇一七年、初出一九七一年）に接し、地域支配制度が国家形成に深く関連することが分かったことも大きかった。その中で本書のように視座を倭王権側に置くことになったのは、考古資料を十分に扱うことができないという私の力量不足に負うところが全てである。先述の通り歴研日本古代史部会の卒論報告会で考古資料の扱いについて批判を受け、見事にアレルギーとなってしまった。国家形成期という古代史のなかでも特に古い時期を扱ううえで考古資料を扱うことは必須であったが、古代文化センターに在籍中、考古資料を扱う多くの研究者の方々と接することになり、そこで改めて自分に考古資料を扱う知識や力量がないことを思い知らされた。地域支配制度を研究するうえで行き詰ってしまったのだが、言語論的転回に関する議論が大きなヒントを与えてくれた。文献史料を駆使している以上、厳密に言えば真実を知ることができない。であれば文献史料からは何を知ることができるのだろうかと考えた時、倭王権の地域支配に対する意識ではないかと思い至った。考古資料に関するアレルギーはいまだに抜けていないが、それも自分の特徴と開き直り、対象と視座が定まってきたところで博士論文への道筋が見えてきた。こうした背景から、国家形成期、倭王権側からの視座という本書の特徴が生まれてきた。振り返ってみると、自分はどの立場なら研究の世界で生き残れるのかといった打算的で消極的な対象や視座の定め方であったと言わざるをえない。

本書は『古代国家形成期の地域支配制度』と題しているが、論じ残した点は多い。本書のうち最後に執筆したのは第Ⅰ部第三章「人制のその後と磐井の乱」であるが、そこでわかってきたのは、やはり継体朝について改めて考える必要があるということであった。つまり卒業論文のテーマに戻ってしまうことになった。また、中村先生の没後、先生の業績を「中村順昭氏の地域社会研究と在地首長制論」(『史叢』一〇六、二〇二二年)としてまとめる機会を得た。改めて中村先生の残された業績の大きさを目の当たりにするとともに、これから考えるべき課題もいただいたように思う。今後はそれらを含め本書で論じ残した課題について取り組んでいきたい。

本書で対象とした時期は七世紀以前だが、私の姿勢として考古資料も多くは扱わなかった。当然扱う史料数も限られている。そのうえ分厚い研究史があることもよく知られている。そのため本書の性格としては、何か新しいことを発見した、あるいは明らかにしたというよりは、これまで先人たちが読み込んできた史料はこう解釈することもできるのではないか、ということにとどまる面も強い。その面では研究としては十分でなく、多くの異論・批判があることと思う。しかしこうして一書をなすことにより、多くの議論が起こり、日本古代史研究が進展すれば喜ばしいことである。本書がわずかでも今後の研究の踏み台となることを願う。

本書の出版については、二〇二三年の秋口だったか、国造研究会後の酒席において、篠川先生から出版について考えていないのかという話をいただいたことに端を発する。先の中村先生からの言葉を伝えたところ、そういうことであればと篠川先生から吉川弘文館を紹介していただくことになった。そうした経緯があり、また吉川弘文館も快くお引き受けいただいたことにより、本書の出版の運びとなった。篠川先生および、出版事情が厳しい中、本書の出版を引き受けていただいた吉川弘文館の皆様、編集部の石津輝真氏および本書をご担当いただいた志摩こずえ氏には改めて感謝申し上げたい。

以上が本書の出版に至る経緯である。ここまででもわかる通り、本書は多くの方々の支えによって生まれたものである。支えていただいた皆様のお名前を全て記すことはできないが、改めて感謝申し上げたい。

私がここまで研究を続けてこられたのは、私が望む道を否定することなく常に応援し、支えてくれた父巧、母信子、弟稔、妻恭子、娘楓のおかげである。本書を彼らに捧げることとしたい。

二〇二四年十二月

堀川　徹

著者略歴

一九八三年　神奈川県に生まれる

二〇一一年　日本大学大学院文学研究科日本史専攻博士後期課程満期退学

現在　星槎大学共生科学部准教授、博士（文学、日本大学）

〔主要著書・論文〕

「武蔵国造の乱と橘花ミヤケ」（『史叢』九五、二〇一六年）

「大化以前の地域支配制度」（佐藤信監修・新古代史の会編『テーマで学ぶ日本古代史　政治・外交編』吉川弘文館、二〇二〇年）

「ミヤケ研究の現状と課題」（『歴史評論』八九五、二〇二四年）

古代国家形成期の地域支配制度

二〇二五年（令和七）三月十日　第一刷発行

著　者　堀《ほり》川《かわ》徹《とおる》

発行者　吉川道郎

発行所　株式会社　吉川弘文館

郵便番号一一三―〇〇三三

東京都文京区本郷七丁目二番八号

電話〇三―三八一三―九一五一〈代〉

振替口座〇〇一〇〇―五―二四四番

https://www.yoshikawa-k.co.jp/

印刷＝株式会社　三秀舎

製本＝株式会社　ブックアート

装幀＝山崎　登

ISBN978-4-642-04686-2

索　　引

I　事　　項

あ　行

か　行

さ 行

た　行

な　行

は 行

ま 行

や　行

ら　行

わ　行

Ⅱ　研究者名

あ　行

か　行

さ　行

た　行

な　行

は　行

ま　行

や・わ行

Ⅲ　史料名

あ　行

か　行

さ　行

た　行

な　行

は・ま行

ら・わ行